KB169409

자기혁신과 공동의 성장을 위한

교사들의
필리버스터

자기혁신과 공동의 성장을 위한

교사들의
필리버스터

초판 1쇄 인쇄 2016년 9월 9일
초판 1쇄 발행 2016년 9월 19일

지은이 윤양수·원종희·장군·조경삼
펴낸이 김승희
펴낸곳 도서출판 살림터

기획 정광일
편집 조현주
북디자인 꼬리별

인쇄·제본 (주)현문
종이 월드페이퍼(주)

주소 서울시 영등포구 양평로21가길 19 선유도 우림라이온스밸리 1차 B동 512호
전화 02-3141-6553
팩스 02-3141-6555
출판등록 2008년 3월 18일 제313-1990-12호
이메일 gwang80@hanmail.net
블로그 http://blog.naver.com/dkffk1020

ISBN 979-11-5930-024-0 03370

자기혁신과 공동의 성장을 위한

교사들의
필리버스터

윤양수 · 원종희 · 장군 · 조경삼 지음

살림터

필리버스터Filibuster가 이슈가 된 적이 있다. 2016년 2월 직권 상정된 테러방지법을 저지하기 위해 야당 의원들이 이를 전술적으로 사용한 까닭이다. 그 영향으로 생소했던 이 정치적 용어는 이제 일반 대중의 상식이 되었다. 주지하다시피 필리버스터의 궁극적인 목적은 합법적 의사 진행 방해를 통한 법안 폐기이다. 이러한 특성 때문에 미국 연방 상원의 경우, 필리버스터 연설을 하는 동안 의제를 벗어난 발언이 허용되기도 한다.

반면에 우리나라의 경우 이 필리버스터는 무제한 토론이라는 의미에 근접한다. 의제와 관련되지 않은 발언을 금지하기 때문이다. 이 제약 조건의 정치적 속셈을 판단하기는 어렵지만, 그 덕택에 주제에 관한 진중한 발언들이 가능했던 것도 사실이다. 전술적 성공 여부와 무관하게 이 필리버스터가 모처럼 의미 있는 말들의 잔치가 될 수 있던 것도 그 때문이다.

그런 의미에서 이 책은 우리들의 '필리버스터'다. 학교에는 여전히 언어가 부족하다. 물론 교육에 관한 담론과 사례는 무성하다. 쌓이는 책의 속도를 따라잡기 어려울 만큼 교육에 관한 사유는 차고 넘친다. 들려오는 이야기도 그렇다. 혁신학교, 교사학습공동체, 수업 나눔은 더 이상 낯선 어휘가 아니다. 그러니 예민하지 않은 교사라 해도 오늘의 학교가 어제의 학교와 다르다는 것을 감지하는 것은 어렵지 않다.

물론 누군가는 이를 그저 말잔치일 뿐이라 말한다. 지체되는 실천 앞에서 언어의 공허함을 지적하는 것일 게다. 그럼에도 우리는 그 말의 과잉에 다시 하나의 말을 덧대는 것을 주저하지 않는다. 때로 우리의 말들이 교사로서의 공적인 책무만을 묻는 것처럼 보일 수도 있을 것이다. 부정할 수 없는 이상과 실패하지 않은 사례로 무장한 채 '가르치려 드는 설교'의 형태를 취하고 있는지도 모른다.

그러나 우리는 기꺼이 '공약의 부담'을 지려 한다. 우리의 언어가 무수히 반복되어 이미 죽은 언어라 해도 오늘 학교에는 여전히 이견과 논쟁이 필요하기 때문이다. 이 책이 그 논란을 여는 한 도구로, 전술로 사용되기를 바란다. 글들이 짧고 누추하다. 사례와 담론이 구분 없이 섞여 있어 체계도 엉성하다. 학술적인 글과 일상적인 글이 뒤엉킨 것도 독자들을 혼란스럽게 하리라. 필리버스터가 그러하듯 각 글쓴이의 개성과 경험이 반영된 결과이기에 너른 양해를 부탁드린다.

　1부에서는 '교육은 심연에서 시작된다'라는 제목 아래 학교와 교육에 관한 글을 전반적으로 묶었다. 「갈등과 상처」, 「수다를 넘어 학습 공간으로」는 각각 교사학습공동체와 수업 협의회에 관한 글로 개인과 공동체 사이의 '갈등과 상처'를 넘어, 학교를 '학습 공간'으로 재조직하기 위한 제언을 담고 있다. 이에 관한 아산 거산초등학교의 구체적 사례인 「나의 청학동」과 함께 읽으면 좋을 것이다. 「존경 없는 학교」와 「사탕과 수행평가」, 「오래된 파트너」도 학교공동체 간의 관계와 교류, 체온과 존중, 우정의 정치를 강조한다는 점에서 그 맥락을 같이한다.

　2부는 '가르치지 않는 교사'라는 부제가 말해주듯 교사상 혹은 교사론에 관한 내용을 담고 있다. 「스승이란 이름의 선물」, 「쿵푸 팬더와 스승 찾기」가 영화를 빌려 '스승'의 참모습을 묻고 있다면, 「좋은 교사로 산다는 것」과 「아이들을 떠나보내며」는 자기 고백을 통해 담담히 교사의 삶을 성찰하고 있다. 또한 「주연에서 조연으로」와 「노교사를 위한 학교는 없다」, 「다시, 매혹의 시간으로」는 모두 교사로서 부끄럽지 않게 늙어가는 삶이 어떠해야 하는지를 질문하고 있다. 「그 많던 선배들은 어디로 갔을까?」, 「젊은 날에 젊음을 잃다」와 대비해 읽으면 재밌을 것이다.

3부는 '수업을 배우다'라는 부제 아래 수업 사례와 담론에 관한 글이 고르게 실려 있다. 학년 통합 수업 「또래의 배움을 넘어」, 인권 수업 「'나와 우리'의 인권 수업」, 역사 수업 「국정 교과서 시대의 역사 수업」, 답사 수업 「학교, 담장을 넘는 배움」은 실천 사례와 함께 제시되어 있어 유용한 참고가 될 것이다. 「배움에 관한 소고」와 「학습과 배움에 대한 단상」은 최근 번성하고 있는 '배움'에 관해 서로 다른 시각을 보여준다. 「수업, 나눔과 대화」, 「수업 나눔의 포맷과 원칙」은 수업을 나누는 과정에서 특권적인 시선을 경계하고, 수업 나눔의 일반 원칙을 돌아보고 있는 글로 주의 깊게 살펴보았으면 좋겠다.

마지막으로 4부 '응답하라! 교육 주체'는 또 하나의 교육 당사자인 학생과 학부모에 집중한 글이라 할 수 있다. 「학생들도 상처 받는다」, 「교사의 두려움」, 「전학생의 몸살」이 각기 다른 방식으로 학생의 상처를 들여다보고 있는 글이라면, 「교사와 학부모 사이에서」, 「학부모, 교육의 주체로 서다」, 「교육 당사자의 새로운 상」은 학부모와 교사 간의 협력과 상생의 관계를 돌아보고 있다. 「텃밭 놀이」와 「이별하는 법」, 「어린이날과 가족주의」는 기존의 관념적 사유를 넘어서는 새로운 실천의 실마리를 제공할 것이리라 기대한다.

인사드릴 분이 적지 않다. 먼저 오랫동안 함께 공부해온 '다온'의 벗들, 김미원, 이진형, 장승순, 정진수, 박영기, 김문광 님께 감사의 마음을 전한다. 동료들의 지지와 지원이 없었더라면 이 책은 생명을 얻을 수 없었을 것이다. 수업에 관한 사유를 지속할 수 있도록 활력과 자원을 제공해주는 청주교육대학교 교육연구원에도 깊은 감사의 말씀을 전한다.

더불어 우리들 각자의 거처에서 만난 귀한 친구와 스승에게도 이 자리를 빌려 마음을 전한다. 일상에서 성찰의 끈을 놓지 않도록 매 순간 자극이 되어준 소중한 인연들이다. 끝으로 선뜻 출판을 결정해주신 살림터의 관계자들께 감사드린다. 더 좋은 책으로 이 만남을 이어가고 싶다. 학교가 아직 폐허가 아닌 이유가 있다면 그것은 교사들의 필리버스터가 끊임없이 이어지고 있기 때문이다. 그 목소리들이 곳곳에서 더욱 울려 퍼지기를 바란다. 우리 또한 그 잔치에 초대받고 싶음은 물론이다.

2016년 8월, 필자들을 대신하여

장 군

차례

1부

교육은 심연에서 시작된다

교육은 심연에서 시작된다

윤양수

교사들이 바라는 것이 무엇일까? 당연하게도 수업을 잘하는 것일 게다. 때문에 좋은 강연을 찾아다니고, 연수도 받는 것이다. 또 책을 찾아 읽고, 학습 공간에 참여하기도 한다. 교사들에게 수업에 대한 고민은 피할 수 없는 숙명 같은 것이 아닌가. 수업 능력은 교사의 정체성을 형성하는 핵심 요인이다. 업무보다 수업을 잘하는 교사가 부럽지 않은가. 교사로서 자기 효능감self-efficacy이 높으면 아이들과 즐겁게 만날 수 있다. 가르치는 존재로서 자신의 능력과 효율성에 대한 자신감이 생기니까. 그런 까닭에 끊임없이 자기 성장을 추구하게 되는 것이 아닐까. 이는 나이가 들어도, 경력이 쌓여도 줄어들지 않는 욕망이다.

또 아이들과 좋은 관계를 맺는 것도 교사들의 소망이다. 좋은 혹은 친밀한 관계는 수업의 기반이 된다. 때문에 관계가 어긋나면 수업도 흔들린다. 그러나 관계 맺기가 말처럼 쉬운 일일까? 소망 목록을 몇 가지 추가할 수 있을 것이다. 좋은 관리자를 만나는 것도 교사들의 관심사다. 관리자와의 갈등으로 에너지를 소진하고, 상처를 받게 되는 일이 생기니까. 때문에 학교를 옮길 때가 되면 관리자를 먼저 보게 된다. 학부모도 크게 다르지 않다. 교사들이 괜찮은 학구를 골라 다니는 것은 그런 이유 때문이다. 관리자나 학부모와의 관계에 따라 삶의 질이 달라지지 않던가. 그런 점에서 교사는 사회적 약자라고 할 수 있다.

매일 등교할 때는 힘이 넘치지만, 퇴근할 때는 파김치가 돼요. 아이들이 떠들면 미치겠어요. 모든 것이, 그러니까 교육 철학, 학습 이론, 모든 호의가 떠드는 소리에 떠내려가요. 날 마비시키고, 눈을 멀게 해요. 그리고 항상 나는, 빅 브라더의 감시하는 눈과 사방에 널린 귀가 날 지켜보고 있다는 사실을 의식하고 있어요. 플로랜스, 19쪽

난 모든 아이들을 공평하게 대하려고 노력했어요. 그런데 아이들의 태도가 내 의도보다는 더 강하다는 걸 금방 깨달았어요. 다른 아이들을 괴롭히고 건방을 떠는 아이들을 보면 참을 수가 없어요. 그들도 교사가 자기들에게 호감을 보이며 이끌어주기 바란다고는 생각해요. 그런데 그게 안 돼요. 차라리 그 아이들을 보지 않았으면 좋겠어요. 앤, 20쪽

나는 1년 중 대부분의 시간을 분노와 두려움과 싸우며, 무너지기 일보 직전 상태로 지내요. 매일 아침 기도를 드리는 것이 습관이 되었어요. "하느님, 제발 아이들 앞에서 미치지 않게 해주옵소서!"라고요. 내 자신을 자제하려고 씨름을 하다가 힘을 탕진해요. 그 때문

에 정신적으로나 육체적으로 사람이 메말라가요. 그레이스, 22쪽

하임 G. 기너트(Haim G. Ginott, 1922~1973)의 『교사와 학생 사이』에서 그대로 옮겨온 것이다. 교사들이 거침없이 심경을 토로한다. 교사라면 누구나 위와 같은 환멸을 느껴본 경험이 있을 것이다. 혹은 절망과 좌절의 심연에 빠져 밤새 뒤척이고, 갈피를 잡을 수 없던 적도 있을 것이다. 그와 같은 상황에서도 시간이 되면 다시 교실로 돌아가야 한다. 아이들을 다시 만나 수업을 진행한다. 점심시간이 되면 아이들을 급식실로 인솔하고, 아이들 사이에 일어나는 크고 작은 문제들도 해결해야 한다. 기한이 있는 공문이나 업무도 처리해야 한다. 회의에도 참석하고, 학부모도 상대해야 한다. 잔인한 일상이 반복되는 것이다.

주변의 동료들도 같은 심경을 털어놓는 경우가 종종 있다. "포기했어요. 더 이상은 못하겠어요." 어느 젊은 교사가 고백했다. 매우 성실한 교사임에도 의욕을 잃었다. 다행스럽게도 시간이 가면서 절망을 딛고 다시 일어섰다. 아이들과의 관계도 회복했다. 어떤 이는 아이들과의 관계에서 겪는 스트레스로 인해 병이 나기도 했다. 병가를 내고 휴식을 취했으나 아이들과 악화된 관계는 달라지지 않았다. 스트레스로 인해 마음자리가 좁아져 날카롭게 변해갔다. 작은 일에도 상처를 주고받던 모습이 떠오른다. 아이들에게 책임을 돌리고, 관계 개선의 해법을 찾지 못하는 모습이 안타까웠다. 그럼에도 달리 도와줄 방법이 없었다.

교사들이 쏟아내는 좌절과 절망을 따라가다 보면, 무수한 상념들

이 스쳐 간다. 충분히 공감이 가는 사연들이니까. 나도 그랬다. 지금도 여전히 그럴 때가 있다. 여기서 굳이 경험의 강도를 자랑하듯 지나간 일들을 자세히 풀어놓을 필요는 없을 것이다. 어쩌면 교사로 산다는 것은 늘 그런 상처와 함께하는 일인지도 모르겠다.『교사와 학생 사이』에 나오는 사례들처럼, 주변의 동료들처럼 아이들과의 관계가 어긋나 어려움을 겪는 경우가 일상다반사 아닌가. 아이들은 끊임없이 문제를 일으킨다. 그럴 때면 민주주의와 학생 인권은 멀고도 먼 이상이라는 생각이 들기도 한다. 지금 당장 필요한 것은 커피 한 잔 같은 것이니까.

아이들을 어떻게 대하면 좋을지 모르는 것이 아니다. 이론적으로는 무엇이 옳은 방법인지 이미 충분히 알고 있다. 책꽂이에도 머릿속에도 '관계의 기술'과 찬란한 문장들이 가득하다. 그러나 이론만으로 관계의 문제가 풀리는 것은 아니다. 아는 것과 현실은 어긋날 때가 많지 않은가. 아이들이 툭툭 던지는 잽jab에 어이없이 무너질 때면 한없이 작고 초라한 자신을 보게 된다. 관계에서 오는 피로 때문에 용기와 의욕도 썰물처럼 빠져나간다. 어쩌면 아이들은 말을 듣지 않는 존재인지도 모르겠다. 그런 아이들을 매끄럽게 통솔하는 것이 가능한 일일까? 그 불가능성에 매달리는 것은 스스로 불행을 자초하는 일인지도 모르겠다.

돌아서면 리셋되는 것이 아이들의 행동 특성이다. 불행을 피하려면 있는 힘을 다해 욕심을 내려놓아야 한다. 오죽하면 "선생 똥은 개도 안 먹는다"는 말이 있을까. 교사들의 고초를 두둔하려는 것이 아니다. 나도 그랬다고, 이해할 수 있다고 승인하는 태도는 위로가 될 수 있을지 모르나 해법을 제시해주지는 못한다. 차라투스트라는 제자들에게 이렇게 말한다. "너희가 저주를 받을 때 축복하려 들지 말라. 차라리 얼마쯤 같이 저주해주어라!" 때로는 마음속에 원한을 품는 것보다는 얼마쯤 복수를 하고 감정을 다스리는 게 나을 수도 있다. 혹은 불편한 채로 같이 가는 것도 괜찮은 방법일 것이다. 차이의 공존을 말하는 것이다.

아이들은 선하거나 악한 본성을 지니고 있지 않다. 단지 특정한 관계와 조건에 따라 다르게 행동할 뿐이다. 아이들은 선한 만큼 악할 수도 있으며, 악한 만큼 선할 수도 있다. 이처럼 본성이 없다는 것이 아이들의 특성이다. 아이들은 교사들의 사랑과 믿음을, 정성과 배려를 언제든지 배반할 수 있다. 아이들의 예측할 수 없는 불안정한 행동, 때와 장소를 가리지 않는 무질서, 이해할 수 없는 배반을 매일같이 지켜보며 절망과 좌절을 수도 없이 경험한다. 아이들은 교사들이 원하는 대로 말하고 행동하지 않는다. 그러나 아이들에게는 그와 같은 모습이 자연스러운 것이다. 교육은 그와 같은 심연abyss 위에 구축되는 것이다.

아이들이 다 그렇다는 것이 아니다. 아이들이 사회적 약자라는 사실을 모르는 바도 아니다. 그럼에도 상처 받지 않은 교사가 있을까. 이는 젊은 교사들뿐만 아니라 나이 든 교사도 크게 다르지 않을 것이다. 그럼에도 아이들을 떠난 교육은 불가능하다. 그런 아이들의 '계산 불가능성' 위에서 교육을 고민하고 실천할 수밖에 없는 것이다. 교사가 있기 때문에 학생이 있는 것이 아니다. 학생이 있기 때문에 교사가 필요한 것이다. 당연하게도 교사들에게는 그런 아이들을 가르치고 성장

을 도와줄 의무가 있다. 설령 부족하고 문제가 있더라도 아이들을 '있
는 그대로' 인정하고 받아들일 수 있어야 한다. 거기서 교육이 시작되
는 것이다.

갈등과 상처

윤양수

근래에 들어 교사학습공동체professional learning community에 관한 논의가 활발하다. 학교 안팎으로 이를 조직하여 운영하는 사례가 부쩍 늘었다. 학교 민주화와 수업 혁신에는 공동의 힘과 지혜가 필요한 까닭이다. 당연하게도 혼자서 할 수 있는 일이 아니기 때문이다. 그런 까닭에 학교개혁의 흐름에 합류한 교사 대중이 자구의 방편으로 교사학습공동체에 주목하는 것이다. 지난날 개혁의 대상으로 내몰렸던 교사들이 스스로 변화의 주체로 나서는 것이다. 최근에는 학교 밖의 교사학습공동체보다 학교 안의 교사학습공동체에 대한 관심이 높다. 실질적인 개혁이 학교 단위로 진행되기 때문이다.

학교 안의 교사학습공동체는 학교 바깥의 교사학습공동체와 차이가 있다. 후자는 전자에 비해 상대적으로 지속성을 유지할 수 있다. 반면 단위 학교의 교사학습공동체는 지속성을 유지하기가 쉽지 않다. 인사이동으로 인해 구성원들이 계속 바뀌기 때문이다. 그로 인해 공조의 리듬이 달라진다. 다시 비전과 방향을 공유하고, 보조를 맞춰야 한다. 학교 바깥의 교사학습공동체에서는 '자기 공부'가 없으면 활동을 지속하기 어렵다. 자기 공부는 강연이나 연수에 비해 시간과 에너지 소모가 크다. 때문에 그 지루한 시간을 견뎌내기가 쉽지 않다. 구성원을 충원하기 어려운 것도 이와 무관하지 않을 것이다.

교사학습공동체는 개인과 공동체의 성장과 도약의 기반이 된다. 때문에 어려움을 기꺼이 감수하고, 의미 찾기를 시도하는 것이다. 동료들과 함께 일을 도모할 수 있고, 개인의 성장에 필요한 피드백도 받을 수 있다. 이처럼 '따로 또 같이' 성장과 개혁의 서사를 만들어갈 수 있다. 우정이나 신뢰와 같은 정서적 자원도 공동체가 주는 선물일 것이다. 그러나 공동체는 결속이 강한 만큼 동료들 사이에 탈도 많이 생긴다. 때로는 호오가 갈리고, 갈등으로 몸살을 앓기도 한다. 갈등이 격화되거나 관계가 악화되어 등을 돌리는 사례도 없지 않다. 그렇게 되면 개인과 공동체의 성장과 도약은커녕 유지와 보존조차 어렵게 된다.

사실 제도에 내재하는 외부를 구성하는 것이 쉬운 일은 아니다. 구성원들의 자발성과 책임을 바탕으로 하는 일이니까. 초기에 보이는 충만한 에너지와 가속의 열기는 시간이 가면서 점차 줄어들기 마련이다. 이와 함께 생각의 차이가 드러나고, 풀리지 않는 갈등도 생긴다. 차이와 갈등이 없는 사회적 공간이 있을까? 그런 점에서 이는 자연스러운 일일 것이다. 그럼에도 그것이 말처럼 간단한 문제는 아니다. 구성원들 간의 관계가 달라지고, 일에서 책임의 소재를 따지기 어려운 경우도 생긴다. 그것이 공동체에 해가 된다는 사실을 알면서도 때로는 피로 때문에, 때로는 상처로 인해 거리를 두게 되는 것이다.

당연하게도 사람들은 생각과 의견이 다양하다. 기질과 개인사도, 관심사와 욕망도, 능력과 속도도 저마다 다르다. 어떤 이는 수용적이고, 어떤 이는 원칙적이다. 또 어떤 이는 빠르고, 어떤 이는 느리다. 다른 것이 어디 그뿐일까? 이 같은 사실을 모르지 않을 것이다. 공동체는 그와 같은 심연 위에 구축되는 것이다. 개인과 공동체의 성장과 도약은 오랜 시간이 걸리는 일이다. 공동으로 일을 도모하고, 공부를 함께 하기 위해서는 필연적으로 소통과 성찰이 필요하다. 소통과 성찰을 빠르게 하는 것이 가능한 일일까? 여유가 있어야 서로의 마음을 들여다볼 수 있고, 오래 머물 수 있어야 성찰이 가능한 것이다.

어떤 식으로든 그와 같은 차이들이 공존할 수 없다면 관계는 어긋나기 마련이다. 가령 모두가 해야 한다는 전체화의 강박은 구성원들의 관계와 소통을 그르칠 수 있다. 그것이 가능한 일일까? 그와 같은 방식이나 태도는 의도와는 무관하게 자율성을 제한하고, 차이를 배제하는 효과를 산출한다. 그렇게 동일성을 강제하게 되면 거부감과 저항을 피할 수 없게 된다. 혹은 관계와 소통이 상투적이고 피상적으로 변해갈 수도 있다. 그렇게 갈등이 불거지거나 신뢰가 깨지면 결국 아무도 책임지지 않는 조직화된 무책임이 나타날 수 있다. 관계와 소통이 어긋나면 자발성도 기대하기 어렵게 되는 것이다.

조급증과 성과에 대한 강박도 크게 다르지 않다. 이를 열정에 비례하는 것으로 받아들여야 하는 것일까? 서두르다 보면 개인은 보이지 않고, 공동체의 속도만 강조하게 된다. 강한 열정과 빠른 속도가 상대적으로 약한 열정과 느린 속도보다 우월한 것일까? 동료들 간의 협력과 신뢰가 필요하다면, 개인의 자율성에 대한 존중도 강조해야 한다. 개혁과 성장을 명분으로 '같이' 하기를 강조하면서 '따로' 갈 수도 있는 개인을 억압한다면 오래가지 못한다. 역으로 개인이 '같이' 해야 할 책임을 소홀히 한다면 공동체의 핵심적인 가치가 훼손된다. 이처럼 개인과 공동체 사이에는 늘 간극과 긴장이 존재하는 법이다.

물론 개인과 공동체 사이에 균형을 유지하는 것이 말처럼 쉬운 일은 아니다. 시간의 제약이나 성과를 내고 싶은 욕망 또한 이해 못하는 것도 아니다. 그럼에도 학습과 활동보다 갈등 관리에 시간과 에너지를 쏟는 것은 소모적인 일이다. 그렇기 때문에 공동체는 자기 정체성을 유지·보존하기 위해 경계를 설정하기도 한다. 구성원들이 지켜야 할 약속이나 규칙 같은 것을 말하는 것이다. 실제로 어느 정도의 강제성은 구성원들이 그에 맞게 사고하고 행동하게 하는 효과가 있다. 그런 점에서는 강제성이 무조건 부정적인 것만은 아닐 것이다. 물론 강제성이 지나치면 자율성이 억압되고 자발성이 약화된다.

차이의 정치학이나 관계의 기술로 해결할 수 있는 문제라면 그리 어렵지 않을 것이다. 그러나 그렇지 않은 사례도 많다. 갈등이 격화되고 관계가 악화되어 나타나는 감정의 문제가 이성으로 해소될 가능성은 희박하다. 머리와 가슴은 다르다. 파스칼도 "가슴은 머리가 알지 못하는 다른 논리를 가지고 있다"라고 말한 적이 있다. 논리적 우위로 안도감을 느낄 수 있을지는 모르나 상처가 난 가슴을 끌어당기지는 못한다. 논쟁이나 논리가 쓸모없다고 말하려는 것이 아니다. 논리의 승리가 허탈하고 무력한 상황도 있다는 것이다. 끝내 관계를 회복하지 못하고 이름뿐인 공동체가 되거나 해체되는 사례도 많지 않은가.

오늘 보고 말 것처럼 관계가 악화되면 주저 없이 떠나는 것도 괜찮은 방법이다. 사소한 자극에도 분노를 표출하며 고통과 상처를 주고받을 필요가 있을까? 때로는 공존하기 어려운 경우도 있다. 갈등을 극복하기 위한 노력을 미리 포기하자는 것이 아니다. 미련을 버리자는 것이다. 상처의 감수성은 관계의 단절과 자아의 고독으로 귀착되고 만다. 결국 우울한 '자아'로 회귀하거나 침몰하게 되는 것이다. 실패의 경험은 아픈 일이나 굳이 그런 공간에 더 머물 필요는 없을 것이다. 차라리 다른 공간에 접속하거나 다시 시작하는 것이 좋을 것이다. 그와 같은 상황이 아니라면 불편한 채로 함께 가는 것도 나쁘지 않다.

상대방이 내게 맞지 않는 것처럼 '나' 또한 상대방에게 그런 사람일 수 있다. 내 마음대로 되는 사회적 공간이 있을까? 바꿀 수 없는 것도 있음을 담담하게 받아들일 필요가 있다. 갈등이 격화되고 관계가 악화되면 말은 뱉는 것보다 삼키는 것이 자신에게도 이롭다. 대화와 토론도 필요하지만 고독과 사색의 시간 또한 필요한 것이다. 미당 서정주는 「자화상」에서 이렇게 노래한다. "나를 키운 건 八割이 바람"이라고. 한 가지 덧붙이자면 공감 능력은 관계를 푸는 열쇠가 된다. 우리는 서로가 만족스럽다는 느낌을 공유하는 순간 정서적으로 충만해진다. 잘 보고, 잘 듣고, 잘 느끼는 감수성이 더 필요한 것이 아닐까?

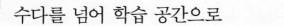

수다를 넘어 학습 공간으로

윤양수

교사들과 함께 실시간 수업이나 수업 동영상을 보고, 이야기를 나누다 보면 흥미로운 모습을 발견할 수 있다. 꼭 그런 것은 아니지만, 마치 방언이 터지듯 말들이 쏟아져 나온다. 그럴 때면 시간 가는 줄도 모른다. 수업에 대한 생각과 의견도 매우 다양하다. 그 차이가 서로를 촉발하고, 끊임없이 대화로 이어지는 것이다. 사실 수업이나 학생들의 생활에 대해 이야기를 나누는 모습이 그리 새삼스러운 일은 아니다. 학생들을 가르치는 일이 직업이니만큼 어찌 보면 당연한 일이 아닌가. 물론 대화의 즐거움, 말하는 즐거움일 수도 있다. 그럼에도 그런 모습을 볼 때면, 교사들이 '수다' 이상의 욕망을 가지고 있음을 실감한다.

그러나 아쉽게도 거기서 멈춘다. 서로 앞을 다투듯 자신의 경험과 생각을 풀어내고 끝나버린다. 말 그대로 수다의 문턱을 넘어서지 못하는 것이다. 물론 그 자체로 나눔과 해소의 기능이 없는 것은 아니다. '수업 수다'는 경험과 정보를 교환하고, 억압된 무의식을 풀어내는 치료 행위가 되기도 한다. 대화는 무질서하나 즐겁고, 웃음을 연발한다.

당사자가 눈앞에 없으면 공격적인 발언도, 노고를 모르는 경박성도 문제가 되지 않는다. 권위에 대한 조롱과 거리낌 없는 위반의 언어도 모두 허용된다. 담을 넘지 않는 수다니까. '거기'서는 단속할 수밖에 없는 생각과 존재를 드러내는 커뮤니케이션의 장이 되는 것이다.

학교의 수업 협의회 모습이 어떤가? 전술한 모습들이 자연스럽게 드러나는 카니발과는 거리가 멀다. 지금도 여전히 상투적인 '주례사'나 입법적인 '지도'로 끝나기 일쑤다. 양자 모두 의미 있는 대화를 경험하기 어렵다. 거기에 '평가의 시선'까지 가세하면 대화는커녕 불편하기 짝이 없다. 알다시피 '지도'나 '평가'는 고정된 자리와 발언의 위계를 할당한다. 지나간 경험과 진부한 언어를 반복한다. '주례사'나 '침묵' 말고는 그와 같은 관행과 습속을 견뎌낼 재간이 없다. 때문에 방어와 단속으로 '자기'를 눌러놓게 된다. 즐거운 경험으로 기억될 리가 있을까? 의미 있는 대화를 통한 성찰과 성장을 기대하기 어려운 것이다.

그와 같은 억압 때문에 말문이 봇물처럼 터져 나오는 것은 아닐까? 그 열기의 정체가 무엇일까? 반복되는 일상과 지루한 시간을 견디는 '심심풀이' 땅콩 같은 것일까? 일종의 카니발처럼 억압된 무의식을 풀어내는 의례 같은 것일까? 그러나 수다가 끝나고 나면 각자 고립된 교실 왕국으로 다시 돌아가게 된다. '수다' 뒤에는 어김없이 허탈함이 찾아들고. 사실 그 '이상' 필요한 것이 있을까? 수업용 콘텐츠를 제공하는 웹 기반 서비스에 접속하면 반짝이는 아이디어와 최신 기법을 손쉽게 따다 쓸 수 있다. 필요에 따라 강연을 듣거나 연수를 받을 수도 있다. 그 정도만으로도 충분히 앞서가는 교사가 될 수 있지 않은가?

그러나 새로운 기법과 아이디어를 따다 일용하던 '사냥'의 시대 혹은 '교수'의 시대는 지나갔다. 그것이 가치가 없다는 말이 아니다. 지금은 학생의 학습 혹은 배움을 중심으로 새로운 수업 문화를 구축하는 전환기가 아닌가? 새로운 상상력과 실행 기획이 필요하다. 2006년 노벨 평화상 수상자 무함마드 유누스Muhammad Yunus가 제안한 '소셜픽션Social Fiction' 개념을 빌리자면, 이를 '에듀픽션'이라고 표현해도 크게 틀리는 말은 아닐 것이다. 덧붙이자면 '소셜픽션'이란 '제약 조건 없는 상상으로 사회의 문제를 해결하는 기획 방법'을 말한다. 같은 맥락에서 수업도 혁신적인 상상과 기획으로 전환을 모색할 필요가 있다.

다시 돌아가자면, 앞에서 말한 것처럼 '수업 수다'로 공허한 마음을 채우기는 어려울 것이다. 개인적인 방식으로 추구할 수 있는 성장이나 성취에도 한계가 있다. 수업 전문성에 대한 욕망, 나아가 새로운 수업 문화를 만들어가려는 욕망, 이를 위해 함께하려는 욕망은 '이미-항상' 어디에나 존재하기 마련이다. '수다'의 공회전을 벗어나는 한 가지 방법은 학습 공간을 구축하는 것이다. 물론 수다와 친목의 문턱을 넘어서기가 쉽지는 않은 일이다. '자기 공부'도 필요하니까. 눈앞에 보이는 변화를 기대하기 어려운 일에 장기간의 시간과 에너지를 소모할 이들이 그리 많지 않을 테니까. 때문에 시작하기가 쉽지 않은 것이다.

그럼에도 봇물처럼 터지는 수다의 열기 속에서 가능성을 엿볼 수 있지 않은가. 실행과 연구를 통해 공동의 성찰과 성장을 모색할 필요가 있다는 사실에는 누구나 공감한다. 교사들이 자발적으로 학습 공간을 구축하는 까닭이 무엇일까? 교사 전문성을 기르는 것이 1차적인 이유일 것이다. 물론 학교개혁도 빼놓을 수 없는 요인이다. 그러기 위해 피곤을 무릅쓰고 학습을 조직하고, 활동을 기획하는 것이다. 수업 혁신뿐만 아니라 학교 민주화도 크게 다르지 않다. 혼자서는 할 수 없는 일이니까 생각과 의견을 나누고, 힘과 지혜를 모으는 것이다. 그렇게 수업 혁신과 학교 민주화를 위한 실천의 체제를 구성해가야 한다.

초기에는 학습 공간의 비전과 방향을 설정하기가 쉽지 않다. 수업 실행 및 연구와 관련하여 자기 방식이나 자기 포맷을 정립하는 것도 시간이 걸리는 일이다. 저마다 관심사와 기질이 다르니까. 그리고 불투명한 비전과 방향이 지속을 어렵게 하는 요인이 되기도 한다. 실제로 비전과 방향을 설정하지 못하거나 자기 포맷을 만들어내지 못하고 표류하다 좌초하는 사례도 없지 않다. 시작은 의욕적이나 숙고와 숙성의 시간을 견뎌내지 못하고 포기하는 사례들도 많다. 자기 공부와 공동의 성장은 지루할 만큼 시간이 필요한 일이 아닌가. 초기에는 선행 선례나 성공적인 사례들을 참조하면 많은 도움을 얻을 수 있다.

현행 사례들을 살펴보면, 특정 방식을 교조적으로 받아들이거나 자기 방식을 배타적으로 고집하는 경향이 없지 않다. 일상적인 학습과 활동의 기반도 없이 성급하게 유행을 쫓는 경향도 보인다. 특히나 학습 공간을 대규모로 시작하거나 전체가 똑같이 가야 한다는 강박을 경계할 필요가 있다. 물론 초기 자극으로 전체가 다 같이 시작하거나 대규모의 규합이 가능할 수도 있다. 그러나 학습 공간을 굳이 그런 식으로 조직할 필요가 있을까? 규모와 속도가 그리 중요한 것은 아닐 것이다. 그보다는 일상적인 학습과 활동의 기반이 중요하다. 그게 부실하면 그리 오래가지 못하거나 핵심적인 가치가 훼손될 수도 있다.

수업 실천과 연구 방식은 구성원들의 관심과 요구에 따라 선택하면 된다. 거꾸로교실, 배움의 공동체 수업, 수업 컨설팅, 수업 코칭, 수업 이해, 수업 비평 등 다양한 방식을 실행의 도구로 활용할 수 있다. 뿐만 아니라 새롭게 등장하는 실천과 연구 방식에도 관심을 두면 좋을 것이다. 중요한 것은 당사자들의 요구와 상황에 맞게 자기 포맷을 만들어 활용하는 것이다. 안착된 학습 공간에 접속하여 경험과 노하우를 배우는 방식도 괜찮을 것이다. 학습 공간은 비전과 방향 설정에서부터 신뢰와 협력 관계의 구축, 활동의 리듬과 공조의 윤리, 아이디어의 생산과 실행 기획 등에 이르기까지 중요하지 않은 것이 없다.

일단 시작하고 나면 어느 정도의 책임과 강제성도 필요하다. 구성원들의 자율성과 자발성이 중요하긴 하나 그것만이 능사는 아니다. 활동과 공조에 필요한 기본적인 원칙이나 규칙을 정할 필요가 있다는 것이다. 자율성과 자발성만큼이나 공조의 리듬과 윤리도 중요한 까닭이다. 물론 원칙이나 규칙은 당사자들의 요구와 상황에 따라 수정할 수 있다. 공동의 비전과 방향을 공유하고 있다고 해도 이견이나 변수는 늘 나타나기 마련이다. 그런 탓인지 최근에는 리더의 역할과 리더십을 새삼 강조한다. 그에 따라 활동의 양상과 결과가 크게 달라지기 때문이다. 이와 관련해서는 다음 기회에 따로 정리할 것이다.

핵심 역량, 성공의 열쇠인가?

윤양수

미래 핵심 역량에 대한 국제사회의 관심이 뜨겁다. 경제협력개발기구(이하 OECD)가 핵심 역량 정의 및 선정DeSeCo: Definition and Selection of Key Competences 프로젝트를 통해 미래 핵심 역량을 제시한 이래 세계 여러 나라의 교육이 요동하고 있다. 저마다 미래 사회에 필요한 역량을 규명하고, 이를 중심으로 교육과정을 개정하는 등 미래 핵심 역량 중심 체제로 교육의 전환을 시도하고 있다. 영국, 독일의 함부르크 주, 호주의 빅토리아 주, 캐나다의 퀘벡 주 등은 물론 가까운 일본도 핵심 역량을 교육과정에 반영하여 운영한다. OECD가 도출한 핵심 역량은 3개의 범주 9개 영역으로, 그 내용을 옮기면 다음과 같다.

우리나라도 예외가 아니다. 국가 연구기관을 중심으로 핵심 역량을 교육과정에 반영하기 위한 연구를 진행해왔다. 2015년 9월 교육부가 확정·발표한 '2015 개정 교육과정'에도 미래 핵심 역량을 반영하고 있다. '초·중등학교 교육과정 총론'을 보면, 4가지 인간상(자주적인 사람, 창의적인 사람, 교양 있는 사람, 더불어 사는 사람)과 6가지 핵심 역량을

OECD에서 제시한 핵심 역량(DeSeCo, 2005)

범주	구성 요소
상호작용적으로 도구 사용하기 (Use tools interactively)	언어, 상징, 텍스트를 상호작용적으로 사용하기 지식과 정보를 상호작용적으로 사용하기 기술을 상호작용적으로 사용하기
이질적인 집단에서 상호작용하기 (Interact in heterogeneous groups)	타인과 관계 맺는 능력 협력하여 일할 수 있는 능력 갈등을 관리하고 해결하는 능력
자율적으로 행동하기 (Act autonomously)	넓은 시각에서 행동하기 인생의 계획과 개인적인 과제를 설계하고 실행하기 개인의 권리, 관심, 한계, 필요 등을 옹호·주장하기

출처: Rychen & Salganik, 2003

제시하고 있음을 확인할 수 있다. '2015 개정 교육과정'은 현행 '2009 개정 교육과정'이 추구하는 인간상을 바탕으로 지식정보 사회가 요구하는 핵심 역량을 갖춘 '창의융합형 인재' 양성에 중점을 두고 있다. '2015 개정 교육과정'에 제시한 핵심 역량은 자기관리 역량, 지식정보처리 역량, 창의적 사고 역량, 심미적 감성 역량, 의사소통 역량, 공동체 역량이다.

다소 편차는 있으나 지방 교육 당국들도 이에 발 빠르게 대응하고 있다. 가령 전북교육정책연구소는 전라북도 교육에서 중점적으로 기르고자 하는 학생 역량을 규명하여 '전북 교육의 핵심 역량 체계'를 개발한 바 있다(이가영 외, 2015). 이는 핵심 역량 기반 교육과정 편성·운영으로 학교 교육을 개선하려는 노력이다. 이와 연동하여 '참학력Authentic Achievement'에 관한 연구도 진행하고 있다. 참고로 참학력은 성취도 혹은 점수로 극소화된 기존의 학력관을 쇄신하기 위한 대안적 학력 개념을 지칭하는 용어이다. 이처럼 미래 핵심 역량과 참학력 개넘은 담론 수준의 논의를 넘어 학교 교육에 구현해야 하는 당면 과제로 부상했다.

이에 지방 교육 당국들은 미래 핵심 역량 규명과 참학력 개념 정립을 연구와 실행의 과제로 설정하는 등 노력을 경주하고 있다. 그러나 이와 관련한 연구와 논의는 아직까지 사회적 관심과 학교 현장의 요구에 제대로 부응하지 못하고 있다. 때문에 개념 규명과 연구에 앞서 용어를 먼저 사용하고 있는 실정이다. 이는 핵심 역량과 참학력이 아직 구성적인 개념이기 때문일 것이다. 이와 함께 미래 핵심 역량과 참학력을 기르기 위한 대안적인 수업 모델과 대안적 평가 방법에 관한 논의 또한 연쇄적인 과제로 떠오른다. 이렇듯 미래 핵심 역량과 참학력에 관한 논의와 연구는 당분간 시간이 더 필요할 것으로 보인다.

이와 관련한 논의와 인식의 차이는 필연적으로 교육과정, 수업, 평가 등 교육 실천의 차이로 나타나게 될 것이다. 달리 말하자면 미래 사회에 필요한 핵심 역량을 무엇으로 설정하는가에 따라 학교 교육의 양상이 달라질 수 있다는 것이다. 우리가 핵심 역량 담론을 눈여겨보는 것은 그런 이유 때문일 것이다. 교육 당국의 핵심 역량 관련 논의는 미래 사회에 대한 규정, 그에 필요한 핵심 역량 규명, 그에 따른 교육 비전의 설정이라는 도식으로 간단히 요약할 수 있다. 그러나 이와 같은 정향은 몇 가지 근본적인 질문을 외면하고 있다. '2015 개정 교육과정'에 명시한 핵심 역량은, 교육 당국이 강조하는 '역량 교육'은 자명한 것일까?

핵심 역량 담론은 기업의 경영 담론에 근거를 두고 있다. 기업의 차원에서는 경쟁적 우위를 확보할 수 있는 기업의 능력을 말하는 것으로 차별적 경쟁력의 원천이 된다. 개인의 차원에서는 '직무를 성공적으로 수행할 수 있는 능력'을 의미한다. 이와 같은 경영과 직업 분야의 담론이 교육 분야로 유입된 것이다. 그런 점에서 핵심 역량 담론은 그 실제에 있어 자기계발 담론의 학교용 버전이 될 공산이 크다. 사실 직무 수행에 필요한 대부분의 지식과 기술은 업무 현장에서 습득한다. 그리고 그 변화 속도가 빠르기 때문에 지속적인 현장 훈련을 강조한다. 그럼에도 굳이 학교에서 직무 수행에 필요한 일반 역량을 길러야 하는 것일까? 자본의 전략과 노동시장의 요구에 수동적으로 대응하는 방식을 경계해야 할 것이다.

미래 핵심 역량을 키우기 위해 현재의 삶을 거세하는 것도 문제다. 세계경제포럼WEF은 '직업의 미래' 보고서(2016)에서 2020년까지 510만 개의 일자리가 사라질 것으로 전망한다. 국제노동기구ILO도 2020년까지 전 세계 실업자 수가 1100만 명에 이를 것으로 추산한 바 있다. 과학자들도 로봇과 인공지능AI 때문에 대량 실업 사태가 올 수 있다고 경고한다. 인간이 하는 일을 로봇과 인공지능이 대신하게 된다는 것이다. 이렇듯 미래 사회가 유동적인 만큼 핵심 역량 또한 가변적일 수밖에 없다. 미래의 언젠가는 쓸모가 있을지도 모르기 때문에 가르치고 배워야 하는 것일까? 그렇게 자본과 시장의 논리에 말려들어가게 되면, 우리가 원하는 것을 선택할 기회가 없지 않은가? 불확실한 미래를 담보로 현재를 끊임없이 유보당할 필요는 없을 것이다. 이제는 그와 같은 반복을 멈춰야 하지 않을까.

핵심 역량 담론은 사회적 환경의 변화를 '지식 기반 사회', '급변하는 21세기', '글로벌 사회' 등으로 묘사한다. 이와 같은 규정과 진단을 근거로 삼아 경제 논리로 교육에 접근한다. 결국 핵심 역량에 대한 강조는 '미래 사회에 필요한 생존 능력을 확보하라'는 명령어와 다름없다. 그에 맞게 '학교 교육을 재편하라'는 것이다. 이 같은 논리는 교육을 경제의 도구로, 학교를 기업의 하청기지로 전락시킬 수 있다. 결국 핵심 역량은 국가와 자본이 요구하는 능력으로 수렴되는 것이다. 그리고 이 같은 편향적 논리는 탈락과 배제의 공포를 부추긴다. 그리하여 교육의 전환을 강제하는 지배적인 논리로 자리 잡게 되는 것이다. 당연한 귀결로 학생은 국가와 자본에 의해 인적 자본 혹은 경제적 자원으로 축소·편집되는 결과를 피할 수 없게 된다. 자유로운 개인과 민주 시민의 양성이라는 공적 가치와는 거리가 먼 것이다.

성공적인 삶이란 무엇일까? 핵심 역량이 성공의 열쇠가 될 수 있을까? 우리는 흔히 교육을 성공의 열쇠라고 믿는다. 그로 인해 교육이 역량 담론에 자연스럽게 포획되는 것이다. 역량 담론이 내세우는 성공이란 노동시장이 요구하는 능력을 갖추는 것과 다름없다. 교환가치로서의 능력을 극대화할 수 있는 방식으로 교육을 전환하라는 것이다. 그러나 인맥과 같은 사회적 자본과 부모의 경제력과 같은 문화적 자본, 특권의 상속과 부의 세습 등 능력과는 무관한 요인들이 '성공'에 더 큰 영향을 미친다는 사실을 모르지 않는다. 미래에 필요한 능력을 기르기 위해 현재를 묵묵히 견뎌내는 '미덕'이 불운을 피할 수 있을까? 피에르 부르디외가 강조하는 것처럼 학교는 '사회적 계층을 재생산하는 매개체'가 아닌가.

교육을 자본과 시장의 도구로 전락시키는 역량 모델로는 무한 경쟁과 승자독식의 암울한 디스토피아를 피할 수 없을 것이다. 역량 담론은 '더 나은 사회', '더 나은 삶'에 대한 질문을 결여한 채 '변화와 대응'의 논리를 주기적으로 반복할 뿐이다. 거기서 희망을 발견할 수 있을까? 우리에겐 새로운 상상과 기획으로 시장의 모델을 넘어설 수 있는 '에듀픽션'이 필요하다. '픽션'을 미래가 아닌 '지금-여기'로 당길 수 있는 정책과 제도가 필요하다. 그러기 위해서는 역량 담론의 배후에 숨어 있는 자본과 시장의 논리를 해체해야 한다. 교육은 그와 같은 논리를 넘어 개인의 성장과 발달에, 행복 증진에 기여할 수 있을 때 의미가 있는 것이 아닐까? 학생의 행복을 핵심 가치로 상정하고, 행복지수를 높이는 방향으로 학교 교육을 전환해야 한다. 이와 같은 질문을 누락한 채로 '좋은 교육'이 가능할 것 같지는 않다.

존경 없는 학교

원종희

언제부턴가 '존경'이라는 말이 사라졌다. 사회에서 학교에서 '존경'이란 말의 자리는 한없이 누추하다. 때로 존경은 누군가의 못마땅한 행위에 대한 비웃음, 조롱의 수사로까지 쓰인다. 존경이란 말의 의미가 이토록 궁핍해진 까닭은 무엇일까? 어디에도 존경할 대상이 없는 탓일까? 누구도 존경을 가르치지 않는 사회 탓일까? 상대의 인격을 받들어 공경한다는 의미의 존경은 상대를 인정하고 존중하는 데서 출발한다. 존경은 곧 관계를 드러내는 언표인 것이다. 존경과 존중의 표현인 Respect는 고어에서는 '~과 관계를 맺는다'는 의미를 지닌다. 존경이 사라졌다는 것은 곧 존중의 관계가 무너졌음을 의미한다.

한병철은 『투명사회』에서 "오늘날 존경심이 사라지면서 거리를 알지 못하는 구경이 그 자리를 대신한다", "존경할 줄 모르는 사회, 거리의 파토스가 없는 사회는 스캔들 사회로 전락한다"라고 말한다. 학교 안과 밖 마땅히 있어야 할 존경의 자리에서 벌어지는 믿기 힘들 만큼 스펙터클한 스캔들은 얼마나 많은가? 2015년 경기도 이천시 모 고등

학교에서 학생들이 빗자루로 교사의 어깨를 치고 손으로 머리를 밀치는가 하면, 바닥에 침을 뱉으며 교사에게 고함을 지르고 욕설을 하는 영상이 공개되었다. 존경 없는 사회의 최심급을 보여주는, 존경 없는 관계의 민낯이 인간 존엄을 가장 밑바닥까지 끌어내린 사례이다.

학생뿐만 아니라 학부모에 의한 교권 침해 사례 또한 빈번하게 일어난다. 2015년 대구의 모 초등학교에서는 크레파스를 집어던진 학생에게 꿀밤을 때렸다는 이유로 수업 중에 학생의 아버지가 교실에 들어와 교사의 머리를 주먹으로 때리고 벽에 내리치는 일이 있었다. 같은 해 모 초등학교에서는 학생들 간의 다툼을 두고 학부모가 담임교사에게 온갖 욕설과 폭언을 쏟아내 담임을 교체하는 일이 벌어지기도 했다. 이처럼 뉴스를 통해 만날 수 있는, 교사에 대한 학생이나 학부모의 폭행, 폭언, 욕설, 수업 방해는 비일비재하다. 상호 존중의 거리가 사라진 자리, 존경이 한낱 조롱거리가 되어 떠도는 모습을 적나라하게 보여주는 사례들이다.

동료 교사들 간의 관계는 어떨까? 첫 발령지에서의 기억이 아직 선명하다. 그곳엔 아무것도 모르고 헤매는 신입 교사에게 세심한 도움과 격려를 주던 선배 교사들이 있었다. 교무회의 시간 나이 지긋한 선배 교사의 한마디, 한마디는 후배 교사들에게 나침반이 되어주기도 했다. 가까이 또는 한 발짝 떨어져서 가르침을 주던 선배 교사들의 모습은 배우며 따르고 싶은 모습이었다. 지금의 교직 사회 모습은 어떠한가? 나이가 많건 적건 승진의 배에 올라탄 대다수 교사들은 각자도생에 급급하다. 곁을 돌아보거나 살필 마음도, 여유도 없다. 소수 둘째 자리까지의 치열한 점수 경쟁에 매여 있는 그들에게서 진정한 교육자의 모습은 찾아보기 힘들다. 그곳에선 어떤 존경의 씨앗도 자라지 못한다.

학교는 이미 교사가 자존감을 지니고 교육적 이상을 펼치기에는 너무 거칠고 사나운 공간이 되었다. 이런 상황에서 교사들은 학교에서 일어나는 크고 작은 문제 해결에 필요한 최소한의 대응이나 조치에도 민감해질 수밖에 없다. OECD의 2013년 교수·학습 국제조사 결과를 분석한 양정호 교수에 의하면 우리나라 중학교 교사의 20.1%가 교사가 된 것을 후회하는 것으로 나타났다. 이는 OECD 평균인 9.5%보다 두 배가 넘는 수치로 회원국 중 꼴찌다. 5명 중 1명은 다시 직업을 선택한다면 교사를 선택하지 않겠다는, 교직에 대한 부정적인 인식을 나타냈다. 우리나라 교사들의 자기 효능감 역시 OECD 국가 중 최하위다. 같은 해 한국갤럽조사에 의하면 명예퇴직을 하는 교사들의 퇴직 사유 중 55%가 교권 침해 및 생활교육의 어려움이다. 모두가 교직의 어려움을 반증하는 결과들이다.

우리나라 교사의 직업만족도나 자기 효능감이 낮은 까닭을 보면 대부분이 보수가 아닌 생활의 문제이다. 학교에서 만나는 학생, 학부모, 동료와의 관계에서 겪는 어려움이 교사로서의 직업만족도나 자기 효능감을 떨어뜨린다. 존중이 부재하는 학교, 신뢰와 존경이 사라진 학교에서 가르치고 배우며 함께 성장할 수 있는 교육을 기대하기는 어렵다. 존경은 그 사람이 지닌 인격이나 사상, 가치, 행동 등 모든 면에서 본이 되고 싶은 마음의 표현이다. 그 사람에 대한 인격적, 도덕적 가치 부여가 존경심을 형성한다. 또한 존경의 문화는 사회의 문화를 반영한다. 그 사회에서 공동으로 추구해야 할 가치의 붕괴는 존경의 문화를 침식하여 상호 존경을 알지 못하는 사회를 만든다. 존경할 대상을 잃어버린 사회, 지향할 방향과 목표가 사라진 세상에선 너나없이 최소한의 룰조차 사라진 사회의 불안을 아슬아슬하게 견뎌야 한다.

학교는 꽤 오랫동안 존경의 문화가 남아 있는 공간이었다. 스승과 제자 사이 존경의 관계는 자연스러운 것이었다. 교사는 인품이나 성품, 학식 모든 면에서 학생들이 존경할 수 있는 본이 되어야 했고, 학생이 그런 교사의 훌륭한 점을 찾아 존경하며 따르는 일은 당연시되었다. 자식 교육을 맡긴 교사에 대한 학부모의 신뢰와 존경 또한 마찬가지였다. 하지만 수요와 공급이라는 시장논리가 학교에 적용되면서 교육은 상품이 되었다. 교사와 학생, 학부모의 관계는 공급자와 수요자라는 이해관계로 자리매김되고 이전 세대의 문화는 자취를 감추었다. 아이들의 배움은 시장논리 속 교환 등가물이 되어가고, 학교엔 더이상 스승의 자리도, 존경의 자리도 남아 있지 않게 되었다.

우치다 타츠루는 『하류지향』에서 소비 주체로 등가교환을 요구하는 아이들의 모습을 그린다. 학생들은 수업 시간에 자신이 고통과 인내를 지불하고 있다고 생각하고, 교사로부터 이에 대응하는 재화와 서비스가 무엇인지를 묻는다고 한다. "난 이만큼 지불하는데 선생님은 무엇을 줄 건가요?", "이걸 배우면 뭐가 좋아요?" 질문을 던지며 자신을 소비자로 규정하고 당당하게 자기 마음에 드는 서비스를 요구한다는 것이다. 등가교환에 익숙한 아이들은 시장에서 물건 값을 깎는 소비자의 자세를 취하며 "불쾌감"이라는 카드를 꺼내 든다고 한다. 학교라는 장소가 배움을 매개로 인격과 인격이 만나 형성되는 존중의 관계가 아닌 수요자와 공급자의 교환 관계로 자리를 잡은 것이다.

무엇이 존경 없는 사회를 재촉하는가? 무한 경쟁의 신자유주의 확대와 자기만이 유일한 기준이 되는 개인주의의 극대화는 공동체나 특정 가치에 대한 존중심이 없는 사회, 존경 없는 사회를 부추겼다. 개인주의가 만연한 사회에서 타인과의 관계나 공적인 가치에 기대는 존경의 문화는 뿌리내릴 수 없다. 한병철은 "존경은 공공성의 초석"이기에 "존경심이 사라지면 공공성도 무너진다"라고 말한다. 학교는 교육이라는 공공재를 다루어 공공성을 실현하는 공적 공간이다. 학교에 존경의 문화를 만들어내는 일은 곧 학교의 공공성을 실현하는 일이기도 하다. 학교가 지금처럼 무한 경쟁의 수레바퀴를 타며 상급 학교 진학과 취업을 목표로 계속 달려간다면 존경의 문화와 공공성 실현에 대한 기대는 더 요원해질 것이다.

존경은 시간의 역사가 쌓이고 쌓인 관계 속에서 만들어진다. 가르쳐서 얻을 수 있는 것이 아니라 몸으로 보여줌으로써 배우게 할 수 있는 것이다. 존경 없는 사회, 존경 없는 학교에서 지금 필요한 것은 먼저 존중의 관계를 회복하는 일이 아닐까? 우리의 삶 곳곳에 파고들어 관계에 구멍을 내고 있는 시장논리와 극단적 개인주의에서 벗어나 함께 지향해야 할 공공의 가치를 세우고 실천으로 보여주는 일부터 시작해야 하지 않을까?

창의성 교육의 아이러니

원종희

　기대와 두려움을 동시에 갖게 하는 인공지능은 인류에게 축복일까, 재앙일까? 지난 3월 인공지능 알파고Alphago가 프로 바둑기사 이세돌 9단을 이기면서 연일 인공지능에 관한 뉴스와 글들이 쏟아졌다. 인간 지능의 고수가 인공지능에 밀리는 모습을 보면서 미래의 인공지능이 인간 삶에 미칠 파장에 많은 사람들이 두려움을 드러냈다. 이미 오래 전부터 인공지능이 불러올 불안한 미래의 모습은 SF소설이나 영화를 통해 계속 다루어졌다. 2015년 개봉한 영화 〈엑스 마키나Ex Machina〉는 진화한 인공지능에 대한 인간의 두려움과 경고를 담고 있다. 인공지능 로봇인 기계가 인간의 감정까지 조종하여 인간을 지배하게 되는 인공지능의 역습을 보여준다.

　현실에서 인공지능은 4차 산업혁명의 주인공이라 불리며 끊임없이 새로운 산업을 만들어내고 있다. 뇌과학 연구자들은 불과 10여 년 뒤면 인공지능이 인간의 지적 생산 활동을 대체하는 시기가 도래할 것이라고 전망한다. 인공지능이 지배하게 될 미래 사회에서 인간에게 필요한 능력은 무엇일까? 그것은 바로 새로운 가치나 존재하지 않는 데이터를 만들어낼 수 있는 능력인 '창의성'이라고 한다. 아무리 성능 좋은 인공지능 슈퍼컴퓨터가 나온다 해도 인간의 창의성을 완벽하게 대신하기는 힘들기 때문이다. 인공지능 시대 생존을 위한 최상위 전략은 바로 '창의성'인 것이다.

창의성은 21세기 지식사회에서 요구하는 핵심 요소이다. 지식사회는 피터 드러커와 다니엘 벨이 제창한 개념으로 지식의 생산과 응용에 종사하는 지식 노동자가 권력을 갖게 되는 사회이다. "지식사회의 경제는 기계의 힘이 아니라 두뇌의 힘, 즉 생각하고 배우고, 개혁하는 힘으로 운영된다. 산업경제가 기계 노동자들을 요구했다면 지식사회의 지식경제에는 지식 노동자가 필요하다."[1] 지식사회에서 창의성은 곧 생산의 요인이 된다. 한편 호머 딕슨은 "오늘날과 같은 복잡한 세상에서는 더 많은 사회적 창의성의 공급이 필요한 반면, 엄청난 수요에 비해 우리가 만들 수 있는 창의성이 너무 부족한 것이 근본적인 문제"[2]라며 '창의성의 격차'에 대해 말한다.

창의성은 간단히 말하면 '새로운 생각을 해내는 힘'이자 '다르게 생각하는 힘'이다. 창의성 계발 전문가 켄 로빈슨은 "창의성이란 가치 있는 독창적 아이디어를 착상하는 과정"이라고 말한다. 오늘날 창의성은 교육의 본질적인 요소이자 개인과 국가의 생존에 필수적인 능력으로 인식된다. 우리나라 교육과정에서 창의성은 3차 교육과정 이후 꾸준

1. Andy Hargreaves, 『지식사회와 학교교육』, 2001, 학지사, 48쪽.
2. Andy Hargreaves, 앞의 책, 54쪽.

히 강조되어왔다. 2015 개정 교육과정에서 추구하는 인간상은 "홍익인간의 이념 아래 바른 인성을 갖춘 창의융합형 인재"이다. 창의융합형 인재는 자주적인 사람, 더불어 사는 사람, 교양 있는 사람과 함께 창의적인 사람을 추구한다. 추구하는 인간상을 구현하기 위한 6가지 핵심 역량 중 하나 역시 '창의적 사고' 역량이다.

이렇게 교육과정 총론의 추구하는 인간상이나 핵심 역량, 학교 급별 교육 목표에서 강조하는 창의성은 실제 교육 현장에서는 제대로 실현되지 못하고 있다. 창의성 교육의 필요성에 대한 인식 수준에 비해 현장에서의 실천 수준이 턱없이 낮은 까닭이다. 다양한 교육 방식을 하나로 수렴, 획일화하는 입시 교육의 구조적 문제와 창의성 교육에 대한 전문성 부족이 창의성 교육의 발목을 잡고 있다. 입시를 위한 표준화된 시험과 그에 맞춰지는 학교 교육에서 창의적 인재 육성은 구호에 그칠 수밖에 없고, 창의성에 대한 체계적 교육이나 연수 경험이 부족한 교사들에게 창의성 교육은 풀리지 않는 숙제가 될 뿐이다. 더 근본적인 문제는 정부 주도의 표준화된 교육과정이 교사의 창의적인 교육과정 운영과 학생들의 개성이나 창의성 발현을 가로막는 걸림돌 역할을 한다는 점이다. 창의성을 강조하는 표준화 교육과정의 아이러니다.

창의성 교육의 문제는 대학입시를 목표로 달려가는 중등교육에서 그치지 않는다. 연구 결과에 따르면 우리나라 최고 명문대로 일컬어지는 서울대조차 학생들의 비판적 창의적 사고보다 수용적 사고를 유도하는 구조를 지닌다. 학생들은 자기 견해를 밝히기보다 교수의 강의 내용을 전사 수준으로 정리하여 시험을 본다. 교수와 다른 생각을 제시하면 학점을 제대로 받지 못하기 때문이다. 수용적 사고를 하는 학생이 높은 학점을 받고 비판적 창의적 사고를 하는 학생일수록 낮은 학점을 받는 구조이다. '창의적 지식 공동체'를 지향한다는 서울대 교육의 모순을 적나라하게 보여준다. 이는 교수와 학생, 학생과 학생들 간의 상호작용을 통한 탐구보다 일방적 '강의'와 '수용'이라는 획일적 교수법이 지배하는 우리나라 대다수 대학 교육의 현실이기도 하다.

창의성 격차 시대를 살며 구조적, 현실적 어려움만 내세워 창의성 교육을 뒷전에 밀어놓기에는 그 요구가 너무 세다. 어떻게 하면 교육 현장에서 학생들의 창의성을 발현하게 할 수 있을까? 우선 학교를 학생들의 참신성과 독창성이 발현될 수 있는 창의적 공간으로 만들어야 할 것이다. 창의성을 키우는 교실은 오류나 부적절한 문제 해결, 터무니없는 실수들이 허용되는 교실이며, 좌절과 실패를 통해 배우게 하는 교실이다. 학생들의 독창적인 생각과 질문을 격려하고 받아들이는 교실이자, 타인과의 협력을 통한 창의적 활동 경험을 제공하는 교실이다. 또한 도전과 자극을 줄 수 있는 학습 활동과 자료를 제공하고, 수업 상황에서 끊임없이 창의적 사고과정이 이루어지도록 하는 교실이다.

창의성을 호출하는 시대, 창의성에 대한 담론들이 넘쳐난다. 혹자는 창의성은 특정 분야에서만 발휘되는 것이 아니라 인간생활의 모든 분야에서 발휘될 수 있으며, 모두에게 내재되어 있는 능력으로 적절한 매체를 통해 발현될 수 있다고 한다. 누구는 창의성은 어느 분야나 적용될 수 있는 일반적 능력이 아닌 특정 영역에서의 특정 창의성이 있을 뿐이라고 한다. 창의성은 모든 분야에서 발휘될 수 있되, 영역에 따라 특정한 지식이나 기술, 성격 등 영역 특수성이 있음을 알 수 있다. 여기서 주목할 부분은 창의성은 특정한 사람만이 타고나는 것이 아니라 훈련과 연습을 통해 길러질 수 있다는 것이다.

존 헤이스는 '창의적 문제 해결을 위한 10년의 법칙'에서 '연마'의 중요성을 강조한다. 창의성은 전문가 수준의 지식이 토대가 되어야 발현되며, 진정한 창의성은 한 분야에서 최소한 10년은 각고의 노력이 필요하다는 것이다. 물론 관련 지식을 습득하고, 새로운 지식을 창출하기 위한 노력은 위계적으로 진행되는 것이 아니라 동시에 상호작용적으로 이루어져야 할 것이다. 한편 켄 로빈슨은 학교에서 읽기나 쓰기와 같은 수준으로 창의성이 다루어져야 한다고 한다. 창의성 또한 읽고 쓰기를 배우듯이 반복적, 지속적 연마를 통해 길러질 수 있음을 말해준다. 창의성 구호가 범람하는 시대, 창의성 교육의 걸림돌을 하나하나 걷어내며 보다 긴 호흡으로 학교를 학생들 스스로 창의력을 끌어낼 수 있는 창의적 공간으로 만들어가야 하지 않을까?

나의 청학동

조경삼

청학靑鶴은 중국의 문헌에 나오는 "태평시절과 태평한 땅에서만 나타나고 또 운다"라는 전설의 새이다. 그래서 옛사람들은 태평성대의 이상향을 청학동이라 불렀다.[3]

유토피아, 파라다이스, 무릉도원, 별천지, 낙원…. 그곳은 그저 풍요로운 논밭이 있고, 아름다운 경치가 있고, 평화로운 사람들이 사는 곳이다. 엄청난 부를 누린다거나 높은 명예가 생기는 것과는 거리가 먼 그런 곳.

그럼 아이들을 가르치는 것이 좋아서, 아이들과 함께 생활하는 것에서 행복을 찾는 교사들에게 '청학동'은 어떤 곳일까? 첫째, 자율성을 발휘할 수 있는 공간이다. 대학을 다니면서, 또 교사 생활을 하면서 꿈꿔온 자신의 교육 철학과 방법들을 지지와 격려 속에서 맘껏 펼

---

3. 한국문화유산답사회, 『답사여행의 길잡이 6 지리산 자락』, 1996, 돌베개.

칠 수 있는 그런 곳. 이곳이 '청학동'일 수밖에 없는 이유는 간섭 혹은 지배하는 수많은 요소들-교육청, 관리자, 때로는 학부모-때문이다. 둘째, 동료가 있는 공간이다. '잘하고 있어'라며 등 두드려주기도 하고, 내가 생각하지 못하는 부분을 짚어내거나 전혀 다른 관점으로 내 생각을 흔들어놓기도 하고, 지쳐 있을 때는 다독여주기도 하는 그런 동료가 있는 곳. 다들 제 살기 바빠 친목회 이상의 동료성을 기대하기 어려운 현실에서 이 또한 '청학동'일 수밖에 없다. 셋째, 민주적인 문화가 있는 공간이다. 관리자와 교사, 교사와 학생, 학부모와 교사 관계에서 수직적이기보다 수평적인 관계가 맺어지며 그래서 서로 존중하고, 다름을 인정할 수 있는 곳, 그럼에도 한 곳을 보기 위해 계속 소통하고 함께 노력하는 그런 곳. 민주시민을 기른다면서 고분고분 말 잘 듣기를 기대하는 꼰대들과 전체주의의 잔재에서 벗어나지 못하는 학교가 있는 한 '민주적인 문화' 또한 '청학동'일 수밖에 없다.

내가 꿈꾸는 청학동의 이 세 가지 요소를 고루 갖춘 곳이 바로 거산초등학교이다. 거산에는 교육청 혹은 관리자의 철학에 따라 지시되는 교육 활동이 없다. 교사가 하고자 하는 교육 활동에 '안전' 혹은 '다른 학급과의 균형'을 이유로 커트하는 관리자도 없다. 자신의 철학과 다르다고 딴지를 거는 학부모도 없다. 거산의 큰 철학과 다른 면이 있을 때 견제하는 동료 교사가 있을 뿐인데 이를 방해물로 볼 수는 없다. 최소한의 제동장치는 있어야 하니까. 거산에는 이렇게 때로는 제동장치가 되어주고, 때로는 비타민이 되어주기도 하며, 때로는 다른 관점을 보여주는 동료가 있다. '배움의 공동체'에서 이야기하는 '함께 배우면서 함께 성장하는 동료성'. 그것을 실감하게 하는 교실 열기, 수업 열기, 생각 열기가 이루어진다. 거산에는 수직적인 문화가 발붙일 수 없게 하는 다양한 장치들이 있다. 교사회의, 교사-학부모 연석회의, 다모임, 그리고 무엇보다 학생을 중심에 두는 문화가 그것이다. 이는 1년 6개월짜리 단명 관리자를 양산하는 부작용도 있지만 거산을 지탱하는 주춧돌이 되는 문화이며, 제2의 거산을 꿈꾸는 다른 학교에서 단기간에 흉내 낼 수 없는 부분이기도 하다.

이러한 곳이기에 거산은 '청학동'에 머무는 교사들에게 '절대 순수'를 요구한다. 아이들을 중심에 둘 것, 어른의 눈으로 아이들을 재단하지 말 것, 아이들을 도구 삼아 교사의 욕심을 채우지 말 것, 아이들 외에 딴 주머니를 차지 말 것. 이것은 학부모나 외부에서 요구한 것이 아니다. 거산을 거쳐 간 교사들이 스스로 만들어 얽어맨 올가미일 수도 있다. 어떤 이는 '교사 공동체의 폭력'이라 하기도 하고, 현 승진제도를 이용하지 않고는 관리자를 만들기 어려운 현실에서 '불임의 공간'이라 칭하기도 한다. 외부에서 보면 말도 안 되게 폐쇄적인 이런 올가미를 거산을 만들었던 선배 교사들은 왜 만들었고, 우리는 왜 깰 수 없는 것일까?

그 이유는 거산의 태생에서부터 찾아볼 수 있다. '대안을 꿈꾸는 공립학교'. 이를 기치로 천안, 아산에서 아이들을 모아 되살아난 상황에서 지속성을 걱정하는 학부모에게 교사들이 줄 수 있는 믿음은 무엇이었을까? 그것은 나의 에너지를 오롯이 아이들에만 쏟겠다는 '승진 포기 선언'이 아니었을까? 아이들 외에는 절대 한눈팔지 않겠다는 그 선언과 실천으로 학부모들의 전폭적인 지지를 이끌어낼 수 있지 않았을까? 학부모뿐 아니라 입소문과 언론 보도를 접한 예비 학부모들도 모여들었고, 지역으로 이주해 들어오면서 지역이 살아났고, 언제까지 가나 보자던 학교는 10년을 넘겨 굳건하게 서 있을 수 있었던 것이다.

그렇다면 우리는 왜 그것을 깨지 못할까? 어느 정도 안정기에 접어든 지금이라도 우리가 원하는 관리자를 잉태할 수 있도록 변화할 수는 없을까? 그것을 불가능하게 하는 것은 태초부터 지녀온 두려움이다. 돌 하나를 빼면 공든 탑이 무너질지 모른다는 두려움 때문이다. 현 승진제도 아래에서 절대 중요한 '근평'을 받기 위해서는 관리자의 편에 설 수밖에 없다. 좀 과하게 표현하는 이들은 근평이 필요한 동안 '관리자의 수족'이 되어야 한다고도 한다. 이러한 상황에서 자신의 자율성은 당연히 깨져 나갈 수밖에 없다. 승진의 대가로 '자율성'을 치렀다 치자. 하지만 거기서 끝이 아니다.

승진은 '동료성'도 깰 것을 요구한다. 원래 내게 필요 없는 것이니 눈 감을 수 있을까? 사촌 땅 사는 게 배 아픈 질투심이라 치부할 수 있을까? 아니다. 함께 아이들을 이야기하고, 수업을 이야기하고, 철학을 이야기하던 사람이 그것과는 전혀 다른 길로 가는 것에 대한 배신감, 그리고 허탈함…. 그보다 더 큰 것은 나는 아닌데 그 때문에 학부모들의 교사에 대한 믿음이 깨져 나간다는 것이다. 그리고 깨진 믿음은 다시 붙이기 어렵다. 나에게는 힘의 근원인 그 소중한 믿음을 깨버린 그, 그를 옆에 두고 못 본 체하며, 혹은 인정하며 함께 걸어갈 만큼 나는 인자하지 못하다.

당연히 '민주성'도 산산조각이 날 수밖에 없다. 공동체의 합의가 개인의 이익 앞에 깨져버렸는데 어떻게 '민주성'이 존재할 수 있겠는가? 민주적인 합의에 마지못해 따르던 관리자들은 대신 '그 수족'을 이용하여 자신의 철학을 펼치려 시도할지 모른다. 두 갈래 난 교사회를 보며 학부모들은 또 어떤 생각을 할까?

아이들은 또 이 모습을 어떻게 바라보게 될까? 승진을 꿈꾸는 교사의 에너지가 분산되는 것을 본능적으로 가장 먼저 알아차릴 이가 바로 아이들이다. 첫째였던 자신들이 둘째로 밀려나는 것을 어리다고 하여 어찌 모르겠는가? 아이들에게도 변함없이 충실하고 승진도 준비할 수 있다고? 천만의 말씀이다. 승진의 길을 걸어간 선배들이 그것을 증명한다. '에너지 총량의 법칙', 그것을 인정하기에 앞서 거산에서 승진을 생각한 어느 선생님도 공간을 달리하여 험난한 곳으로 나간 것이다. 동료들의 반대보다 더 큰 아이들에게 쏟을 에너지의 부족함을 알기 때문에.

눈 한번 질끈 감아서 될 일이 아니다. 그저 돌 하나 빼는 걸로 끝나는 일이 아니다. 우리가 원하는 관리자를 잉태하고 싶은 욕심은 크지만 그보다 더 큰 것은 두려움이다. 지리산 청학동이 외부 문화에 스러져가듯, 나의 청학동도 그렇게 될까 두려운 것이다.

사탕과 수행평가

자전거 안전교육이 있었다. 외부 강사가 들어오고 교사는 진행자에서 관찰자로 역할을 바꾼다. 아이들과의 관계 형성이 없는 강사들, 그들이 쓸 수 있는 무기는 제한적일 수밖에 없다. 현란한 자료나 말발, 혹은 보상 뭐 이 정도. 불행하게도 이번 강사는 맨 마지막 무기를 선택했다. 바로 사탕. 더군다나 잘 듣고 적극적으로 참여하는 자에게만 돌아간다는 말로 승부욕을 자극한다. 사탕 못 먹어본 아이들처럼 적극적으로 달려들어 수업 분위기를 고조시켰으니 목표에 도달한 셈일까? 얼마 지나지 않아 여기저기서 아이들의 불만이 터져 나온다. 그도 그럴 것이 아이들이 거산에서 만난 어떤 선생님도 그런 무기를 쓰지 않기 때문이다.

아이들의 첫 번째 문제 제기는 강사가 답변할 기회를 주는 것이 한쪽 모둠에만 편중된다는 것이었다. 비슷한 위치에서 두 명이 사탕을 타게 되면서 나온 문제 제기였는데 다음 문제에서 반대쪽 모둠 아이가 지명되면서 이 문제는 간단하게 진압되었다. 남아 있는 사탕이 점

52 자기혁신과 공동의 성장을 위한 교사들의 필리버스터

점 줄어들고 두 번째 문제가 제기되었다. 내용은 많은데 왜 문제는 적으냐는 것이었다. 기회가 많으면 자기에게도 사탕이 돌아올 텐데 그러지 못하는 것에 대한 불만일 게다. 강사는 제한된 시간을 이유로 이 또한 진압해버린다. 그도 그럴 것이 경쟁이란 공급이 적고, 수요가 많을 때 일어나는 게 아닌가?

곧 남은 사탕이 바닥을 드러내자 교사의 귀에 두 개의 반응이 포착된다. 한 아이는 확률을 들어 체념을 한다. 스무 명 중에 다섯 명밖에 먹을 수 없으니 자기가 끼기는 어려웠다는 것이다. 여우의 신포도와는 결이 조금 다르긴 하지만 '자기 합리화'라는 측면에서 닮아 있다. 또 한쪽에서는 격한 반응이 나온다. 사탕을 안 줬으니 강사가 교육한 '자전거 안전 수칙'을 지키지 않겠다는 것이다. 그 거부가 일찍 나왔더라면 좀 더 아름다웠을 텐데. 아무 힘도 없는 거부가 아니라 힘을 가진 거부였더라면…. '그깟 사탕으로 장난치지 말라'는 자존심의 표현이었다면. 하지만 아이들이 '사탕'이라는 큰 권력을 거부하는 것은 쉬운 일이 아니었을 게다. 어른들이 돈을 거부하기 어려운 것처럼.

다음 날 아이들에게 어제 일을 묻는다. 대부분은 사탕의 기분 나쁜 기억보다 자전거 실습의 즐거움을 기억한다. 심술궂은 교사는 사탕의 기억을 들쑤셔 왜 기분이 나빴는지를 묻는다. 많은 아이들이 공평하지 않음을 지적한다. 아이들이 말하는 공평이란 모두에게 하나씩 돌아가는 것을 말할 거라는 걸 짐작하지만 교사는 한 번 더 꼬아서 질문한다. 혹시 그 불편함은 네가 받지 못했기 때문은 아니냐고. 성급한 교사는 결론을 말해버린다. 너희들이 정말 기분 나빠야 할 것은 내가 못 받아서가 아니라 너희들을 그깟 사탕 하나로 통제하려 했다는 것이라고. 그것을 기분 나빠할 줄 모르면 너희들은 모습을 바꾼 사탕 앞에서 계속 기분 나쁘게 될 거라고.

퇴근 후 저녁 시간, 중학교에 입학한 딸아이가 엄마에게 학교 이야기를 풀어놓는다. 오늘 이야깃거리는 초등학교 때와 다르게 수행평가를 무기로 점수를 깎는다고 협박하는 선생님에 대한 불만이다. '그러니까 그런 데 말고 안 그런 중학교 가라고 얘기했잖아. 그때는 귓등으로도 안 듣고선.' 목구멍까지 차오르는 말이지만 꿀꺽 삼킨다. 그런 말이 맞장구만큼도 못하다는 것쯤은 이미 알고 있기 때문이다. 기분은 나쁘지만 점수 깎이는 게 더 기분 나쁘단다. 전형적인 범생이. 그들 때문에 이 무기는 위력을 떨칠 수밖에 없다. 하지만 그 테두리를 뛰어넘는 야생마들에게 '점수 깎기'는 아무런 위협이 되지 못한다.

초등학교 6년 동안 학교에서 '내 삶의 주인은 나'를 가르쳤고, 참 삶에 대해, 진짜 공부에 대해 이야기했건만 '입시'라는 갑질 앞에서 그 가르침이 한없이 가벼워지는 것 같아 속이 상했다. 그 정도 가르쳤으면 '그깟 점수로 장난치지 말라'는 말이라도 나오길 기대한 것일까? 하지만 이제 막 낯선 환경 앞에 선 아이들이 '점수'라는 아니 그보다 큰 '교사'라는 권력에 맞서는 것 또한 쉬운 일이 아니었을 게다. 어른들도 웬만해선 권위 앞에 저항하지 못하는 것처럼. 그저 '상황이 그렇더라도 너는 네 공부를 해라. 죽은 공부가 아니라 산 공부.' 정도의 말로 비겁한 타협을 할밖에.

'사탕' 강사나 '점수 깎기' 교사가 전혀 이해되지 않는 것은 아니다. 시대가 변하고 권위라는 무장을 해제당한 교사, 그들이 선택할 수 있는 무기는 얼마 되지 않는다. 햇볕 아니면 바람뿐. 햇볕은 권위의 그림자를 찾지 않고 아이들과 소통하며 새로운 관계를 맺는 것이다. 하지만 숙성되기까지 인고의 시간을 견뎌야 하고 즉효를 거두기 어려운 슬로푸드와 같다. 바람을 대표하던 '매'는 박물관에 들어간 지 오래고 그 자리를 대신하는 건 바로 '점수'다. '점수'는 화학비료나 농약과 같다. 즉효를 발휘하지만 토양은 병들어간다. 인간은 사라지고 거래만 남는다.

얼마 전 있었던 알파고와 이세돌의 바둑 대결에서 알파고가 압승을 거두면서 로봇이 인간을 대신하는 세상에 대해 이야기들이 많았다. 인공지능의 발달로 20년 안에 인간의 직업 중 47%가 사라질 것이라고 한다. 영국 옥스퍼드 대학에서 발표한 사라질 직업에는 스포츠 경기 심판, 요리사, 운전기사, 웨이터 등이 꼽혔고, 살아남을 직업에는 화가, 조각가, 사진작가, 작가 등이 꼽혔다고 한다. 결국 인간다움이 필요한 직업은 살아남고 그럴 필요가 없는 직업들은 사라진다는 이야기일 것이다.

그럼 교사는 어떨까? 지식 거래를 생명으로 아는 교사가 과연 인공지능을 당해낼 수 있을까? 지식은 이미 인터넷으로 얼마든지 찾을 수 있는 탓에 거래가 날로 어려워지고 있다. 데이터를 통한 학습자 분석과 교수법을 갖춘 로봇이 등장한다면 대형 마트가 등장하고 난 뒤 동네 구멍가게가 사라지듯 어느 순간 자취를 감추게 될 것이다. 다만, 지식보다 인간다움을 전수하는 것이 더 큰 목적인 초등교사의 경우 다행스럽게도 인공지능에 비해 경쟁력이 있는 것으로 조사되었다고 한다. 로봇의 돌봄보다는 사람의 돌봄을 선호할 것이라는 생각도 그렇게 예측하는 한 가지 이유가 될 것이다.

그렇다면 교사가 생존하기 위한 방법은 자명해진다. 땅을 살리기 위해 화학비료와 농약을 멀리하고, 퇴비와 녹비 식물을 가꾸듯 '점수 깎기'를 버리고, '관계 맺기'를 선택해야 한다. '지식 거래'를 버리고, '인정의 교류'를 선택해야 한다. 받아본 적이 없는 것을 줘야 하기에 고통스럽고, 걸어보지 않은 길을 걸어야 하기에 힘난할 것이다. 안 그래도 수시로 벌어지는 것이 '교권 침해'인데, 무기를 내려놓고 맨손으로 정글을 헤쳐 가라 하니 어찌 두려움이 크지 않으랴. 그 두려움을 학부모나 교육 당국이 토닥여주면 좋겠지만, 그 전까지는 남극의 펭귄들처럼 동료의 체온에 의지하며 버텨야 할 것이다.

업무 유감

조경삼

2월은 교사들에게 심란한 계절이다. 1년을 함께한 아이들을 떠나보내고 새 아이들을 맞는 준비를 하고, 1년을 맡았던 업무를 마무리하고 새로 맡을 업무를 정하게 된다. 짧게는 1년 길게는 5~7년 있었던 학교에서의 생활을 정리하고 새 학교로 발령을 받게 되기도 하고, 20여 년의 평교사 생활을 정리하고 관리자로 진출하거나 그러지 못하거나가 정해지기도 한다. 이렇게 큼직한 변화가 많고 이에 따른 스트레스도 많기에 2월 날씨만큼이나 변화무쌍하고 심란한 것이다.

이즈음 학교 풍경을 들여다보면 학교마다 차이는 있겠지만 빠르면 12월, 늦으면 2월에 학년과 업무 분장에 대한 희망서를 받는다. 희망대로 정해지는 경우도 있지만 저경력일수록 전입 교사일수록 그것은 '희망'에 그치고 말기도 한다. 이를 바탕으로 '인사위원회'가 열리고 해당 교사들의 협의 끝에 학년과 업무가 정해진다. 하지만 많은 학교에서 '인사위원회'는 거수기 역할을 하기도 한다. 교감, 교장이 희망서를 참고하여 조각한 내용을 발표하고 서명만 받거나 아주 일부의 조정이 있을 뿐이기 때문이다.

이 과정에서 관리자들은 일할 만한 교사들로 부장진을 꾸린다. 승진을 꿈꾸는 교사들과 일할 사람이 필요한 관리자의 욕구가 딱 들어맞아 한 번에 꾸려지면 좋겠지만 다 채우지 못할 경우 경력이 되었다는 이유로 5~10년 차 교사를 차출하기도 한다. 그도 없는 비인기 학교의 경우 갓 신규 경력을 뗀 3~5년 차 교사에게까지 내려오기도 하고. 부장진이 꾸려지면 부장들은 일을 함께 할 만한 후배 교사들을 선택한다. 대개 5~10년 경력의 빠릿빠릿하게 시키는 대로 잘 처리하는 교사들이 환영을 받는다. 일할 사람이 꾸려지고 나면 나머지 교사들은 경력과 성별과 여러 사정들을 고려하여 '흩어뿌리기'를 하게 된다. 한쪽에 몰리지 않게. 한 해 학교 운영을 조직하는데 '교육'에 관한 고민은 없고, 지극히 업무 중심으로 배치가 이루어진다. 그래서 이름도 교육 활동을 위한 학교 조직이 아니라 '업무 분장'이다.

업무 중심의 부장 배치가 이루어지고 나면 부장의 업무를 다시 잘게 나누어 부서 소속 교사들에게 나눈다. 균등할 수는 없지만 일을 잘게 나누어 작게 만드는 것이다. 그러나 일은 작아지지 않는다. 그렇게 나눈 일을 책무성과 맞물려 모두 잘하려 애쓰다 보면 일을 만들게 되고, 업무 폭증으로 되돌아온다. 학교 입장에서는 밖에 내세울 실적이 많아져 좋겠지만 교사와 아이들 입장에서는 즐거운 교육 활동이 아니라 원치 않는 실적 쌓기에 동원되는 꼴이다. 잘게 나누지 않고 혼자 짊어졌다면 중요한 일이 아니어서 벌이지 않고 지나갔을 일까지 모두 한 덩이씩이 되어 돌아오는 것이다.

서울과 경기도교육청을 시작으로 혁신교육을 실천하는 교육청에는

'업무 지원팀'을 실시하고 있다. 교감을 팀장으로 팀을 꾸려 학교 업무를 전담하게 하고, 담임교사들은 아이들을 가르치는 일에만 집중하게 한다는 것이 그 취지다. 공문 처리가 주 업무이고, 짬날 때 아이들을 가르친다던 학교 현장에서 그야말로 혁신적인 발상으로 교사들은 환영했고, 교감들은 반발했다. 부장 하면서 온갖 학교 일을 도맡아 하다가(?) 승진해서 겨우 벗어났나 했더니 이제 전담해서 일하라 하니 그럴 만도 하다. 하지만 관리자의 자리는 '지휘·감독' 하는 자리가 아니라 '관리·지원' 하는 자리라는 인식의 변화가 없는 상태에서 이루어졌기 때문에 자발성을 이끌어내지 못했고, 취지만큼의 변화 역시 이끌어내지 못하고 있다.

그 속을 들여다보면 6학급 규모의 학교에서는 교감, 부장(전담), 실무사 등 총 세 명으로 업무 전담팀이 꾸려진다. 부장은 둘이지만 교과 전담이 한 명이기 때문에 담임을 하게 되는 부장은 업무 전담팀에 속하기가 어렵기 때문이다. 교육 활동과 관련된 업무는 담임이 가져가고, 교육 활동 지원과 관련된 업무를 전담팀에서 가져가는 것을 큰 원칙으로 업무를 나누어보면 역시나 많은 부분을 전담팀이 가져가게 된다. 교감이 많은 부분에서 역할을 하면 괜찮겠지만 그렇지 않으면 교사 한 명에게 집중되는 것을 피할 수 없다. 실무사는 숙련되기까지 시간이 걸리고 단순하거나 명확한 업무만 가능하기 때문이다. 외부로부터 들어오는 많은 것들을 걸러낸다 해도 셋이서 이를 담당하기란 어려운 일이다. 적어도 12학급 규모 이상이면 좋고, 36학급 이상의 큰 학교에서는 충분히 가능한 모델이다.

그럼에도 안타까운 것은 교사 집단의 분위기다. 젊은 교사들은 아이들을 만나는 일에 집중하도록 하고, 일머리도 알고 아이들과 함께 뒹굴기엔 힘도 좀 빠진 중견 이상의 교사들이 학교 일을 도맡아 젊은 교사들의 교육 활동을 지원하는 분위기가 되어야 할 텐데 그렇지가 못하다. 중견 이상의 교사들은 승진하여 일에서 멀어지거나 승진 포기로 일에서 멀어지거나 둘 중 하나가 된다. 결국 젊었을 때는 일하느라 아이들에게 집중하지 못하고 나이 들어서는 승진해서 아이들에게 멀어지거나 힘이 빠져 아이들에게서 멀어지니 도대체 왜 교사가 된 것인지 모르겠다.

무너지는 공교육을 살리기 위한 많은 노력들이 있었지만 근본적인 체제가 교사들이 아이들에게 집중할 수 없는 구조라면 그 어떤 노력도 효과를 볼 수 없다. 따라서 교사가 아이들에게 집중할 수 있도록 체제를 바꾸는 일이 시급한데 그 단서를 '싱가포르 교사의 경력 체계'에서 찾아볼 수 있다. 싱가포르는 교사들의 적성에 맞는 다양한 진로 선택의 기회를 제공하기 위해 세 가지 트랙[4]을 설치해놓고 있다. 수석 교사로 성장하는 교수 트랙, 관리자로 성장하는 리더십 트랙, 전문 연구가로 성장하는 전문가 트랙이 그것이다.

초임 발령에서부터 정년까지를 약 40년으로 보고, 이를 다시 둘로 나누어보자. 전반부 20년 동안은 모두 동일하게 아이들을 가르치는 일에만 집중하게 한다. 후반부의 20년에서 이 세 트랙이 적용되는데, 다시 둘로 나누어 10년의 트레이닝 기간과 10년의 실행 기간을 갖도록 한다. 후반부 앞의 10년은 다시 둘로 나누어 5년 동안 세 트랙을

---

4. 이혁규, 『한국의 교육 생태계』, 2015, 오늘의 교육, 207~209쪽.

경험해보고, 나머지 기간을 선택한 트랙의 트레이닝 기간으로 삼는다. 나머지 10년은 그렇게 선택한 트랙을 실행하며 교직 생활을 마무리하게 되는 것이다.

2014년 통계에 의하면 교원의 연령대별 분포가 충남의 경우 20대 16.93%, 30대 26.99%, 40대 27.58%, 50대 25.62%, 60대 2.88% 등의 현황[5]을 보였다. 지역마다 차이가 있기는 하지만 위의 세 트랙에 대입해보면 전반기가 약 50%, 트레이닝기가 25%, 실행기가 25%에 해당되는 것으로 예상된다. 50%가 교육 활동을 진행하고, 50%가 이를 지원하는 구조가 되는 것이다. 당연히 업무 전담은 트레이닝기의 25%와 실행기의 리더십 트랙에서 이루어지면 될 것이다.

아이들 가르치는 일을 보람으로 교단에 선 교사가 그것에 집중하지 못하도록 방해하는 요소들은 모두 걷어내야 한다. 그래야만 교육이 제대로 이루어질 수 있다. 위의 제안에서는 그 큰 요소였던 '승진'과 '업무' 두 가지를 걷어내 교육 활동에 집중하도록 하자는 것이다. 아울러 선배가 후배 위에 군림하는 것이 아니라 힘 빠진 선배들이 힘 넘치는 후배들을 위해 기여할 수 있는 선한 구조이기도 하다. 이러한 가치관의 변화 없이는 아무리 좋은 교육 방법도 왜곡돼버리고 말 것이니, 공교육 살리기는 요원해져갈 뿐이다.

---

5. 금강일보(2014. 10. 8), 새누리당 김회선 의원이 교육부로부터 제출받은 「2014년 시도·학교급·연령대별 교원현황」의 일부이다.

업무 정상화의 난맥

장군

오늘 학교에는 수많은 문제들이 상존한다. 그중 거의 모든 교사가 직면하는 만성 골칫덩이가 하나 있으니 바로 업무 과중이다. 그것은 교육 이념과 철학, 경력, 연령, 직위를 가리지 않는다. 어느 때, 어느 곳에 있든 앓을 수밖에 없는 학교의 지병. 그렇기에 "업무 때문에 수업을 제대로 못하겠다"라는 푸념은 투정이 아니라 정당한 항변이다. 업무를 줄여달라는 요구는 교사의 단합된 바람이자 오래된 청원이다.

최근에는 업무 과중 현상을 극복하자는 뜻으로 업무 간소화나 업무 경감이라는 용어 대신 업무 정상화가 사용되고 있다. 진보 교육감이 들어서면서 업무 간소화나 경감과 같은 소극적이고 수동적인 대처에서, 정상화라는 적극적인 위치로 전환한 것이다. 이 언어 프레임은 그 목표를 긍정성으로 치환하면서, 동시에 학교 업무의 비정상의 상태를 직관적으로 드러낸다는 점에서 뛰어난 전략으로 여겨진다.

새삼 언급하기 무안할 만큼 학교의 업무는 언제나 비정상적인 상태였다. 그 비정상성의 일상을 정상적으로 변환하자는 것이 업무 정상화의 궁극적인 목적이다. 여기에서 당연히 비정상성과 정상성의 업무를 정의하고, 이를 분할할 필요가 생긴다. 학교의 업무를 구분하는 방식은 여럿이겠으나 업무 정상화를 주도한 경기도교육청의 경우 다음과 같이 나누고 있다. 교육활동 업무, 교무행정 업무, 일반행정 업무[6]가 그것이다.

교육활동 업무에 해당하는 것은 대표적으로 수업, 생활교육, 학급 운영이다. 교무행정 업무는 소위 말하는 각계 업무부터 전산 업무, 각종 사업 등을 모두 포괄한 것이다. 일반행정 업무는 간단히 행정실 업무라고 볼 수 있다. 일반행정 업무를 교사가 떠맡는 경우는 예외적인 경우이니 논외로 친다면, 결국 업무 정상화는 교무행정 업무를 최소화하고 교육활동 업무에 집중할 수 있도록 업무를 재편하는 것이라 볼 수 있다.

교사의 신분으로서 교육활동 업무는 거부할 근거도 방도도 없다. 이는 교사의 본분이다. 수업, 창의적 체험활동 운영, 생활교육, 상담, 진로교육, 평가, 학급 운영 등은 회피하기 어려운 부분이다. 오히려 교사 전문성 확보 측면에서는 강조되어야 할 영역이기도 하다. 교사 성장이 기반이 되는 연수나 교재 연구 또한 교사의 필수 업무에 속한다고 보아야 한다. 즉 교육활동 업무는 생략 자체가 불가능한 영역이라 할 수 있다.

물론 절차의 합리화를 추구한다든가 지원 체계를 마련하는 방식으

---

6. 필자가 근무하는 충남의 경우도 이와 유사하게 학교의 업무를 교육 및 학급운영 업무, 교무행정 업무, 일반행정 업무로 구분하고 있다.

로 부담을 줄여갈 수는 있다. 이를테면 공동 학습 자료 제작, 보조 교사 확보 등이 그러한 예일 것이다. 그러나 교육활동 업무 일반을 공리주의적 시각으로만 접근한다면, 교사의 전문성을 등지고 자율성을 해칠 수 있는 점에서 신중한 태도가 요구된다. 그보다는 한정된 시간 안에 교육 활동을 준비하고 실행할 수 있도록 교사 간 공동으로 문제를 해결하는 문화가 자리 잡는 것이 우선이다.

물론 교육활동 업무와 교무행정 업무 사이에서 줄을 타고 있는 업무들도 있다. 이를테면 최근 부각된 교사학습공동체 참여는 교육활동 업무일까? 교무행정 업무일까? 연구 수업은 또 어떨까? 직원회의는? 사실 그것은 모두 교육활동 업무에 근접하지만, 현장에서는 산뜻하게 받아들여지지 않는다. 그 이유는 학교 문화마다 편차가 존재하기 때문이다. 그저 시책에 따라 교사학습공동체를 운영하는 학교라면 그것은 교무행정 업무와 다름없을 것이다. 마찬가지로 직원회의에 민주성이 결여되어 있다면, 그 또한 교무행정 업무에 불과할 뿐이다. 이 때문에 교육활동 업무는 종종 교무행정 업무로 혼동되기도 한다.

이를테면 평가가 그러하다. 평가는 교사 본연의 의무이자 권리다. 그런데 여기에 NEIS라는 전산 기록이 달라붙은 후 그것은 심리적으로 교무행정 업무가 되었다. 평가 본연의 목적은 실종되고, 법정 장부인 생활기록부를 요령껏 방어적으로 작성하면 그만인 업무가 된 것이다. 그렇다면 이렇게 교육활동 업무가 사무와 행정이 되어가는 양상의 원인은 무엇 때문일까? 교사의 나태와 불성실? 그 전에 먼저 과도한 '행정'에 책임을 물어야 한다.

교무행정 업무의 과다는 누구나 인정하는 일이다. 법적으로야 교무행정 업무를 처리해야 하는 이가 교장, 교감, 보직교사임을 모르지 않는다. 그러나 오늘의 교무행정 업무를 그 주체만으로 감당할 수 있을까? 거기에 관리자라는 나름의 이유로 교장, 교감을 예외로 두면 남는 것은 보직교사뿐, 특히나 보직교사가 수업 시수라도 적은 전담 교사라면 덜하겠지만, 그렇지 않다면 그 업무 일체를 감당하는 것은 버거울 수밖에 없다. 그러니 생각은 이렇게 모아진다. 이 짐을 그냥 다 함께 나누자!

오늘 교사 개개인에게 거의 한 사람도 빠짐없이 세세히 업무가 부과된 데에는 그러한 연유도 있다. 문제는 그렇게 공평한 업무의 배분을 강조하게 되면서, 업무 자체의 총량이 증가해버렸다는 점이다. 심지어 고른 분배를 위해 업무를 만드는 어이없는 상황까지 발생하고 있다. 게다가 업무를 배정 받은 교사는 책무성과 능력 증명의 부담으로, 그 업무를 '가볍게' 넘길 수가 없다. 공평과 책임이라는 선의로 출발했지만, 이 때문에 결국 줄어들래야 줄어들 수 없는 업무의 악순환이 반복되는 것이다.

게다가 교무행정 업무의 책무를 부과하는 이러한 분배 방식은 교육활동 업무조차 교무행정 업무로 오염시키고 만다. 이제 평가는 평가계가 관장하는 것이고, 연구 수업은 연구계가 추진하는 것이 된다. 평가든 연구 수업이든 그 업무를 맡는 업무계가 고민할 일이지 본연의 교육활동 업무와는 무관한 일로 남는다. 그것은 최대한 회피할 일이거나, 문서로 대응하면 그뿐인 귀찮은 잡무로 변하는 것이다.

그렇다면 이 교무행정 업무의 과다를 해결할 방안은 무엇일까? 거의 모든 교육청이 유사한 해법을 내놓고 있다. 대략 정리하자면 업무

총량 줄이기, 업무 지원 인력 조직, 업무 절차의 효율화가 그것이다. 사실 이는 상식적인 해결 방안이라 할 수 있다. 어떤 과잉된 일감이 주어졌다 가정해보자. 그것을 해결하는 방법은 애초에 포화 상태의 일을 만들지 않는 것이 으뜸일 것이다. 그렇지 못하다면 그 일을 해낼 수 있는 인력을 조직 또는 보강하거나, 일의 곁가지를 다듬어 효율화를 꾀해야 한다.

진보 교육감이 주도한 업무 정상화 방안도 여기에서 벗어나지 않는다. 일단 업무 총량 줄이기, 즉 불필요하거나 요식적인 관행이나 행사를 폐지하여 일감을 줄이는 것을 우선으로 삼고 있다. 여기에 행정실무사를 지원하거나 교육행정지원팀[7]을 꾸려 업무 지원 인력을 조직하고, 위임 전결 규정을 마련하거나 결재 라인을 간소화, 위원회를 통합하는 등 업무 절차의 효율화를 병행하고 있다. 획기적인 대책은 아니지만 어쨌든 기본적인 처치를 하고 있는 셈이다.

물론 장기적으로는 교원 승진 제도를 변혁하는 것이 필요할 게다. 이를테면 싱가포르와 같이 승진 제도를 다원화[8]하여, 교수 트랙을 선택한 교사는 '교육'에 몰두하고, 리더십 트랙을 선택한 교사는 '행정'에 집중하도록 하는 것은 어떨까? 그렇게 된다면 이 모두의 업무 허덕임은 꽤나 해소되지 않을까? 어쨌든 업무 정상화는 진보와 보수 교육감을 떠나 학교의 최대의 과업이자 숙원이다. 업무 과잉이 오늘날 학

---

7. 각 교육청마다 이에 관한 명칭이 다를 수 있는데 필자가 근무하는 충남의 경우 행정실무사는 교무행정사로 교육행정지원팀은 교무업무전담팀 또는 교무업무지원팀으로 불리고 있다.
8. 이혁규는 『한국의 교육 생태계』에서 교수 트랙, 리더십 트랙, 전문가 트랙으로 분화된 싱가포르 교사의 경력 체계를 교장 제도 개혁의 하나로 자세히 소개하고 있다.

교 문제의 근원이라 할 수는 없겠지만, 업무가 교사의 교육 활동을 방해하고 있는 것은 틀림없다.

그러니 미봉책이든 자구책이든 어떤 식으로든 업무를 줄여나가는 노력은 필요하다. 그렇기에 교육청과 학교의 노력이 어떤 식으로든 성과를 거두기를 바란다. 서두에서 '업무 때문에 수업을 제대로 못하겠다'는 푸념이 투정이 아니라 정당한 항변이라고 이야기했다. 그러나 그것은 때때로 좋은 핑계로 작동하기도 한다. 여기에 또 하나의 업무 정상화의 난맥이 있다. 앞으로도 업무 정상화가 되지 않는다면, '여전히' 우리는 업무를 지금처럼 중시해야 하는 것일까?

물론 교사가 교육 '공무원'인 한 어쨌든 업무는 남아 있을 것이다. 업무 없는 청정한 학교가 있을 리 만무하다. 그러나 교사는 '교육' 공무원이다. 그러니 수업을 대충하는 교사보다 업무를 대충하는 교사에게 보내는 적대적인 시선은 이제 거두어야 한다. 수업을 우습게 대하기 전에 교육 활동을 좀먹는 업무를 우습게 대할 필요가 있다. 업무라는 방패가 치워지면 우리를 보호하는 것이 과연 무엇이 될지 성찰해보자. 교사는 업무로 인정받기 전에 아이들에게 인정받아야 함을 새삼 강조할 필요가 있을까?

오래된 파트너

장군

영화 〈워낭소리〉가 한때 붐을 불러일으킨 적이 있다. 이 소소한 다큐멘터리는 그해 삼백만 명 가까운 관객을 동원하였다. 그 열광에는 여러 이유가 있을 것이다. 느림의 미학 때문일 수도 있고, 노스탤지어 Nostalgia의 서정성 때문일 수도 있다. 그러나 무엇보다 이 영화에 다수의 관객이 호응한 까닭은 노인과 일소의 종을 뛰어넘은 교감에 공명했기 때문이리라. 영화에는 자본의 속도와 규모에 철저히 무감한 노인과 상품으로 소비되지 않은 일소가 등장한다. 이 영화의 영제 〈Old partner〉가 말해주듯 그들은 동반자적 삶을 살아가는 오랜 파트너이다.

바우만Zygmunt Bauman은 『모두스 비벤디』에서 오늘날 "협력과 팀워크는 쓸모없게 되는 순간 폐기해야 하는 일시적인 책략의 수준으로 격하"되었다고 말한다. 그런 면에서 노인과 일소의 우정이 그러한 얄팍한 처세를 넘어서고 있음은 분명하다. 신자유주의 사회에서 그런 끈끈한 결속은 쉽게 이루어지는 것이 아니다. 그것이 가능한 까닭은 노인과 일소가 삶 자체를 온전히 서로에게 기대고 있기 때문이다. 노인이 유기농법을 실현하는 것은 수입의 증대에 대한 욕망 때문이 아니다. 먹을거리에 대한 성찰 때문도 아니다. 소 때문에 아침잠을 설치는 노인의 일상은 우정이 아니라면 설명이 불가능한 일이다.

이러한 모습은 미학적으로도, 윤리적으로도 숭고해 보인다. 그러나 거리를 두고 바라보자면, 그것은 둘만의 관계 이외는 살피지 못하는 눈먼 연애에 가깝다. 안타깝지만 노인은 자본의 외부에 있어도 자본의 외부를 사유하지 않는다. 그저 스스로 고립을 자처한다. 자본과 권력으로부터 추방되기 이전에 이미 스스로를 추방하고 있는 셈이다. 그러니 거기에 탈주는 없다. 중심으로 편입하려는 욕망을 거두었지만, 해방의 힘 또한 미미하다. 국가와 자본에 기대하거나 의지하지 않지만, 질문이나 저항도 포기한다. 그의 오랜 파트너 소와 함께 자기 폐쇄적인 삶을 영위하고 있을 뿐, 노인은 운명을 순응하고 순종한다.

"어릴 적 머슴 일을 해서 일을 안 하면…….", 또 다른 오래된 파트너라 할 수 있는 노부인은 노인의 노동을 그렇게 평가한다. 이 질책을 비아냥이라고까지 부를 수는 없겠지만, 노인의 신체에 새겨진 머슴의 습속을 꼬집고 있는 것도 사실이다. 덧붙여 노부인은 "옆집은 농약 뿌리는데 나는 서방을 잘못 만나서…….", "사료 먹이면 좀 좋아." 등의 발화를 통해 경쟁과 효율에 뒤처진 노인을 끊임없이 타박한다. 이 지청구는 지배적 가치에 대한 노부인의 원념을 보여준다기보다 '흙'과 '소', '가족' 이외에 관계 맺기가 부재한 노인에 대한 불만이라고 보아야 할 것이다.

물론 노인은 이런 불평에도 아랑곳하지 않는다. 그저 '길을 가다 차가 오면 알아서 비켜선다'는 소의 명민함이 상품 가치로서 전혀 기능하지 못하는 것이 어처구니없을 뿐이다. 노인에게 이 사회는 좀처럼 가늠하기 어렵다. 노인은 적응 대신 이를 고집으로 극복한다. 아니 고집으로 후퇴한다. 오직 한 방향으로 달려 나가는 자본의 열차에 탑승하려는 욕망을 긍정하기는 어렵다. 그러나 그렇다 하여 그 열차에서 떨어져 노인처럼 원자화된 삶을 살아가는 것도 최선은 아닐 게다. 영화 〈빌리지The Village〉의 공동체처럼 자본의 폭력이 두렵다고, 자본과 물리적으로 단절한 채 중세의 삶을 살아갈 수는 없지 않은가?

아마도 필요한 것은 자본을 역주행하는 낡음이 아니라 자본의 획일적인 방향을 비트는 능력일 것이다. 창조적 삶의 양식이라고 해야 할까? 안타깝지만 노인에겐 그러한 삶을 창안하려는 의지가 없다. 그 때문에 소와의 파트너십partnership마저 빛이 바랜다. "저놈의 소를 팔아야 돼." 노부인은 소가 마냥 원망스럽다. "소가 있어 아버지가 일하는 거야." 아들 또한 노인의 노동을 달갑지 않게 여기긴 마찬가지다. 노인과 소의 둘도 없는 우정은 주변인들에게는 그저 못마땅하거나 기이한 행적으로 취급된다. 그 이유는 그들이 old하기 때문이 아니라 혹 oldie하기 때문이 아닐까. 그들의 우정은 오래된 만큼 낡아 보인다.

돌이켜 보자면, 그 우정조차 의심스럽다. 어찌 보면 소가 노인으로 인해 일소의 삶을 살 듯, 노인도 소 때문에 농부의 삶을 사는 것처럼 보인다. 서로가 서로의 존재를 강렬히 필요로 한다는 점에서 이 우정은 절실해 보인다. 소가 죽고 난 후 삶의 기력을 잃은 노인의 허망한 시선은 이를 잘 포착하고 있다. 그러나 이 우정은 그 때문에 지극히 종속적이기도 하다. 소의 삶의 근거는 일방적으로 노인의 삶에서 연유하고, 그에 귀속된다. 물론 인간과 타종 간의 우정의 역학에서 이는 피하기 어려운 일이다. 이를 모르지 않는다. 그 점을 감안한다 하더라도 이 우정은 서로의 삶을 내내 구속하고 포박한다. 그들은 분명 아름다운 동행이리라. 그러나 그것은 이인삼각의 불안한 동행이기도 하다. 과연 그 묶음과 묶임은 괜찮은 것일까?

'노인과 소'의 우정을 되새김질하며 오늘 학교의 오래된 파트너를 되돌아본다. 그 파트너는 당연하게도 교사와 학생이다. 교사와 학생의 관계를, 파트너 또는 우정이라고 말하는 것이 마뜩잖을 수도 있겠다. 전통적으로, 또는 지금까지도 교사와 학생 사이에는 헌신과 존경이라는 고결한 도덕이 놓여 있다. 교사가 학생에게 헌신하고, 학생이 교사를 존경하는 관계를 폐기하자는 것이 아니다. 교사와 학생의 파탄 난 관계를 심심치 않게 볼 수 있는 세상이니, 그 이상적인 관계에 대한 동경은 자연스러운 것이리라. 그러나 그러한 관계에 대한 지향은 오래된 만큼이나 역시 낡은 것인지 모른다. 헌신의 의무 대신, 존경의 위계 대신 우정과 그 우정에서 비롯된 파트너십이 이 책략의 시대에 더욱 필요한 것이 아닐까?

교사의 헌신이 '눈먼 연애'로 치달을 수 있다는 점도 살펴야 한다. 이는 흔히 학급 왕국이라는 형태로 구현되거나 교사 철학이라는 당위성을 모태 삼아 장려된다. 학급 왕국은 결국 폐쇄의 공동체로 내부의 결속을 위해 외부를 배제한다는 점에서 소밖에 모르는 노인과 다름없다. 교사 철학 또한 그것이 사유를 축조하지 못한다면, 방어로만 작동하는 고집의 다른 이름에 불과하다. 불통의 도도한 철학은 무無철학의 유연한 가능성에도 미치지 못한다. 노인과 소가 일생의 동반자라면 교사와 학생은 일시적 동반자이다. 그 짧은 동행의 시간 동안 애정으로든, 책략으로든 서로를 포박하거나 구속하는 것을 좋은 관계라 할 수는 없을 것이다. 권력의 경사로 인해 언제나 그럴 수야 없겠지만 함께 기획하고, 논의하고, 결정해보는 것, 그것이 교사와 학생의 우정의 시작이리라.

워낭, 그것은 마소의 턱 아래에 늘여 단 방울을 가리킨다. 오늘도 수많은 교실에서 학생은 시시때때로 워낭을 울리고 있다. 오래된 교사는 그 워낭 소리를 듣자마자 노인처럼 학생에게 필요한 것이 무엇인지 금세 알아차릴 수 있을 것이다. 물론 그것은 대부분 예리한 직관으로 작동하지만, 때로 지레짐작의 오판으로 그칠 수도 있다. 그리고 그 교사의 실수를 점점 용납하지 않는 학교가 되어가고 있다. 누군가는 그것이 교권 실추고, 결국 학생 권리의 강조로 말미암은 당연한 결과라고 말하지만, 그럴 리 있겠는가? 책임을 애먼 데 물을 필요는 없다. 문제는 교사와 학생이 우정의 정치를 상실한 까닭이다. 좋은 파트너란 서로 주눅 들지 않는 관계다. 오랫동안 교사 앞에서 할 수 있는 일이 워낭을 울리는 것이 고작이었던 학생에게 이제 그 워낭을 거두어보자. 들리지 않았던 소리를 듣게 되지 않을까? 좋은 파트너란 매번 새롭게 시작하는 친구여야 한다.

2부

가르치지 않는 교사

좋은 교사로 산다는 것

원종희

교사로서의 삶에 대한 물음을 던질 때마다 떠오르는 기억이 있다. 아마도 교무회의 시간이었을 것이다. "내 꿈은 좋은 교사가 되는 것입니다." 교사의 일에 대해 토론을 하던 중 한 교사가 선언처럼 던진 말이다. 그때 잠깐 동안 무거운 침묵이 흘렀던 것 같다. 아니 어쩌면 내기억 속에서만 이어진 침묵일지도 모른다. 늘 품고 있지만 스스로 쳐놓은 그물망에 걸리는 것들이 많아 쉽게 뱉을 수 없는 말이라서 그랬을까? 교사라면 누구나 좋은 교사가 되길 꿈꾼다. 하지만 당당하게 말하는 것은 쉽지 않다. 지금 자신이 살고 있는 삶에 대한 가치와 신념이 단단하지 못하면 용기를 내기 힘든 말이기 때문이다. 좋은 교사의 모습에 대한 자기 대답을 가지고 일관성 있게 실천해갈 수 있는 힘을 기르는 것은 모든 교사의 숙제가 아닐까?

학교에서 교사들은 아이들을 만나고 학부모, 동료를 만나며 기대, 뿌듯함, 기쁨, 행복 등 긍정적 기운에 휩싸이거나 답답함, 무기력, 절망, 분노의 부정적 감정에 빠져들기도 한다. 긍정적 기운에 휩싸일 땐 자신에게서 괜찮은 교사, 나름 좋은 교사의 이미지를 읽어낸다. 부정적 감정에 휘둘릴 때는 상황이나 상대방을 탓하며 체념, 냉소, 심하게는 자기 비하의 늪에 빠져든다. 많은 교사들이 수업 중 아이들이 소란스럽게 굴며 참여하지 못하면 아이들의 산만함을 탓한다. 자주 다투거나 말썽을 일으키는 아이들을 보면 가정교육을 들먹이며 부모의 무책임을 탓한다. 동료 교사들 사이에서 갈등이 빚어질 때도 마찬가지다. 서로의 차이를 이해하고 존중하기보다 자신의 잣대로 판단하고 비판한다. 이렇듯 마음을 불편하게 하는 모든 일들의 책임은 늘 저쪽에 있다. 대다수 교사들이 자신도 모르게 빠져드는 자기 합리화의 함정이다.

좋은 교사는 어떤 사람일까? 그들은 학교에서 어디에 초점을 맞추고, 일상에서 부딪치는 일들에 어떻게 대응할까? 누구나 좋은 교사에 대한 나름의 상을 지니고 있을 것이다. 매사에 학생을 우선에 두는 교사, 자신의 말에 책임을 지는 교사, 부정적 요소들을 걸러내며 긍정적 태도를 나누는 교사, 교실 변수를 학생이 아닌 자신에게서 찾는 교사, 우수한 아이, 뒤처지는 아이 모두를 배려하는 교사, 아이들과 좋은 관계를 만들어가는 교사, 아이들 한 명 한 명의 감정을 읽고 적절히 대응하는 교사, 수업 개선을 위해 늘 노력하는 교사…. 그 밖에도 좋은 교사에 대한 상은 무수히 많을 것이다. 하지만 이러한 좋은 교사에 대한 상들은 실제 교육이 일어나는 장에서는 이상이나 구호로만 남는 경우가 많다.

교육 활동이 이루어지는 과정에서 학생 우선을 강조하면서 막상 결정의 순간에는 다른 결정이 이루어질 때가 많다. 아이들 관심과 흥미,

배움보다 교사나 행정상의 편의가 우선일 때는 얼마나 많은가. 변화에 대한 두려움, 복잡한 규정이나 절차, 교사의 편의를 이유로 학생 우선은 가볍게 뒤로 밀려나곤 한다. 새로운 시도나 변화는 늘 결과에 대한 불안과 부담을 안고 시작해야 한다. 그러다 보니 대부분이 차라리 해 오던 대로를 선택한다. 때론 복잡한 규정이나 절차에 막혀 아예 시도를 포기하기도 한다. 아직 일어나지 않은 결과에 대비해 쳐놓은 수십 겹의 안전장치를 통과하기가 그리 만만치 않기 때문이다. 학생 우선은 학교 안전과 교사의 편의에 묶여 종종 속수무책이다.

교사들은 자신이 던지는 한마디 한마디가 지닌 의미와 결과에 대해 얼마나 생각할까? 하루 종일 아이들을 만나며 교사가 쏟아내는 의미 없는 말들은 얼마나 많은가? 아침에 아이들을 만나 집에 돌아갈 때까지 교사와 아이들이 주고받는 말을 녹음해 들어본다면 어떤 결과가 나올까? 그것이 우리 교실이라면 다음과 같은 말들이 무수히 반복되고 있을 것이다. "말하는 사람 보세요.", "거기 조용히", "경청", "자꾸 떠들면 쉬는 시간 없어요." 부드럽게 시작한 목소리는 점점 커지고, 급기야 아이들이 가장 소중히 여기는 쉬는 시간을 담보로 주목을 강요할 것이다. 이는 교실의 변수를 아이들에게서만 찾고 있는 모습이다. 교실 변수를 아이들이 아닌 자신에게서 찾는 교사라면 아이들에게 잔소리로밖에 들리지 않을 말 대신 아이들이 즐겁게 참여하고 몰입할 수 있는 방법을 먼저 고민할 것이다.

일상에서 대다수 교사들은 아이들에게 긍정적인 말과 생각, 태도를 요구한다. 그런데 일반 교사들의 모습은 어떠한가? 두셋만 모여도 아이들이나 학부모에 대한 어려움, 불만을 하소연하기 바쁘다. 결과는 화제 대상에 대한 부정적 선입견을 심어주거나 듣는 사람에게 불필요한 걱정거리만 안기게 된다. 물론 함께 공유하고, 해결할 문제라면 당연히 머리를 맞대고 해결 방안을 찾아야 할 것이다. 하지만 부정적 반응을 일삼을 경우 그 기운은 그대로 자신과 주변 동료에게 전해진다. 다양한 교실 상황에서 교사가 부정성을 드러내 반복해서 말하면 스스로 말한 대로 믿게 되고, 아이들 또한 교사가 믿는 대로 행동하게 된다. 교사가 부정적 기운을 걷어내고 긍정성을 나눌 때 아이들도 긍정의 에너지를 보내온다. 교실에서 교사가 아이들의 긍정성에 초점을 맞춰야 하는 까닭이다.

교실에서 교사들은 어떤 아이들에게 초점을 맞추고 있을까? 교사들 사이에서 잘하는 아이들은 가만히 두어도 알아서 잘한다는 생각이 퍼져 있다. 그래서 어려워하는 아이, 계속 문제를 일으키는 아이에게 집중하느라 보통의 아이나 우수한 아이를 놓치고 가는 경우가 많다. 수업은 중간층 아이들 수준에 맞춰 진행하고, 몇몇 아이의 잘못을 들어 전체 아이들을 대상으로 꾸중한다. 중간층에 맞춰진 수업은 우수한 아이들이 배움의 즐거움이나 수업에서 멀어지게 한다. 전체를 대상으로 한 잔소리나 꾸중은 성실한 아이들의 불만과 저항을 불러온다. 결국 우수한 아이를 배려하지 않는 교실은 낮은 수준의 배움과 서로 배척하는 교실을 만들어낸다. 우수한 아이, 평범하거나 뒤처지는 아이 모두를 배려하는 교사의 태도가 필요한 이유이다.

교사와 아이들 간 좋은 관계는 정서적 교감에서 시작된다. 정서적 교감은 마음을 움직여 행동과 믿음으로 연결되어 변화를 가능하게 한다. 동료나 학부모의 관계 또한 다르지 않을 것이다. 자기 생각을 내세우느라 상대방 마음이나 감정 따위를 고려하지 않고 내뱉는 말들이 갈등과 상처의 골을 더욱 깊게 만든다. 좋은 관계는 그 대상이 아이든 어른이든 상대방을 존중하는 마음에서 시작된다. 존중하는 마음은 상대를 세심하게 바라보게 하고, 상대의 처지를 고려하여 말하고 행동하게 한다. 살아간다는 건 곧 타자와의 관계를 만들어가는 일이다. 좋은 교사로서 산다는 것 또한 자신이 만나는 대상들과 좋은 관계를 만들어가는 일부터 시작되는 것이 아닐까?

위에서 다룬 몇 가지 외에도 좋은 교사로서 살아가기 위해 지녀야 할 덕목은 셀 수 없이 많을 것이다. 안다고 생각하지만 진정으로 알지 못하고, 실천하지 못하는 것들이. 그래서 우리는 선뜻 "내 꿈은 좋은 교사가 되는 것"이라고 당당하게 말하지 못하고 속으로만 되뇌는지 모른다. 그럼에도 지금 좋은 교사로 살기 위해 애쓰고 있는 교사라면 당당하게 말할 수 있어야 하지 않을까? "내 꿈은 날마다 좋은 교사로 사는 것"이라고. 무엇을 시작하기에 충분한 때는 없듯이 좋은 교사로 사는 일 또한 훗날의 꿈이 아니라 지금, 여기에서 좋은 교사의 모습으로 살아야 하니까.

다시, 매혹의 시간으로

원종희

다시 매혹의 시간을 살 수 있을까? 언제부턴가 말을 걸어오지 않는 세상을 탓하며 둔감해지기 시작했다. 아니, 세상은 늘 손짓하고 있었는데 시간의 유령에 발목이 잡혀 먼저 고개를 돌렸는지도 모른다. 이제 지쳤다고, 감각의 촉수를 세우고 사물의 향기를 쫓는 일 따위는 그만두겠노라고. 천금天金을 덮듯 그렇게 한 시절 사유와 감각의 영토를 점령하고 있던 시를 접었다. 감각으로 포착할 수 있었던 세상의 모든 것들은 저만치서 흔들거리고 그 흔들거림을 하릴없이 바라보고만 있다. 삶의 갈피갈피 무수한 좌절이 얼룩으로 새겨지고, 세상은 더 이상 온몸으로 부딪쳐 돌파하고, 상처 입고, 치유를 반복하며 읽어내야 할 경전이 아닌 관망의 대상이 되어간다. 젊음이 늙음으로 가는 길목에서 만나는 쓸쓸한 풍경이다. 아직 살아 있는 생에 서둘러 날아온 부고장 같은.

생기가 사라진 자리 늙음의 풍경은 전조 없이 스며든다. 대상도 나이도 가리지 않는다. 일상을 지배하는 습관과 해오던 대로의 생각에

얹혀 떠밀려가는 삶을 늙음은 가장 먼저 알아채고 달려온다. 그것도 혼자 오지 않고 무심함과 게으름을 동무 삼아 함께 온다. 단단하게 굳어 있는 삶의 형식에 균열을 낼 사건은 애초에 철저히 봉인된다. 그렇게 늙음은 빛바랜 훈장의 그늘 아래서 살아온 날들의 기록을 되새김질하며 삶을 탕진하게 한다. 소멸 없는 되새김질, 사건 없는 현재는 가장 안락한 늙음의 거처가 된다. 현재를 지배하는 앎의 고정관념 앞에서 세계는 완전해지고 더 이상의 욕망은 없다. 누추한 앎에 기댄 살아 있는 죽음, 바로 늙음의 표상이다. 어느 순간 거울 앞에서, 젊음 앞에서, 칠판 앞에서, 아이들 앞에서 느닷없이 만나는 나의 초상이기도 하다.

한 시간의 산책만으로도 몸은 생기를 되찾을 수 있고, 길들여진 생각에 저항하는 하나의 질문만으로도 삶은 출렁일 수 있다. 저항 없이, 도전 없이 무심히 흘러가는 일상에서 사건은 일어나지 않는다. 그 익숙한 평화로움은 수면을 잠재우며 어둠의 시간을 축적할 뿐이다. 그럼에도 너도 나도 자신도 모르는 사이 그곳에 당도해 있곤 한다. 누군가 새롭게 던지는 제안을 불편해하고, 새로운 시도를 두려워하며 낯선 곳으로 떠나길 주저한다. 익숙함의 울타리 안에서 울타리 너머를 관망하는 것으로 만족한다. 하지만 또 누군가는 자신의 일상 어디에나 있고, 매 순간 일어나는 사건의 보드에 선뜻 올라타 두려움 없이 파도를 타기도 한다. 세간에 화제가 된 할머니 시인 시바타 도요는 99세에 자신의 장례비용을 털어 시집을 내고, "인생은 늘 지금부터야.", "약해지지 마." 하며 살아갈 힘에 대해 자분자분 이야기를 건네고 있지 않은가.

늙음이 문을 두드리는 것은 한 순간이다. 신년 다이어리 첫 장을 빼곡히 채웠던 목록들이 며칠을 못 가 폐기 처분되듯 허망하게 온다. 학교사회에서의 늙음은 더 빨리 찾아온다. 오십을 넘긴 평교사는 자신도 모르는 사이 누구도 반기지 않는 퇴물이 되어 있곤 한다. 젊은 교사들에겐 몸도 정신도 굼뜬 꽉 막히고 답답한 존재, 아이들에겐 새로울 것 없이 지루한 존재, 학부모에겐 자기 아이 담임이 안 되길 간절히 바라는 기피 대상이 된다. 그가 열정을 내면 뜬금없다는 듯 "이제 그만 쉬시지. 그 나이에 무슨…", 뒷전에 물러나 있으면 "나이 먹은 게 무슨 벼슬인가?" 조롱 섞인 투덜거림이 따라다닌다. 그렇게 나이 든 교사는 자신의 의지와 상관없이 나이 듦에 대한 부정성의 문화에 떠밀려 어정쩡한 위치에 서게 된다.

곳곳에서 존재를 거부당하는 학교 문화에 충분히 주눅 들어 있는 그들이 주체를 드러내며 살아남기란 그리 쉽지 않다. 그리하여 대다수는 정체를 드러내 정을 맞느니 자신들만의 울타리 속으로 들어가 안주하는 편을 선택하는지도 모른다. 자의로 때론 타의로 안주한 그 거처는 더 이상 생기 있게 살아 움직이는 삶을 허락하지 않는다. 새로운 교육의 흐름이나 동료들과 함께 소통하며 배우는 일, 배운 것을 아이들과 함께 나누는 일, 교사라면 마땅히 해야 할 일들을 고통 없이 외면하게 한다. 때로 늙음의 장막이란 참으로 두껍고도 뻔뻔해서 부끄러움조차 웃으며 견디게 한다. 무시로 일어나는 감정들은 오로지 그를 에워싼 울타리를 든든히 하는 데만 기여한다.

김현섭은 학교 안의 교사를 연령대별로 긍정형과 부정형 두 유형으로 나누어 분석한다. 그중 50대 교사는 '지배(리더십)' 대 '소외'로 나눈다. 긍정형의 50대 교사는 학교 일이나 수업, 아이들과의 만남, 동료와의 관계에서 자신의 능력과 리더십을 발휘하며 주도적 삶을 살아간다. 그에 비해 부정형의 50대 교사는 자기 능력을 발휘하기보다 해오던 대로의 일상에 안주하거나 냉소주의자로 살아간다. 자기 관리를 소홀히 해 점점 무능력해지기도 한다. 그들에게 교사로서의 소명의식이나 철학은 더 이상 찾아보기 힘들다. 성장 의지나 실천력, 성찰 능력도 떨어진다. 심한 경우 주위 교사들에게 좋지 않은 영향을 끼치며 소외를 자초하기도 한다. 주변에서, 문득문득 자신에게서 발견하는 나이 든 교사의 모습이지 않은가?

다행스럽게도 아직 학교 안에는 부끄럽지 않은, 기꺼이 그 길을 함께 걷게 하는 노교사의 아름다운 이야기들이 있다. 아이들에게 좋은 것이라면 마다하지 않고 달려가 배우는, 옳지 않은 처사에 모두가 입 다물고 있을 때 당당히 발언하는, 길을 못 찾고 헤매고 있을 때 넌지시 지혜를 내놓는, 낯선 경험 앞에서 머뭇거릴 때 먼저 한 발 내딛는 이들이 있다. 그들은 나이 듦에 대한 온갖 부정의 수사를 날려버리며 구경꾼으로서의 삶 대신 자기 삶의 플레이어로 살아간다. 무엇이 이들을 관망의 자리에서 내려와 자기 삶을 살아가게 하는 걸까? 비워냄의 지혜로 자기 안의 텅 빈 공간을 늘 마련해두고 있기 때문이 아닐까? 꽉 차서 단단한 공간은 아무것도 들어갈 수 없고, 어떤 유혹에도 이끌리지 못한다. 평온한 일상의 질서에 묶인 존재는 곁에서 일어나고 있는 사건들에 매혹되지도 휘말리지도 못한다.

나이 듦에 의연해질 수 있는 힘은 흔들릴 수 있는, 매혹될 있는 유연함과 예민함에서 오지 않을까? 흔들릴 수 있다는 건 사물의 향기와 사건의 목소리에 온 감각을 열어놓고 있다는 것이다. 매혹된다는 것은 사물에, 사건의 매력에 끌려 들어가는 것이다. 잠재의 사건이 다가와 건네는 손을 잡고 매혹될 때 휘말림이 발생한다. 매혹으로 시작된 휘말림은 이전의 나를 규정하는 질서로부터 벗어나 이탈의 선을 타게 한다. 또 다른 휘말림을 불러들이며 주목받지 못했던 사건을 증폭시킨다. 매혹과 휘말림은 평온한 일상에, 고정관념에 묻혀 있던 존재를 꺼내 주체화시키고, 나아가 주변 존재들의 삶까지 흔들어 바꾸어낸다.

점점 무심해지고 둔감해지며 애써 눈을 감아버리는 일상에서, 한 발짝 물러나 관망하는 일에서 벗어나 다시 매혹의 시간을 살 수 있을까? 아마도 용기가 필요하리라. 비워내고 받아들일 수 있는, 허무의 절벽 앞에서 한 발 내디딜 수 있는. 직무 유기했던 허무의 시간을 창조의 시간으로 되돌리려는 결단도 필요하리라. 한 살 나이를 더할 때마다 "나무는 꽃을 버려야 열매를 맺고, 강물은 강을 버려야 바다에 이른다"라는 화엄경의 법문 한 구절을 마음에 새기는 것도 좋으리라.

아이들을 떠나보내며

원종희

겨울 끝자락이 보이기 시작하는 2월, 학교는 싸한 추위와 포근함이 반복되는 날씨만큼이나 뒤숭숭하다. 긴 겨울방학을 마치고 온 아이들과 일주일 안팎의 짧은 기간 동안 학년 말 정리, 종업식, 졸업식 등 지난 한 해를 마무리하는 일정을 마쳐야 한다. 아이들도 교사도 들뜨고 어수선한 시간을 보낸다. 아이들에게 2월은 어떤 느낌일까? 아마도 지난 시간에 대한 아쉬움보다는 머잖아 시작될 새 학년에 대한 기대와 설렘이 훨씬 클 것이다. 교사들에게 2월은 지난 일 년 함께 살아온 아이들을 떠나보내며 드는 생각들로 마음이 무거워진다. 좋은 관계 속에서 교감이 잘 이루어졌건, 삐거덕거리며 힘들어했건 아이들과의 이별 앞에서 늘 아쉬움이 남는다.

2월, February의 어원은 고대 로마에서 매년 2월에 열리던 몸과 마음을 깨끗이 하는 의식 'februs'에서 유래했다고 한다. 로마인들에게 2월이 다가오는 봄을 맞이하기 위해 마음을 정화시키는 달이었다면, 교사들에게 2월은 지난 일 년을 돌아보고 새로운 만남을 준비하는 성찰의 달이다. 나의 반성은 일 년 동안 아이들이 쓴 글을 문집으로 엮어 내는 과정에서 시작된다. 글 속에서 아이들이 어떤 활동을 좋아하고 싫어했는지, 언제 행복했고 마음이 아팠는지, 누구에게 무엇 때문에 서운했고 고마웠는지 발견하게 된다. 어쩌다 내 얘기가 나오는 글을 마주하면 가슴이 철렁 내려앉는다. 내가 던진 말 한마디, 행동 하나에 아이들 마음이 어땠는지 고스란히 읽힌다.

2학년을 마무리하며 아이들이 쓴 글을 읽는다. 누구는 지난 일 년이 꿀처럼 달콤하고 재미있어 "꿀잼"이었다 하고, 누구는 더 많은 친구들과 친하게 지내지 못해 아쉽다고 한다. 누구는 전래놀이, 텃밭 가꾸기, 알뜰장터가 누구는 생태 수업, 시계 공부, 피구가 즐거웠다고 한다. 그런데 한 아이의 종이가 휑하니 비어 있다. "아쉬웠던 일 없음, 즐거웠던 일 없음." 단호함이 묻어나는 크고 반듯한 글씨가 한달음에 달려와 가슴에 박힌다. 여백을 가득 채운 그 아이의 마음과 함께. 아쉬움이나 즐거움, 그 어떤 기억도 남기지 못한 그저 그런 시간들이 얼마나 지루하고 견디기 힘들었을까? 이 아이에겐 지난 일 년이 배움의 기쁨은커녕 배움의 경험에 대한 감정조차 무감각해진 시간이 되고 만 것이다.

친구 관계에서 어려움을 겪을 때 적절한 도움을 주지 못하고, 보다 세심한 관찰과 교감을 통해 아이와 깊은 관계를 맺지 못한 결과이다. 관심이 다르고, 잘하는 것이 다르고, 배움의 속도가 다른 아이들에 대한 이해, 개개인의 차이를 인정하고 그에 알맞은 학습 환경과 교육 활동을 만들어주지 못한 결과이다. 교사들은 아이들과의 만남에서 늘 진심과 정성을 다하려 애쓰지만 어긋나는 지점을 피해가기 쉽지 않다. 어느 순간 아이들의 내적 동기보다 교사의 가치가 배움을 지배하는 까닭이다. 아이들의 관심과 욕구를 외면한 교사의 열정이 아이들을 절망에 빠뜨리는 경우는 또 얼마나 많은지. 깨달음은 늘 한발 늦어 관계는 어긋나고, 아이들에게서 배움의 가능성과 기쁨을 빼앗곤 한다.

종종 아이들은 교사가 알지 못하는 크고 작은 상처를 안고 학년을 올라가게 된다. 주목받지 못해서, 지지받지 못해서, 과소평가되어서, 소외당해서 받았던 상처들을 안고 간다. 평범해서 주목받지 못한 아이들은 자기 한계를 스스로 정해놓고 배움에 대한 기대와 희망을 접는다. 지지받지 못하고, 과소평가를 당해온 아이들은 자기 안에 품고 있는 보석 같은 재능을 꺼내볼 기회조차 갖지 못한다. 수업에서 놀이에서 소외당한 경험이 많은 아이들은 스스로에 대한 부정성을 키우며 마음의 병을 얻기도 한다. 아이들 각자가 지닌 성격, 행동 특성, 관계 맺는 방식이 이해되고 존중되기보다 상처를 안겨주는 요인으로 작용한 까닭이다. 아이들 개개의 고유한 특성이 학교나 교사가 지닌 온갖 규제와 관습, 틀에 의해 재단되고 제거된 까닭이다.

아이들이 쓴 글에서 내 발목을 붙잡은 또 다른 말은 "경청"이다. 대다수 아이들이 일 년 동안 잘 실천하지 못해 아쉬웠던 점으로 "경청"을 들고 있다. 몇몇 아이는 편지글에서 선생님께 드리는 선물로 "경청"을 준비했단다. 존중과 배움의 관계 만들기를 위해 강조했던 '잘 듣기'가 아이들에게는 강박 수준이 되고 만 것이다. 아이들은 잘 들어야 한다는 강박으로 안에서 꿈틀거리는 생각을 접은 순간들이 얼마나 많았을까? 자기표현 욕구가 한창 왕성한 시기의 아이들에게 경청이라는 이름으로 매 순간 순응을 강요하며 자유로운 상상력과 창의성이 발휘될 순간마저 차단해버렸던 것은 아닐까?

경청을 과도하게 강조하는 교육 방식의 이면에는 아이들을 보다 쉽게 다루기 위한 교사의 의도가 작동한다. 아이들을 숨죽이게 하고, 아이들의 기질을 조율하고, 아이들의 의지와 자유를 억누르며 자신이 의도한 방향으로 이끌고자 하는 욕망이 작동하는 것이다. 아이들 내면 세계를 외면한 경청의 강조와 실천은 때로 참혹한 결과를 가져온다. 말 잘 듣고 순종적인 아이, 다루기 쉬운 아이, 가만히 있는 무기력한 아이를 길러낸다. 과도한 신념이 그 믿음의 배반을 불러오듯이. 모든 살아 있는 존재는 늘 자기 자신이 되고자 하거늘 자신의 본성을 찾아가는 길을 막게 된다.

학교는 아이들에게 어떤 곳일까? 아이들에게 학교에 와서 가장 좋은 점이 무엇인지 물으면 하나같이 "친구들과 노는 것"이라고 대답한다. 아이들이 좋아하는 체육활동이나 놀이, 자신이 흥미를 느꼈던 수업 등은 그다음이다. 아이들에겐 친구들과의 좋은 관계가 항상 배움에 앞선다. 아이들 배움이 가능하기 위한 또 다른 전제는 교사와의 관계이다. 친구나 교사와 관계가 어긋난 아이들에게 학교는 더 이상 배움의 공간이 아닌 고통스러운 시간을 견디는 곳이 된다. 그래서 커스틴 올슨Kirsten Olson은 『상처 주는 학교』에서 "배움은 기쁨이어야 하고, 가르치는 사람과 배우는 사람의 진심 어린 교감이 필요하다"라고 강조하는 것이리라.

학년 말이면 아이들 한 명 한 명에게 칭찬할 만한 재능이나 인성적 특성을 담은 내용으로 상장을 주곤 한다. 올해도 아이들에게 상장 내용을 하나하나 읽어주며 상장을 건넸다. 상을 받고 난 아이들이 선생님에게도 상을 주고 싶다며 상장을 만들어주었다. 표현은 조금씩 다르지만 대부분이 "좋은 선생님 상", "잘 가르침 상"이다. 그중 가장 마음을 움직인 상은 "아이들을 즐겁게 하는 상"이다. "어린이들을 먼저 생각하고, 아이들에게 즐거움을 주고, 놀이를 만들어 아이들을 웃게 하는 선생님, 그래서 이 상을 드립니다." 상장에 쓰인 내용이다. 이 상에서 그리고 있는 교사의 모습이 어쩌면 아이들이 학교에서 정말 만나고 싶은 선생님이 아닐까?

2월, 아이들을 떠나보내며 아이들에게서 배운다. 아무런 느낌 없이 한 학년을 보낸 아이에게서 내 관심과 사랑의 부족을 깨닫고, 아이들 개개인의 특성을 간과한 채 내가 모르게 남겼을 상처들을 생각한다. 경청을 다짐하는 아이들에게서 일방적으로 주입한 가치의 무모함을 반성하고, 아이들이 건네준 상장을 읽으며 아이들이 진정으로 바라는 교사상을 생각한다. 힘들어하는 아이에게 위로가 되고 충분한 사랑을 주는 일, 아이들 한 명 한 명의 차이와 재능, 능력을 발견하고 격려해주는 일, 아이들을 믿고 기다리며 배움의 기쁨을 느끼게 해주는 일이 곧 교사의 일임을 다시 생각한다.

스승이란 이름의 선물

원종희

살다 보면 누구나 많은 인연을 맺으며 살게 된다. 가볍게 스쳐 가는 인연이 있는가 하면 삶을 송두리째 바꾸게 하는 인연도 있다. 영화 〈죽은 시인의 사회〉와 〈코러스〉에서 교사 '키팅'과 '마티유'가 아이들과 맺은 인연이 그러하다. 키팅과 마티유는 아이들로 하여금 짓눌린 현실에서 벗어나 자신의 삶을 찾아가게 해준다. 〈죽은 시인의 사회〉와 〈코러스〉는 교사라는 존재가 아이들의 삶과 학교 공간 그리고 구성원들의 삶을 어떻게 변화시킬 수 있는지 보여준다. 개봉된 지 오랜 시간이 지났지만 스승이 사라진 시대, 스승의 존재와 역할을 다시 묻게 하는 영화이다.

〈죽은 시인의 사회〉의 무대가 된 웰튼 아카데미는 미국 내에서 아이비리그 진학률이 가장 높은 사립 고등학교이다. 학교와 학생, 학부모 모두가 명문대 진학이라는 하나의 목표를 바라보며 달려간다. 학생들은 기숙사 생활을 하며 엄격한 규율과 통제 속에서 철저한 주입식 교육을 받는다. 권력의 정점에 서 있는 교장의 존재는 웰튼의 전통과 명예를 지키기 위해 법을 직접 집행하는 집행관이 되기도 한다. 아이들을 미국 최고의 사립 고등학교에 보낸 학부모들은 당연히 그만큼 부유하거나 높은 사회적 지위를 갖고 있다. 그것들을 고스란히 아이들에게 물려주기 위해 아이들이 원하는 삶 대신, 자신들이 원하는 삶을 아이들에게 강요한다. 지금 우리나라 명문 사립고의 모습과 별반 다르지 않다.

〈코러스〉의 무대가 된 프랑스 마르세유의 3류 보육원 퐁드레탕은 어려운 학생들을 위한 최저 기숙학교이다. 이곳의 아이들은 2차 대전으로 부모를 잃었거나, 부모의 일 때문에 어쩔 수 없이 보내진 경우가 대부분이다. 아이들은 부모에게 버려졌다는 무서운 공포 속에서 날마다 사건을 일으키고 서로에게 상처를 내며 하루하루를 보낸다. 환경이나 시설은 웰튼 아카데미와는 대조적이지만 공통점이 있다. 교장이 곧 법이자 법의 집행자이고, 학교는 감시와 통제, 규칙과 규율로 유지되고 있는 견고한 '성'이라는 점이다.

웰튼 아카데미의 교훈은 '전통', '명예', '규율', '최고'이다. 규율과 규칙을 통해 길들여진 학생들은 '웰튼'산 인재가 된다. 물론 규율을 어길 경우에는 배제되거나 갱생의 처벌을 받게 된다. 퇴학 처분을 받고 학교를 떠난 달튼처럼. 〈코러스〉의 퐁드레탕은 좀 더 가혹하다. 처벌의 장소나 강도에 제한이 없다. 규칙을 어기는 즉시 그곳이 어디든 교장이나 교사의 손에 맞거나 끌려 다녀야 한다. 처벌로 2주일 동안 청소를 한다거나 독방 감금이다. 오로지 작용과 반작용으로 운영되는 저항과 처벌이 무한 반복되는 공간, 영화 〈코러스〉의 무대가 된 퐁드레탕이 실제 프랑스의 오래된 성이란 점 또한 우연이 아니리라.

두 영화에서 학교는 곧 감옥이고 성이고 권력으로 존재한다. 하지만 성이 있는 곳엔 언제나 성의 내부에 포섭되길 거부하는 저항이 있기 마련, 푸코가 말했듯이 권력이 있는 곳엔 언제나 저항이 있다. 인간의 마음은 명령과 통제에 앞서 존재하는 것이며, 항상 그것에서 빠져나가려는 의지가 있다. 영화 〈카프카〉에서 카프카는 "미치지 않고는 탈출할 수 없는 삶에 대해 생각해보았는가?"라고 묻는다. '미치거나 죽거나' 성 안에서의 삶은 둘 중 하나를 선택하게 한다. 〈죽은 시인의 사회〉에서 닐은 미치는 대신에 죽음으로 성을 탈출한다.

〈코러스〉에서의 저항 역시 격렬하다. 폭행과 처벌이 일상적으로 이루어지는 공간에서 학교를 관리하는 막상스 영감은 아이들의 장난에 눈을 찔리고, 교사 레정은 가위에 찔려 학교를 떠난다. 레정을 찌른 무통은 투신자살을 한다. 르케렉은 열기구 풍선을 사려고 학교 돈을 훔치고, 심리적 외상으로 늘 세상을 향해 날을 세우고 있던 몽당은 돈을 훔쳤다는 누명에 대한 복수로 학교에 불을 지른다. '웰튼'과 '퐁드레탕'에서 저항은 죽음이라는 극한까지 치닫는다.

견고한 성으로 존재하는 학교에 변화의 기운이 돌기 시작한다. 웰튼 아카데미에선 키팅의 휘파람과 시로부터, 퐁드레탕에서는 아이들의 맑은 영혼을 발견해낸 마티유와 아이들의 노랫소리로부터 시작된다. 〈죽은 시인의 사회〉에서 학생들은 키팅의 수업을 통해 생각하는 법을 배우고, 말과 언어의 맛을 배우고, 시를 통해 억압되어 있던 내면의 소리에 귀를 기울인다. "Carpe Diem." "현재를 즐겨라. 오늘을 붙잡아라. 시간이 있을 때 장미 봉우리를 거두라." "인생을 독특하게 살아라!" 한마디 한마디가 학생들에게 충격으로 다가온다.

어쩌면 이 말들은 우리 모두가 서랍 제일 아래 칸에 쟁여 넣고 선뜻 꺼내지 못했던 말들인지도 모른다. 키팅은 거침없이 책상 위에 올라서서 내가 왜 이 위에 올라섰는지 아는가 묻는다. "사물을 다른 각도에서 보면 세상이 다르게 보인다. 어떤 사실을 안다고 생각할 때 그것을 다른 시각에서도 봐야 한다"라고 외치며 아이들을 책상 위에 올라서게 한다. 책상 위에 올라섰던 아이들의 느낌은 어땠을까? 아마도 제일 먼저 자신의 몸이 건네는 소리를 듣지 않았을까? 동시에 익숙했던 주변의 사물들이 낯설게 다가오기도 했을 것이다.

키팅은 휘트먼의 시를 인용하며 "여러분의 시는 어떤 것이 될까?" 묻는다. 키팅의 말대로 시를 만나며 아이들은 자신이 원했던 삶에 대해 하나, 둘 눈을 뜬다. 웰튼 아카데미의 자랑이었던 형에게 치여 부모의 관심 밖에서 늘 의기소침해 있던 토드. 그가 키팅의 이끌림에 시를 토해내는 장면은 "너 또한 한 편의 시가 된다는 것"을 그대로 보여주는 장면이다. 키팅을 징계하는 서류에 끝까지 서명을 거부하고, 키팅이 떠나는 날 "오, 캡틴. 마이 캡틴!"을 외치며 책상 위에 올라가 작별인사를 시작하는 것도 바로 토드였다.

'죽은 시인의 사회' 모임을 이끌던 닐은 자신의 꿈이었던 연극을 시작한다. 아버지의 반대를 무릅쓰고 꿈을 찾아가던 닐은 처음이자 마지막 연극 공연을 열정적으로 마치고 목숨을 끊는다. 자신이 낭송했던 소로의 시를 실천이라도 하듯 삶이 아닌 삶을 떨쳐버리고 기꺼이 '죽은 시인의 사회'의 정회원이 된다. 하지만 저항은 이것으로 끝나지 않는다. 그동안 키팅의 수업 방식에 불만을 나타냈던 메칼리스터는 눈 덮인 교정을 걸으며 어느새 키팅의 수업 방식으로 라틴어 수업을 한다. 두 개의 빈 책상이 아픔으로 남겨진 교실에선 교장에 의해 다시 프리차드의 『시의 이해』 서문을 읽기 시작하지만 남아 있는 아이들은 이미 서문을 찢어 던지기 전의 그 아이들이 아니다. 키팅은 떠났지만 말과 언어는 '웰튼' 성을, 아니 세상을 바꾸기 시작한 것이다.

〈코러스〉에서 마티유는 아이들의 착한 본성을 믿는 따뜻한 가슴을 지닌 교사이다. 전쟁 중에 엄마 아빠를 잃고 토요일마다 오지 못할 아빠를 기다리는 페피노의 마음을 보듬어주고, 아이들 잘못을 감싸 안아 용서하며 스스로 잘못을 깨닫고 고쳐나갈 수 있도록 한다. 마티유는 아이들의 흥얼거림 속에서 노래를 발견하고 아이들에게 합창을 가르치기 시작한다. 삶도 미래도 없이 사고와 처벌이 반복되는 날들을 살아가던 아이들이 노래를 통해 조금씩 변해간다. 노래를 부르며 삶의 아름다움을 발견하고, 자신의 존재감을 찾아간다. 그중 천부적 음감과 천상의 목소리를 지닌 보석 같은 아이, 모항쥬는 엄마가 자신을 떠나버릴지 모른다는 불안감 때문에 반항적 행동을 일삼지만 가슴속에는 노래에 대한 열망으로 가득 차 있다.

허름하고 칙칙하던 학교에 아이들 노랫소리가 울려 퍼지며 분위기가 바뀌기 시작한다. 아이들 얼굴에서 웃음이 살아나고, 경직된 얼굴로 아이들을 감시하고 처벌하던 교장까지 아이들과 함께 공을 차고, 종이비행기를 접어 날린다. 재단 측 요청으로 합창을 발표하던 날, 아이들은 세상에서 가장 아름다운 노래를 부르고, 마티유는 모항쥬의 눈빛에서 자부심과 용서받았다는 안도감 그리고 감사의 마음을 읽는다. 하지만 행복은 늘 늦게 찾아왔다가 일찍 떠나는 법. 몽당에 의해 학교가 불타던 날, 마티유는 학칙을 어기고 아이들과 함께 야외 수업을 갔다는 이유로 파면을 당한다. 마티유가 떠나는 날, 아이들은 아름다운 노래와 함께 성 밖으로 종이비행기를 날려 작별인사를 대신한다. 페피노에겐 그날이 날마다 기다렸던 꿈이 이루어지는 토요일이 된다.

영화 속 모항쥬가 마티유를 만나지 못했다면 세계적인 오케스트라의 지휘자 모항쥬는 없었을 것이다. 아니 마티유가 페피노를 만나지 않았다면 이 영화는 세상 밖으로 나오지 못했을 것이다. 마찬가지로 토드와 닐 그리고 '죽은 시인의 사회' 모임의 친구들이 키팅을 만나지 못했다면 자유로운 생명과 존재에 대하여, 세상을 바꾸는 말과 언어에 대하여 그리고 모두가 '시'가 되는 다른 삶이 있다는 것은 감히 생각도 못했을 것이다. 마티유와 키팅은 아이들에게 선물이었다. 아이들 삶을 든든히 지탱해줄 나무의 씨앗이 싹을 틔우고, 뿌리를 내리고, 꽃을 피우게 해준 진정한 스승이었다.

살아가는 동안 교사만큼 많은 인연을 쌓으며 살아가는 일도 드물 것이다. 두 편의 영화를 보며 그동안 나를 스쳐 간 수많은 아이들을 떠올린다. 아이들에게 난 또 얼마나 견고한 벽이었을까? 단 한 번이라도 존재감으로 희열을 느끼게 한 적이 있을까? 우치다 타츠루는 스승이 사라진 이 시대에 "스승은 있다"라고 말한다. 스승의 존재는 "누군가 자신이 알지 못하는 것을 알고 있다고 믿는 그 사람에게서 무언가를 배운 뒤에 깨닫게 되는 존재"라고 한다. 교사라는 이름으로 살아오는 동안 누군가 진정으로 배우고 싶은 것, 알지 못했던 것을 배우게 한 적이 있을까? 자신이 한 편의 시가 되는 삶을 찾아가게 한 적은 있을까? 누구에겐가 스승이었던 적이 있을까?

쿵푸 팬더와 스승 찾기

조경삼

작년부터 아이와 함께 기다리던 영화가 개봉되었다. 단지 재미뿐이었다면 아마 그런 기다림은 없었을 것이다. 미국식 재미 속에 담은 동양적 의미의 매력, 그것이 〈쿵푸 팬더〉를 기다리는 이유였다. 때로는 메시지가 다소 무겁게 느껴지기도 하지만 자신에게 보이고 들리는 만큼 보고 들으면 될 일이라는 생각이 들었다. 3편 스토리 전면에 부각된 '진정한 스승의 의미' 탓인지, 아니면 직업 탓인지 나는 '진정한 스승은 무엇일까?'라는 화두로 이 영화를 보게 되었고, 앞선 1, 2편도 되돌아보게 되었다. 이 이야기 속 스승은 셋이다. 그들에게서 배우는 '진정한 스승의 의미'를 생각해봤다.

우그웨이 대사부

이 이야기의 가장 큰 스승. 주인공 '포'가 용의 전사가 될 수 있는 자질을 발견하는 이다. 먹성 좋은 뚱보일 뿐 무술을 배워본 적도 없는 '포'를 제자인 '시푸 사부'와 5인방을 제쳐두고 '용의 전사'로 낙점한다.

대사부의 결정이니 따를 수밖에 없지만 마음이 불편한 제자들, 그 속에서 불편하게 지내다 포기하겠다면서 그를 찾아온 '포'에게 '어제는 역사요, 내일은 미스터리이나 오늘은 선물이다'라는 말을 건넨다. '현재에 충실하라'는 말인데 '카르페디엠-오늘을 즐기라'는 말로 읽히기도 한다. 더불어 '포'의 교육을 담당하는 '시푸'에게는 제자에 대한 '믿음'을 주문한다. 도저히 믿을 수 없는 상황일지라도 믿는 사람의 믿음처럼 된다는 가르침을 전한다. 그리하여 이 스승에게 배우는 '진정한 스승'의 덕목은 세 가지이다. 제자의 자질을 발견할 수 있는 눈, 실의에 빠진 제자에게 건넬 수 있는 따뜻하면서 힘이 되는 말, 제자에 대한 믿음.

시푸 사부

주인공 '포'와 5인방을 가르치는 스승. 먹보 '포'를 '용의 전사'로 길러내는 이다. 평생을 함께한 우그웨이 대사부가 자신이 아닌 '포'를 '용의 전사'로 지목했을 때 그의 마음은 어땠을까? 하지만 문제는 자신의 내부에 있음을 알고 '평정심'을 되찾는다. 그리고는 먹을 거라면 사족을 못 쓰는 '포'에게 그에 맞는 맞춤형 훈련으로 쿵푸를 가르친다. 1편에서 악으로 나오는 '타이렁'은 그가 자식처럼 여겼던 애제자였다. 하지만 너무도 사랑하는 마음에 사로잡혀 변하는 모습을 보지 못했음을 자신을 죽이러 온 그 앞에서 참회한다. 3편에서는 '스승'의 자리를 '포'에게 물려주고 떠난 뒤 마지막 즈음 등장하여 기를 터득한 포에게 가르침을 청한다. 그에게서 배우는 덕목은 네 가지이다. 제자를 만나기 위해 마음을 다스리는 평정심, 특성에 맞는 교육 방법, 집착을 넘어서 본질을 보는 눈, 그리고 제자에게도 배울 수 있는 겸허함 혹은 배움의 열정.

포

주인공 '포'가 사부가 되는 것은 3편에서다. '시푸 사부'는 '용의 전사'인 '포'에게 5인방을 교육하는 임무를 맡긴다. 시푸 사부를 어설프게 흉내 내(?) 훈련을 시키지만 엉망진창, 제자를 비롯해 다른 많은 이들에게 비난을 산다. '포'가 진정한 스승이 되는 것은 팬더 마을에서다. 잃어버린 아빠를 찾아 비밀의 팬더 마을에서 즐거운 시간을 보내던 '포'에게 악당 '카이'가 찾아온다는 소식이 전해지자 이에 맞서기 위한 훈련이 시작되고 여기에서 '포'가 마을 사람들을 가르치게 된다. 이번에는 어설픈 사부 흉내가 아니라 사람들이 가장 잘하는 것을 더 잘할 수 있게 만드는 스승이었다. 구르기를 잘하는 이에게는 구르기를, 안기를 잘하는 이에게는 안기를, 뛰기를 잘하는 이에게는 뛰기를. 거기에 덧붙여 리본을 잘 다루는 메이메이에게 쌍절곤을 건네준다. 그냥 잘하는 것을 잘하게 하기도 하지만 점핑을 시켜주는 것이다. 아울러 1, 2, 3편에 한결같이 흐르는 '진정한 나 찾기'가 마무리되며 숨겨진 힘을 터득하며 성장하게 된다. '가장 잘하는 것을 더 잘할 수 있게 만드는 것이 스승'이라는 말 속에서 교사가 가장 먼저 봐야 할 것은 교수 방법이 아니라 가르칠 대상이라는 것이다. 아이들이 무엇을 잘하는지 함께 발견하고 함께 성장하는 것이 교사의 일이라는 점이다. 성장을 위해서는 메이메이의 쌍절곤처럼 점핑을 위해 무엇이 필요한지를 아는 안목도 필요하다. 아울러 아이들뿐만 아니라 교사 자신도 '진정한 나'를 찾을 때 더 큰 힘으로 아이들을 만날 수 있다는 것이다. 포에게서 배우는 덕목은 이렇게 세 가지이다. 가장 잘하는 것을 찾고 길러주는 눈, 점핑을 위해 도와줄 수 있는 능력, 교사부터 '진정한 나' 찾기.

　우그웨이 대사부, 시푸 사부, 주인공 '포'에게서 배우는 스승의 덕목에서 공통되는 것은 바로 눈眼이다. 자질을 발견하는 눈, 집착을 넘어서 본질을 보는 눈, 잘하는 것을 더 잘할 수 있게 하는 눈이다. 눈은 누구에게나 있다. 하지만 무엇을 보고 있느냐에 따라 보는 것은 달라진다. 〈쿵푸 팬더 3〉의 가장 큰 메시지는 '스승은 가장 잘하는 것을 더 잘할 수 있게 만들어주는 사람'이다. 과연 나는 교사로서 아이 하나하나가 가장 잘하는 것을 발견할 수 있게 해주었는지, 그것을 더 잘할 수 있게 도와주었는지 생각해보면 자신이 없다. 돌이켜 보면 나는 교사의 역할을 '부족한 부분을 일깨워 채울 수 있도록 도와주는 사람'의 관점에서 생각해온 것 같다. 그래서 칭찬에는 인색하고, 부족해 보이는 부분을 지적하였으며, 아이의 의사와 상관없이 도와준다면서 나의 관점을 강요한 것은 아닌지. 그런 생각을 가지고 있으니 아이가 잘하는 것은 보되 보이지 않았고, 듣되 들리지 않았던 것은 아닌가 싶다.

　물론 결핍을 채워주는 것도 중요하지 않은 것은 아니다. 내가 맡고 있는 역할이 전문성을 키우기보다는 보통의 사람이 갖추어야 한다고 여겨지는 것들을 가르치는 초등 과정이므로 그런 관점이 당연하게 여겨진다. 하지만 그런 관점에 얽매여 더 중요한 것을 보고 듣지 못하지는 않았는지를 생각하는 것이다. 교육과정과 교육 내용 지식은 교사로서 갖추어야 할 전문적 영역이지만 그에 앞서는 전문성이 아이 하나하나를 깊이 들여다보는 능력임을 말하는 것이다. 교육과정과 교육 내용 지식은 단시간의 노력으로 얻을 수 있지만 아이 하나하나를 깊이 들여다보는 능력은 갖추는 데 긴 시간이 필요하고, 꾸준한 노력으로 쌓이는 내공처럼 갖추어지는 것이어서 그런지도 모르겠다. 잔재주 없이 우공처럼 가야 얻을 수 있는.

이제 한 해를 함께 보낸 아이들을 떠나보내고, 새롭게 한 해를 함께할 아이들을 맞는 시기다. 오는 3월에 아이를 알아가는 '진단하기'에서는 심리검사 결과나 지난 생활기록부 읽기는 잠시 미뤄두고 아이들을 바라봐야겠다. 참고는 하겠지만 선글라스를 끼고 아이를 바라보는 우를 범하지는 말아야겠다. 내 눈과 귀로 무엇을 하고 노는지, 무엇을 하며 웃고, 어떨 때 화내는지, 무엇을 하고 싶어 하는지 더 보고 더 들어야겠다. 그런 다음 아이를 이해하는 자료로 그것들을 참고해야겠다. 잘하는 것이 무엇인지 함께 찾고, 잘하는 것을 더 잘할 수 있는 방법은 무엇인지 함께 고민해야겠다. 내가 중요하다고 생각하는 것 말고 함께 중요하다고 생각하는 것을 찾아 함께 해봐야겠다. '우그웨이'처럼 따뜻하게, '시푸'처럼 겸손하게, '포'처럼 유쾌하게 아이들을 맞이해야겠다.

그 많던 선배들은 어디로 갔을까?

조경삼

　2013년 방송되었던 드라마 〈응답하라 1994〉는 높은 인기를 구가하며 우리를 대학 시절로 데려다 놓았다. 그 당시 즐겨 듣던 노래들과 삐삐 같은 소품들은 20년의 시간을 거슬러 올라가기에 모자람이 없었다. 그 이야기 중 후배를 챙겨주던 남자 주인공의 모습은 오랫동안 잊고 있었던 '선배'를 떠올리게 했다. 대학 시절 선배는 밥이나 술을 사주기도 하고 시험 기간에 지난해 '족보'를 전해주기도 하며, 동아리나 모임에 끌어들여 함께하게 만드는 존재였다. 손 뻗으면 닿을 것 같은 거리에서 어떻게 살아야 할지를 한 발 앞서 보여주는 사람들이었다. 그리고 시간이 지나 3, 4학년이 되면서 나도 그런 선배의 모습을 닮아갔다. 학회를 이끌고, 동아리를 이끌면서 교직에서 만날 아이들을 생각했다. 후배들과 함께.

　대학을 졸업하고 교직에 나왔다. 많은 선배들이 같은 길을 가기에 대학과 다르지 않으리라는 생각을 했던 것 같다. 첫 발령을 받아 간 학교에는 한 발이 아니라 스무 발 이상 앞서 '선배'라 칭하기도 뭣한 선생님들이 대부분이었고, 군대 갔다 와서 발령 받은 큰 학교에서나 한두 발쯤 앞선 선배들을 만날 수 있었다. 술을 사주기도 하고 친목 모임을 소개해 함께하게 되었다. 하지만 뭔가 허전했다. 교사로 살기 위해 꼭 필요하다고 생각하는 '아이들에 대한 이야기'나 '아이들과 함께 수업하는 이야기'를 해주는 선배가 없었다. 대학 때처럼 한 발 앞서를 보여주는 사람을 가까이서 찾을 수 없었다. 아니 다른 길을 보여주는 선배들은 많았지만 내가 찾는 길을 보여주는 선배가 없었다고 해야 맞으려나?

심지어 1정 연수를 가도 그런 이야기보다는 교수 흉내 내듯 교육과 정이나 이론을 읊었고, 많은 시간을 주제와 상관없는 승진 관련 이야기를 들어야 했다. 아이들과 함께하는 이야기를 자신 있게 아니 담담하게라도 보여주는 선배들은 찾아보기 힘들었다. 교육 잡지 '우리교육'에서 방학 때 하는 연수를 찾아 서울까지 가서야 전혀 본 적 없던 선배들을 만날 수 있었다. 나름의 철학으로 아이들과 생활하고, 문집을 만들고, 놀이를 하고, 수업을 하는 그렇게 기다리던 선배들이었다. 그들의 모습은 당당했고 뒤에서 광채가 나는 듯했다. 책에 있는 그들의 발자국을 따라가다 보니 아이들과의 생활은 더할 나위 없이 즐겁고 행복했다. 하지만 왠지 갈매기 무리에서 떨어져 나온 '조나단' 같은 기분이 들기 시작했다.

첫 발령지이자 고향이었던 지역의 학교를 떠나는 송별회 자리에서 한 선배의 진심 어린 조언을 들을 수 있었다. 아이들과 열심히 생활하는 건 정말 보기 좋은데 '승진'이란 것도 무시할 수 없다고, 나중에 나이 들어 후회하게 될지 모르니 조금씩이라도 준비해놓으라는 이야기였다. 그때 나는 겁도 없이 그런 얘기를 했다. 내가 승진하게 된다면 20년은 지나서일 텐데 그때는 '승진'이 아닌 '생존'이 화두가 되지 않겠느냐고. 그리고 차마 말하지 못했지만, '그때도 만약 승진이 화두라면 교직은 더 이상 가망이 없다'고 말하고 싶었다. 그때 예상한 해까지는 아직 8년쯤 남았지만 불행인지 다행인지 교직에서 '생존'이 화두는 아닌 것 같다. 많은 교사들은 여전히 승진 점수를 챙기고 최고 '수'를 찾아 학교를 옮긴다.

고향을 떠나 옮겨 온 지역에서도 내가 찾는 선배는 찾을 수 없었다. 다만 국어과라는 이유로 이런저런 일들을 하면서 교과 연구회 활동을 하게 되었고, 나름 재미를 느끼고 있었다. 내키지는 않았지만 선배를 따라 도 단위 교과 연구회 모임 자리에 참석하게 되었는데 거기서 또 다른 선배(?)들을 만나게 되었다. 다음 차례를 정하여 장학사 시험을 보게 하고 장학사를 키우는 선배들이었다. 그 모임의 총무를 거치면 장학사로 크게 되는 일종의 '라인'이었다. 교과 연구 이야기보다는 승진 이야기들이 더 많은 비중을 차지하는 모임에서는 더 이상 흥미를 찾을 수 없었고 결국 발을 끊고 말았다.

그러다가 내가 찾던 진짜 선배를 발견하게 되었는데 그것은 대학원에서였다. 국어교육을 전공하는 과정이었는데 아이들과 그림책을 읽고, 즐겁게 교육 활동을 하는 전에 보지 못하던 선배였다. 그 선배는 같은 꿈을 꾸는 선생님들이 함께 모여 학교를 만들어간다고 하였고, 나도 거기서 함께하면 얼마나 좋을까 하는 생각을 했다. 얼마 지나지 않아 선배로부터 함께 근무하자는 제안이 왔고 나는 그 선배와 같은 학교에서 근무하게 되었다. 전에는 볼 수 없었던 민주적인 학교 문화,

아이들을 중심에 둔 교육 활동, 나의 성장이 느껴지는 그런 곳이었다. 하지만 여유가 없었다. 그러다 보니 가까이에서 선배를 더 잘 볼 수 있을 것이라는 기대를 만족시킬 수 없었다. 선배는 연한이 다 되어 학교를 옮겼고, 나는 또 다른 선배를 찾아야 했다.

도시여서였을까 아니면 내가 그 선배들 가까이에 있었던 것일까, 모임에서 한 무리의 선배들을 발견하였다. 학교에서는 교육 활동에 대한 이야기, 아이들에 대한 이야기는 많지만 수업 이야기가 부족하다고 생각했는데, 그 수업 이야기를 실컷 나눌 수 있는 모임이어서 함께하게 되었다. 책도 많이 읽고, 수업에 대한 생각도 많아 내가 보지 못하는 부분을 보여줄 수 있는 그런 선배들이 있었다. 종종 더 큰 세상을 보여주는 강사들을 불러 새로운 물을 함께 받아들이기도 하고, 새로 나온 책들을 함께 읽으며 생각을 나누기도 하였다. 때로는 벅차기도 했지만 그저 선배 뒤만 좇아간다는 뻔뻔함으로 힘겨움을 버티기도 했다. 그러다 보니 내가 실천하는 교육 활동을 자랑스레 이야기할 수도 있었고, 거기에 내가 한 것보다 더 큰 의미를 부여해줘 우쭐함을 느끼게도 해주는 선배들이었다.

그러던 중 그림책 선배에게 학교 일로 조언을 구하는 통화를 하고 있었는데 이제 선배 찾기는 그만하라는 이야기를 하는 것이었다. 이제 네가 선배이어야 하지 않겠느냐는. 짜증 섞인 반응이 아니었기에 서운하다는 느낌보다는 머리를 한 대 얻어맞은 느낌이 들었다. 늘 선배 좇아가며 배울 생각만 하느라 뒤를 돌아보지 못했는데 어느새 내 머리도 염색이 필요한 나이가 되었던 것이다. 그러면서 드는 의문은 '너는 네가 찾던 그 선배 역할을 하고 있느냐, 아니면 할 수 있겠느냐?'는 것이었다. 1정 연수 강사에게서 느꼈던 갈증, 아이들과 함께 생활하는 이야기를 자신 있게 아니 담담하게라도 보여줄 수 있는지를 해결할 수 있겠느냐는 것이었다. 승진이 아니라 존재의 본질적인 이유를 생각하는 후배들에게 당당한 길을 알려줄 수 있겠느냐는 것이다.

진보 교육감 시대여서 그런지 이전에는 생각지도 못했던 일들이 생겨난다. 학교 이야기를 듣고 싶다는 제안도 있고, 아이들과 함께 생활한 이야기를 펼쳐놓을 자리도 종종 생기고 있다. 그들과는 거리가 먼 우리들만의 이야기가 아닐까 하는 걱정도 있지만 새로운 꿈이 되었으면 하는 생각에 자신 있게 펼쳐놓는다. 펼쳐놓는 솜씨가 부족한 건지, 아니면 그들의 관심사가 아닌 건지 관심을 보이거나 박수를 보내는 게 또래 혹은 선배뿐이다. 내가 원했던 그런 선배가 되고 싶은데 원하는 선배를 찾기 어려웠던 것만큼 이제 그런 후배를 찾기도 어렵다. 개인주의의 조로한 후배들을 탓할 수도 있겠지만 실망하지 않으려 한다. 탓하는 것은 아무런 도움도 되지 않고 무엇보다 이제 시작이니까. 발걸음 흩트리지 않고 걷다 보면 누군가 그 발자국을 보고 따라올 거라고 믿는다. 내가 선배들의 발자국을 따라 걷는 것처럼.

노교사를 위한 학교는 없다[9]

장군

늙는다는 것은 '재앙'[10]이다. 로맹 가리Romain Gary는 그 재앙이 자신에게 벌어지지 않을 거라 말했지만 그 허풍의 허랑함을 모르진 않았을 게다. 늙는다는 것은 예정된 비극이자 생명의 정명定命이다. 유예 불가능한 종국! 그 끝을 누구도 피할 수 없다는 점에서 늙음은 공평하다. 그러나 과연 그러할까? 재난은 가난한 이에게 더욱 혹독한 법. 늙는다는 것 또한 그러하다. 누군가에게는 그것이 더욱 서둘러 다가오고, 더욱 모질게 다가온다. 이를테면 학교에서 늙는다는 것이 그러할 것이다. 정확히는 학교에서 평교사로 늙는 것이 그러하다. 평교사로 늙어가는 것, 그것이야말로 재앙 중의 재앙이다. 그러니 많은 선배들이, 동료들이, 때로는 후배들까지 그 재앙에 미리 대처하라고 말한다. 준비하지 않는 순진함과 어리석음을 탓한다.

---

9. 코엔Ethan Coen, Joel Coen 형제의 영화 〈노인을 위한 나라는 없다〉를 비튼 제목이다.
10. 로맹 가리, 『인간의 문제』, 2014, 마음산책, 281쪽.

준비가 '나쁘다'고 말하려는 게 아니다. 승진 문화와 승진 제도에 딴죽을 걸 수는 있겠지만 그것을 준비하는 교사 개개인을 판단하는 것은 쉽지 않다. 그저 평교사로 늙는다는 공포가 교사 모두에게 내재해 있다는 점, 그 반동이 승진의 형태로 일부 드러나고 있다는 점을 말하려는 게다. 그 두려움을 어찌 탓할 수 있으랴? 누구나 노후를 대비하는 법이다. 그럼에도 인정해야 한다. 준비가 나쁘지 않은 것처럼 준비하지 않는 것도 나쁘지 않다는 것을. 그 재앙을 누군가는 사회적 지위와 명망으로 이겨내듯, 누군가는 제 삶으로 묵묵히 이겨낼 수도 있다. 그것은 물론 더욱 사납고 더욱 매서운 일일 테지만, '가난하다고 해서' 모든 것을 버려야 할 필요는 없다.

하지만 현실은 녹록지 않다. 평교사로 늙어가는 것은 '더러운 꼴'을 봐야 하는 일이다. 학생에게도, 교사에게도, 학부모에게도 환대 받기 어렵다. 학생에게는 꼰대로, 교사에게는 뒷방 늙은이로, 학부모에게는 마냥 늙다리로 비쳐지기 십상이다. 실패자의 오명이 덧씌워질 수도 있다. 회한도 얹히리라. 이 무슨 영화를 보겠다고! 승진에 안착한 동료 교사는 점점 불편해지고, 갈채 없이 늙어가는 것에 지쳐갈 수밖에 없다. 그러니 늙지 않는 유일한 방법을 선택해야 한다. 그것은 무참하지만 요절夭折이다. 명예퇴직이라는 요절, 더 늙기 전에, 그 늙음이 천대 받기 전에 학교를 떠나라!

그 요절은 그러나 요절撓折이기도 하다. 휘어져 부러지고 마는 것! 그래서 젊은 요절夭折이 안타까움이라면 명퇴의 요절撓折은 처량함이다. 요절夭折이 선택할 수 없는 운명이라면, 요절撓折은 선택할 수밖에 없는 운명이다. 그러나 그 요절 또한 마땅치 않을 때 노교사는 여전히 학교를 둥지로 삼아야 한다. 늙은 평교사를 위한 학교는 없지만 제 방식대로 살아내야 한다. 이미 늙은 후에는 그 늙음과 어떻게 공존해야 하는지 조언해줄 '좀 더 늙은 노인'은 곁에 없다. 꼰대로, 뒷방 늙은이로, 늙다리로 취급받는 것은 얼마나 모욕적인가? 그 수치를 견딜 요량이 아니라면 그 늙음의 표상을 뒤바꾸어야 한다.

'꼰대'는 꼰데기, 번데기의 방언에서 그 어원이 유래하였다는 것이 정설이다. 번데기의 주름과 노인의 주름을 대비한 것이리라. 번데기는 갖춘탈바꿈完全變態을 위한 과정이다. 그 주름은 탄력의 다발이다. 펼치기 위한 접힘, 날아오르기 위한 움츠림! 그러나 꼰대의 주름은 어떠한가? 그것은 각질화한 주름이다. 더 이상 펼쳐지지 않는 주름, 애벌레와 어른벌레의 경계에서 어른인 양 행세하는 의태擬態 주름이다. 꼰대는 어른이 되지 못한 어른 아이다. 꼰대를 이끄는 것은 자기애narcissism의 쳇바퀴를 돌리는 호문쿨루스homunculus! 그 공회전을 감추기 위해 꼰대는 과거에 집착한다. 꼰대가 무용담을 선호하는 것은 우연이 아니다. 멘토mentor가 과거로 현재를 성찰하는 이라면 꼰대는 과거로 현재를 빙자하는 이다. 멘토가 나아가기 위해 버리는 이라면 꼰대는 버리지 못해 나아가지 못하는 이다. 꼰대는 선물을 모르는 수전노다. 그렇다고 꼰대가 단지 인성의 차이로 환원되는 건 아니다. 착한 꼰대 노교사는 또 얼마나 많은가? 꼰대는 도덕으로 치부될 게 아니라 성장으로 입증되어야 한다. 고집스럽고 무뚝뚝한 〈그랜 토리노Gran Torino〉[11]의 꼰대가 그토록 멋스러운 것은 그 때문이다.

---

11. 클린트 이스트우드Clint Eastwood가 감독 및 주연한 영화, 2008.

꼰대의 등을 맞대면 뒷방 늙은이가 있다. 뒷방 늙은이는 권력을 잃은 추레한 형상이다. 어느덧 젊은 날의 광휘와 영채가 사라진 노교사, 꼰대가 되지 않기 위해 물러남을 선택한다. 그 물러남이 제 분수를 깨닫고 제 주제를 파악하는 것이라 자위한다. 그러나 그때부터 교실은 밀실이 되고, 학교는 안락한 참호로 변한다. 노교사는 더 이상 기대하지 않고, 기대하지 않는 그 노교사에게 누구도 기대지 않는다. 남아 있는 것은 과거를 되새김질하며 독백 속에서 학교를 떠나는 일뿐. 운이 좋아 동류의 노교사를 만나게 된다면 삶이 달라지려나? 수다의 향연 속에서 뒷방 늙은이는 이제 권력의 끝자락이라도 잡아보려고 애쓴다. 책임은 눙치고 그들만의 특혜를 만든다. 다시 꼰대가 되는 뒷방 늙은이! 꼰대의 샴쌍둥이!

늙다리라고 다를까? 과거의 궤적이 뒷방 늙은이보다야 초라하겠지만, 늙다리에게도 쥐락펴락하던 시절은 있었을 게다. 그러나 호기와 객기이든, 열정과 헌신이든 그 소싯적은 현실의 무기력과 열패감에 소환되지 못한다. 뒷방 늙은이에게 있는 왜곡된 욕망조차 늙다리에게는 사라진 지 오래, 늙다리에게는 어제와 오늘과 내일이 구분되지 않는다. 늙다리는 늙은이를 낮잡아 부르는 말, 낮잡아 불러도 발끈할 수 없는 늙다리의 삶! 늙다리는 무기력과 무료함을 노후의 안락으로 착각한다. 그렇게 스스로 미래를 교살한다. 퇴退하여 물러나기 전에 이미 퇴물退物이 되는 삶. 이 끔찍한 수사는 과장인가? 꼰대든, 뒷방 늙은이든, 늙다리든, 늙은 평교사의 거처는 여전히 학교이다. 그리고 제 거처를 가꾸는 것은 나이 듦과는 무관한 일이다. 노교사는 오늘 꼰대로, 뒷방 늙은이로, 늙다리로 살지 않는 법을 배워야 한다. 승진이라는 외

길이 유일한 해법만은 아니다.

박범신은 『은교』에서 화자를 빌려 "늙는 것은 용서할 수 없는 범죄가 아니다"라고 말한다. "노인은 기형이 아니다"라고도 말한다. "노인은, 그냥 자연일 뿐", "너희의 젊음이 너희의 노력에 의하여 얻어진 것이 아닌 것처럼, 노인의 주름도 노인의 과오에 의해 얻은 것이 아니다"라고 강변한다. 그럴 것이다. 늙는다는 것은 자연스러운 일이다. 그 자연을 탓할 수는 없다. 그러나 이진경은 『삶을 위한 철학 수업』에서 늙는다는 것을 "입력장치는 고장 나고 출력장치만 작동되는 상태"라고 말한다. 출력만 있고 입력이 없다면 그것은 이미 늙은 것이다. 그리고 그것은 자연이 아니라 과오다. 늙음이 입력장치의 훼손을 가속하는 것은 사실이지만 결정하는 것은 아니다. 총명함이야 눈부신 세월 앞에서 바래져가지만, 현명함은 험악한 세월조차 물들일 수 있다. 노인의 그 현명함은 결코 저절로 얻어지는 '자연'이 아니다.

꼰대나 뒷방 늙은이나 늙다리에서 어떤 동일한 성분을 발견할 수 있다면 더 이상 배우려 하지 않는다는 것일 게다. 누적된 경험의 시간을 우습게 볼 수는 없겠지만, 그렇다고 그 영광된 과거의 시간으로 미래의 시간을 보낼 수는 없다. 당연히 남아 있는 시간 또한 살아야 하는 시간이다. 미래를 과거로 대체할 때 우리는 늙는다. 한때 대단한 명언처럼 사용되던 경구가 있다. Boys, be ambitious! 젊은이여, 야망을 가져라! 이제 그 말을 되받아도 되려나? 그렇게 말할 수 있을 것이다. 늙은이여, 당신도 미래를 가져라. 그러나 그것은 결코 공짜로 얻어지지 않는다. 노교사에게는 평화 대신 오늘 전쟁이 필요하다. 늙어간다는 것은 낡아가는 것의 대척점에 있다. 무례하지만 노인의 지혜란 나이가 차면 얻게 되는 기념품이 아니다. 그것은 선물이다. '이미'가 아닌 '아직'인 늙은이만이 갖게 되는, 그 '아직'이 남아 있을 때, 비로소 학교는 노교사를 위하리라.

젊은 날에 젊음을 잃다

장군

젊다는 것은 축복이다. 이 세상이 '소풍'이라 말하던 무욕의 시인조차 '젊음을 다오'[12]라고 노래할 만큼 젊음은 탐나는 시간이다. 인류의 오래된 소망, 불로의 꿈은 만인의 꿈! 젊다는 것은 환희이며 생명의 절정이다. 물론 오늘날 젊은이에게 젊음은 더 이상 혜택이 아니다. 그들에게 젊음은 일월의 태양처럼 무기력하다. 그 자체로 절망[13]의 다른 이름이다. 그들은 조마조마한 청년 대신 무르익은 장년을 꿈꾼다. 수많은 혹독한 젊음이 있다는 것을 왜 모르랴. 그럼에도 교사의 젊음은 특권이다. 더 이상 경제적으로 빈곤하지 않은 젊음, 더 이상 사회적으로 경시받지 않는 젊음! 때때로 젊은 교사가 제 직업을 못마땅해하는 순간에도 그는 부러움의 대상이다. 갖춘 젊음, 불안의 외형이 사라진 젊

---

12. 천상병, 시 「귀천」과 「젊음을 다오」를 말한다. 시 「젊음을 다오」는 이렇게 시작한다. "나는 올해 환갑을 지냈으니 / 젊음을 다오라고 / 부르짖지 않을 수 없다."
13. 자우림 5.5집에 실린 노래 「청춘예찬」의 일부 가사, "세상은 눈이 부시도록 넓고 환하고 / 젊은 나는 내 젊음을 절망하네 / 라라라~ / 일월의 태양처럼 무기력한 내 청춘이여."

음, 서두름과 서투름조차 허락되는 젊음, 이 안정과 평온은 젊은 교사를 어떻게 살도록 하는가?

젊은 교사는 모두에게 환대 받는다. 젊다는 이유로 학생과 동료 교사와 학부모의 헹가래를 받는다. 놀랍지 않은가. 존재 자체가 기쁨이 된다는 것은 경이로운 일이다. 학생에게 둘러싸인 젊은 교사를 목격하는 일은 어렵지 않다. 동료 교사 또한 젊은 교사의 전입을 바라기는 매한가지. 학부모에게도 젊은 교사는 행운 중의 행운이다. 학교 현장에서 젊은 교사를 환영하는 정경은 곰살궂어 보이기까지 한다. 그러나 그 환영歡迎이 환영幻影이라는 것은 오래지 않아 드러난다. 학생들은 얕잡게 대하고, 동료 교사는 무엇이든 떠넘기며, 학부모들은 쉽게 다루려 한다. 젊은 교사는 이제 그 자신이 아니라 젊음이 추앙받았음을 깨닫는다. 그 겉치레를 들추고 나면 현실이 닥친다. 젊은 교사의 위기. 그는 이를 어떻게 돌파하는가? 어떻게 회피하는가?

젊은 교사의 선택지란 한정적일 수밖에 없다. 어디나 그렇겠지만 학교에서도 젊음은 연륜의 무게 앞에 맥을 추지 못한다. 나이테는 자주 젊은 교사를 폭력적으로 휘감아 온다. 젊은 교사가 그것을 벗어나고자 할 때 그는 싸가지가 된다. 진짜 싸가지와 가짜 싸가지가 있겠지만 학교는 그것을 분별할 만큼 섬세한 공간이 아니다. 그냥 싸가지! 젊은 교사는 그 뭉치로서의 취급을 견딜 자신이 없을 때 양순한 양羊이 되어야 한다. 수秀로 살아왔을 젊은 교사는 그렇게 스스로 양良화한다. 그것을 이해 못 하는 바 아니다. 그러나 그것이 어찌 학교 문화만의 탓일까. 젊은 교사는 결백한가. 젊은 교사는 팔월의 태양이다. 그래야 한다. 그러나 나그네의 옷을 벗긴 승리에 취해 그는 바람을 위로하지 않는다. 바람의 가능성을 잊는다. 젊은 교사의 태양은 작열하지 않는다.

젊은 교사는 자뻑쟁이. 타자의 거울을 잃은 나르시시스트narcissist, 스스로를 위무하는 자기 성애자. 그는 탑Top이었다. 그 성을 자기 관리로 쌓아온 그이기에 자부심은 당연지사. 그는 제가 살아온 방식을 최선이라 믿는다. 그러한 그가 좇는 길은 필연적으로 대세의 길, 성공의 길, 그가 참조하는 선배는 그 길의 정상에 선 자! 그는 손쉽게 승진과 인정 욕망에 의탁한다. 그 대열에 합류하지 않는다 해도 크게 다를 건 없다. 그는 제 몸을 편히 누이는 데 집중한다. 이제 고난은 끝이고, 그에게 남은 건 제 삶을 위해 저를 다독이는 일, 내면으로의 익사, 그에게 학교는 I don't care. 이 두 부류의 젊은 교사, 그들의 공통점은 실패에 대한 두려움이다. 그들에게 실패는 패배였다. 그러나 어쩌랴. 오늘 학교에서 실패하지 않고, 고통받지 않고 가르치기란 무망한 일이다. 특히나 '교사들'이 아닌 '아이들'의 교사라면 더욱 그러하다. 고해성사가 젊은 교사만의 몫만은 아니겠지만, 더 늙기 전에 돌아보아야 한다. 참회는 스스로를 변호할 때 쓰는 것이 아니다. 늙기 전에, 늙은 자뻑은 추레하다.

젊은 교사는 범생이. 궤도를 벗어나지 않는 존재, 경주마의 눈가리개를 견디어온 이, 자기 경영의 화신으로 살아온 그에게 위반은 없다. 영리한 범생이로서 교사는 학교에 최적화한 존재다. 누구나 그를 좋아한다. 그러나 착한 똑똑이는 동원될 뿐이다. 헛똑똑이인 그는 시스템에 무력하다. 번민과 시련이라는 젊음의 권리는 범생이에게 낭비의 시간이다. 그는 흔들림 없는 직진을, 깨지지 않는 질서를 추앙한다. 그의 도덕은 제 자신의 능력 가치를 증명하는 데 주력한다. 그래서 그는 권리 대신 의무를 부과하기를 마다하지 않는다. 의무는 손쉽게 학생에게 전가된다. 그가 학교가 하라는 대로 하는 만큼, 학생은 그가 하라는 대로 해야 한다. 그는 불량하지 않기에 불량을 용인하지 않는다. 그는 불不-양良의 인간, 그는 여전히 수秀로 남고자 한다. 능력자인 그는 불능성도 이해하지 못한다. 그에게 못하는 학생은 안 하는 학생이다. 안 하는 학생을 범생이는 두고 볼 수 없다. 그는 안 하는 학교 대신 못하는 학생을 탓한다. 그때 범생이의 다른 이름, 찌질이가 섬뜩하게 고개를 든다.

젊은 교사는 애늙은이. 일찌감치 요행과 요령에 숙달한다. 패기는 권력을 겨냥하지 않고 총기는 권력으로 포획된다. 처세술에 능한 젊은 교사는 불온을 주저躊躇하기에 안온에 주저앉는다. 그는 영리怜悧하다. 영리營利 없이, 실적 없이 움직이지 않는다. 그는 사랑 대신 화해를, 우정 대신 제휴를 택한다. 모든 것을 다 안다고 착각하는 애늙은이는 속내로 냉소한다 해도, 긍정의 허울을 걸치는 것을 잊지 않는다. 그의 처신엔 빈틈이 없다. 그의 젊음은 방황하지 않는다. 그러나 절름거리지 않는 젊음이라니! 그의 젊음은 이미 세속에 절어 있다. 그의 사유思惟는 오직 사유화私有化로 작동한다. 그는 공공성을 모른다. 그는 수완 좋은 할멈처럼 노련하게 실속을 챙긴다. 과실果實이 없는 곳에 앉지 않고, 과실過失이 있을 만한 일에 서지 않는다. 젊은 교사는 영악하다. 그것은 포악한 학교에 대한 반동의 형상이지만 그것으로 면피할 수만은 없다.

젊음을 되찾은 파우스트에게 그 젊음은 타락이자 구원이었다. 그렇게 젊음은 양면적이다. 아직 젊은 교사는 취사할 수 있다. '그때는 맞고 지금은 틀린' 노회한 교사들을 벌써부터 뒤따를 필요는 없다. 그렇다면 지금조차 틀리게 될 것이다. 비록 틀리게 늙어가더라도 젊은 교사들이여. 지금은 아니다. 젊음은 유일하며 무이하다. 젊음의 미덕은 순응하지 않는 것이다. 젊음은 예외이어야 한다. 스스로가 아닌 타자를 위한 거절로서! 젊은 교사여, 관습을 모르는 바보가 되어라. 저항하는 천치天癡, 하늘을 부끄러워하는 천치天恥가 되어라. 조너선 코졸 Jonathan Kozol은 젊은 교사에게 충고한다. 교사의 책임은 필요한 순간이 왔을 때 직업윤리로 간주되는 것들을 기꺼이 버리는 것이라고, 수줍고 서투르더라도 정의를 위해 소리 내어 말하는 것이라고.[14] 젊은 교사, 젊은 날, 젊음을 모르지 않기를, 더 이상 젊음을 잃지 않기를. '멈추어라! 너는 정말로 아름답구나!'[15] 아름다운 청춘! 늙고 늙어 이제는 약아빠진 학교에게 그것은 구원과 희망의 언어다.

14. 조너선 코졸, 『젊은 교사에게 보내는 편지』, 2008, 문예출판사, 223쪽.
15. 괴테, 『파우스트』, 메피스토펠레스가 파우스트의 영혼을 가져가기 위해 파우스트에게 요구한 말, 메피스토펠레스는 자신의 승리를 예상하지만, 결국 그레트헨의 사랑이 파우스트의 영혼을 구한다.

가르치지 않는 교사

장군

교사는 가르치는 존재다. 가르침은 교사의 근거이자 숙명이다. 문자적인 의미에서 가르치지 않는 교사란 있을 수 없다. 오늘 유례없는 배움의 융성조차도 교사의 가르침을 전제로 한다. 그러니 가르치지 않는 교사가 된다는 것은 의구할 만한 일이다. 그것은 제 존재를 배반하자는 당혹스러운 요구이기 때문이다. 가르치지 않는 교사가 된다는 것은 태만한 교사가 되자는 것이 아니다. 방임하는 교사를 말하는 것 또한 아니다. 그러한 교사는 가르치지 않는 것이 아니라 가르치지 못하는 것, 가르치지 못하는 것이 불능과 무력이라면 가르치지 않는 것은 역량과 결단이다.

수가타 미트라Sugata Mitra의 '벽 속의 구멍Hole in the wall' 프로젝트를 떠올려보라. 랑시에르Jacques Ranciere의 자코토Joseph Jacotot 교수 사례도 좋다. 두 사례는 모두 불가능해 보이는 교육적 모험을 보여준다. 가르침이 있어야 배움이 있다는 인과성에 의문을 제기한다. 그들의 도발은 고전적 가르침을 전복하며 가르침에 대한 교사의 교조적 권력을 해체한다. 교사가 가르침을 걷어내자 교사에게 의지依支할 수 없는 학생들이 제 의지意志로 탐구하지 않는가. 견고한 가르침의 벽에 구멍을 내자 배움이 그 빈자리에 싹을 틔운 것이다. 교사에겐 투명 망토가 필요하다. 이것은 마법적 아이템이 아니다. 교사가 사라지고, 가르침을 숨겨 배움이 자생할 여건을 마련한 것뿐. 여기에 고고한, 이미 자명한 가르침은 없다.

오해를 피하자. 가르치지 않는 교사는 아무것도 '하지 않는' 무위無爲의 교사가 아니다. 바틀비Bartleby의 어법으로 말하자면, 그는 가르치지 않는 것을 선호하는 불위不爲의 교사다. 가르침에 대한 교사의 거절은 바틀비의 소극적 저항을 초월한다. 가르치지 않음을 천명하는 것은, 제 위상의 종언을 각오해야 하는 일이지 않은가. 가르치지 않는 교사를 인정하고 승인할 학교는 없다. 가르치지 않는 교사에게 돌아오는 것은 냉대와 조롱이다. 그럼에도 가르치지 않으려는 교사는 가르침의 허상을 밝히는 이다. 가르침에 가려진 권력과 명령의 껍데기를 벗겨내는 이다. 우리는 구별해야 한다. '안' 가르치는 무위와 가르치기만 하는 편의, 그것을 딛고 일어서는 '가르치지' 않는 불위를.

가르침은 교사가 전유할 수 있는 것이 아니다. 가르침을 독점하려는 교사는 위험하다. 교실에서 교사가 전지전능하려고 할 때, 외려 학생은 무지 무능해진다. 그 전제 정치에서 군주로서 교사는 평화를 향유할 수도 있다. 그러나 학생은 의탁할 뿐, 자유로운 주체의 학생은 소멸한다. 가르침이 교실을 뒤덮으면 학생은 사유의 말을 잃는다. 그 침묵을 평화라 부를 수 있을까? 지휘봉을 거두어야 한다. 다른 지평을 만나기 위해서는 등을 지는 용기가 필요하다. 그것은 가르친다는 교사의 몫을 의문에 부치는 사려 깊은 대범함, 해설을 중단하고, 정답을 거부하고, 판단을 유보하는 신중한 과감함이다.

해설의 중단. 해설은 대표적인 가르침이다. 가르침으로 가득한 수업들은 해설에 의존한다. 그 촘촘한 그물로 학생들을 얽어맨다. 그 그물코는 너무 배어 빠져나갈 수 없다. 숨죽인 채 벙긋거린 입들 속에서 교사는 언어를 소유한 절대자가 된다. 그는 일체의 '잡음', 이를테면 빈말과 질문과 오답을 소거한다. 그는 먼저 빈말을 독차지한다. 가르치기 위한 그의 빈말은 센스이나 학생의 빈말은 '헛소리'로 취급된다. 질문도 매한가지. 교사 필터를 통과하지 않은 질문은 승인되지 않는다. 오답은 당연히 골칫덩이. 그에게는 가르쳐주었는데도 모른다는 것이 이해되지 않는다. 해설의 패권에서 학생의 언어는 홀대될 수밖에 없다. 해설은 해설 이외의 것들을 그렇게 노이즈화한다.

정답의 거부. 가르치는 교사는 명료한 해법을 교사의 역할로 여긴다. 그는 세심하고 헌신적인 안내를 교사 본연의 책무로 여기는지 모른다. 그러나 즉각적인 교사의 정답은 학생의 사유를 앗아간다. 학생의 혼란이 안타깝다 해도 교사는 기다려야 한다. 정답을 외면하고 질문으로 응대해야 한다. 정답을 내놓는 대신, 내려놓아야 한다. 교사의 전문적 지식을 날것으로 발현할 필요는 없다. 교사가 아는 척을 하면 학생 또한 아는 척을 한다. 해답을 가진 완벽한 교사는 학생의 창발을 억누른다. 세밀한 축척이나 친절한 세팅은 사고의 안온함과 직결된다. 교사가 학생보다 도드라지지 않아도 괜찮다. 명징할 때보다 애매할 때 학생의 사유는 깊어진다.

판단의 유보. 교사는 최종심급이 될 수 없다. 그럼에도 교사는 끊임없이 판단하고 결정해야 한다. 물론 판단하는 사고 자체를 문제 삼을 수는 없다. 학교의 일상에서 교사의 전권으로 '즉결 처분'해야 하는 상황들은 언제나 넘너른하다. 그 고충을 모르는 바 아니다. 그럼에도 그 판단이 사고를 넘어 발화될 때, 그것은 암묵적 명령이자 강력한 집행의 근거가 된다. 교사의 판단을 거스를 수 있는 학생은 많지 않다. 그러기에 판단은 자주 설교가 되고 훈화가 된다. 떨떠름한 교화와 훈계로 남는다. 하임 기너트Haim G. Ginott가 간파했듯 교사의 판결을 내리는 주장은 아이의 학습을 방해한다. 판단을 유보하자는 것은 두 가지 의미다. 하나가 에포케epoche, 즉 현상학적인 의미에서 판단 중지라면, 하나는 판단의 위임이다. 판단을 다수의 학생에게로! 즉, 교사에겐 아스트라이아Astraea의 눈가림이 필수적이며, 그 저울의 무게 또한 교사 혼자 감당해야 할 이유가 없다.

맨스플레인mansplain이란 조어가 있다. Man+explain, 여성을 가르치려 드는 남자. 그런 의미에서 teachersplain이 있다. 가르치려 드는 교사. 줄곧 가르치는 교사를 부정했지만 그것은 의도적으로 과장된 구호이자 수사였다. 가르침의 긍정성을 어찌 모르겠는가? 사실 정확한 표적은 가르치려 '드는' 교사라 할 수 있다. 가르치려 든다는 것은 가르침의 과잉이자 강박이다. 가르침의 극단에서 눈을 부릅뜨고 있는 형상이다. 그래서 가르침은 충분히 배움으로 변환할 수 있지만, 가르치려 드는 것은 그 전환이 불가능하다. 그것은 도도한 도그마이다. 흔히 회자되는 교사병 중 하나가 바로 누구에게든 가르치려 든다는 것 아닌가?

가르치려 드는 대상이 학생만으로 한정되는 것도 아니다. 관리자는 교사에게, 선배 교사는 후배 교사에게, 권력을 쥔 모든 교사는 그 덫에 빠져들 수 있다. 혁신을 표방하는 학교 또한 예외가 아니다. 혁신적인 교사와 그렇지 않은 교사 사이의 갈등에 가르치려 드는 행위가 한 원인이 되고 있음은 분명하다. 때로 가르치려 드는 것은 멘토링, 컨설팅, 연수라는 선의의 형식 아래 장려되기도 한다. 그것이 완전히 무용하다고 말하려는 것이 아니다. 그 가르치려 드는 행위에 배우는 자의 의지가 곧잘 간과됨을 지적하는 것이다. 배우려 들지 않는 이에게 가르치려 드는 것은 폭력이 될 수도 있다. 물론 그 배우려 드는 의지를 어떻게 돋아나게 할 것인가는 현실적으로 중차대한 문제지만, 그 의지를 가르치려 드는 조급함으로 구현할 수는 없다.

　가르치려 든다는 것은 그 필요와 무관하게 결국 내비게이션 navigation 기계로 귀착되고 만다. 길을 찾아 주는 것도 중요하지만 그 길이 끊임없이 인도된다면, 배움의 다양한 경로를 말하는 것은 우스운 이야기가 될 것이다. 더구나 가르치려 드는 자에 의해 그 목적지마저 고정화된다면, navigator로서 배움의 항해를 떠나는 자의 경험은 제한적일 수밖에 없다. 그것은 대문자 N을 버리지 않는 Navigator로서 교사를 고집한다면 피할 수 없는 한계이다. 가르치려 드는 교사는 내일의 교사가 될 수 없음을 자각하자. 가르치려 드는 것은 배우려 드는 것의 뒷면이다. 앞면을 보고 싶다면 뒷면은 감추어야 한다. 그것은 통약 불가능하다. 그 둘을 동시에 만날 수 없음을, 그것이 신화임을 이제 인정해야 한다.

혁신학교에 적을 두기까지

장군

학교개혁을 열망하는 교사들을 먼발치에서 바라보던 적이 있다. 무관심까지는 아니었겠지만 관망이라 불러도 크게 다르진 않았다. '인식은 래디컬radical하게, 실천은 현실적으로', 그 인상적인 슬로건을 기억한다. 그러나 오랫동안 교사로서 지배적인 삶은 그 '래디컬'을 '시니컬cynical'로 뒤바꾼 것이었다. '인식은 시니컬하게, 실천은 현실적으로'. 물론 전제가 무너지면서 '현실적'이란 의미조차 가능성보다는 불가능성을 변명하는 용도로 사용하였다.

현실에 주눅 든, 지리멸렬한 날들이 계속되었다. 학교에 별다른 기대는 없었고, 교사는 그저 페르소나였다. 퇴근 이후에 벗어던진 가면은 늘 홀가분했다. 나쁜 선생은 아니었지만 좋은 교사 또한 아니었다. 아이들은 쉽게 잊혔고, 아이들도 쉽게 고개를 돌렸다. 스스로를 속물이라고 자조할 때쯤, 지금은 '다온'이라는 이름을 가진 교사학습공동체를 만났다. 부침이 없진 않았지만 그곳에서 냉소의 문턱을 넘을 수 있었다.

교사학습공동체는 자기 폐쇄적인 삶을 구원했지만 여전히 현실은 별개였다. 외부 중력과 내부 관성에 붙잡힌 학교의 블랙홀에서 빠져나올 재주도 용기도 없었다. 찍힌다는 두려움 때문은 아니었지만 불화로 인한 불편은 감당하기 싫었다. 화해 불가능한 가치들은 어쩔 수 없다고, 지레 포기했다. 속편한 상대주의를 고수하는 만큼 자괴감은 줄어들었다. 혼자만의 학급 왕국을 건설하기 시작했다. 자비로운 군주로 평온한 학급에 만족하며 몇 해를 보냈다.

덕분에 좋은 교사에는 가까워졌으나, 여전히 좋은 동료는 못 되었다. 학교에 넘치고 넘치는 착한 교사들의 하나일 뿐. 착함과 바름은 자주 등을 맞댔다. 그 사이에 우스운 학교를 만났고, 결국 우습게 살아봤다. 제법 견고하리라 믿었던 학급 왕국도 이내 볼품없어졌다. 변명이 불가한 삶이었고 되풀이할 수는 없었다. 착함과 바름 사이에 균형을 잡아야 한다는 경고음이 시시때때로 울렸다. 부당함과 불편함 사이에서 여전히 혼란스러웠다.

우여곡절 끝에 고만고만한 생활로 회귀했다. 다시 아이들과 빛나는 순간을 만드는 것이 즐거워질 때쯤, 경기도에서는 진보 교육감 시대가 열렸다. 혁신학교라는 이름이 들려오기 시작했다. 어쩐지 거울상처럼 가까우면서도 멀고, 낯설면서도 익숙하다는 느낌이 들었다. 건너편의 약진을 부러워하며 수업과 교사학습공동체에 시간을 아끼지 않았다. 그리고 설마설마하던 진보 교육감이 충남에서도 당선되었다.

다른 것은 제쳐두고 더 나빠지지는 않을 거라는 안심이 들었다. 그것만으로도 다행이다 싶었다. 여기저기서 혁신학교에 관한 논의들이 들려왔다. 조심스레 그 줄에 들어섰지만, 한 일 없이 숟가락을 얻는 느낌이라 매번 쭈뼛거린다는 기분은 어쩔 수 없었다. 그럼에도 약간의 이 들뜸이 싫지는 않았다. 서로에게 감염되는 날들이 많아졌다. 비로소 학교를, 스스로를 바꿀 수도 있다는 희망이 움텄다.

때마침 선택의 순간에 와 있었다. 학교를 옮겨야 하는 지점에서 혁신학교를 고려의 대상에 넣고 빼기를 반복했다. 딜레마라면 딜레마였다. 때로는 열정 부족이라는 점에서 '해야 할 일'이지만, '하고 싶은 일'이 아닌 것처럼 다가왔다. 어느 때는 깜냥 부족이라는 점에서 '하고 싶은 일'이지만 '해야 할 일'은 아닌 것처럼 멀어지기도 했다. 스스로도 종잡을 수가 없었다. 혼자일 수도 있다는 게 겁이 났다.

그때, 존경하던 이들이 함께한다는 소식을 들었다. 망설임은 멈췄고, 함께 혁신학교로 옮기기로 마음을 다졌다. 판단은 그르지 않았다. 일 년간의 혁신학교 생활을 어떻게 정리할 수 있을까? 그것은 언어 밖에 있다. 좋은 삶은 좋은 사람과 같아서 좀처럼 입 밖에 내기 어렵다. 교사 생활 중 가장 빛나는 날들이 연이어졌다. 게다가 둘러보면 그 빛이 곳곳에서 발현하고 있다는 점에서 이 성취는 더욱 값진 것이었다.

물론 고되지 않았다면 거짓말이다. 숨겨진 실랑이도 있었다. 웃자랐거나 허울만 근사한 부분이 없는 것도 아니다. 그러나 그 분주함에 소모되지 않았고, 그 다툼에 상처 받지 않았다. 겉껍질에 만족하기보다 여전히 내실을 다져가는 것이 필요하다는 것도 안다. 진행되는 삶이라 단언하긴 어렵지만, 그럼에도 지나온 일 년보다 다가올 날들이 더 향기로우리라 예상한다. 서로에게 기대기에, 기댈 수 있기에 내일이 더 나아질 거라는 믿음이 있다.

개인은 소통과 협력을 통해 공동성을 향해 나아간다. 개별자로서 인간이 이룰 수 있는 것은 많지 않다. 학교를 바꾸어내는 것은 한 영웅의 몫이 아니다. 닫힌 침묵과 쿨함을 가장한 외면으로 이룰 수 있는 것은 많지 않다. 작은 개인은 우정과 연대를 통해 새로운 삶을 창안해낸다. 물론 그 우정과 연대 속에서도 흥함이 있고, 휘청거림이 있고, 주저앉음도 있을 거라는 것을 모르지 않는다. 그럼에도 그것을 함께 이겨낼 수 있는 친구가 있기에 걱정할 일은 아닐 것이다.

진짜 걱정은 '그들만의 리그'로 남는 일이다. 이 빛이 한때, 한곳으로 그친다면 학교의 삶이란 얼마나 허망한 것일까? 오랫동안 학교의 처참함을 겪어오며, 과연 학교가 변할 수 있을지 회의한 적이 한두 번이 아니다. 사실 학교의 변화를 꿈꾸는 것을 몽상이라고 여긴 적도 있다. 그 백일몽을 실현하기 위해 애쓰던 이들을 가까이하면서도 망상이라고 우습게 여기기도 했다. 아니 역으로 현실에 붙잡혀 의미가 상실됐다고 고개를 가로젓던 적도 있다. 그것이 오만이었음을 이제야 깨닫는다.

아마도 그 몽상의 과정을 주의 깊게 살폈더라면, 그리 함부로 말하진 못했을 것이다. 판단과 심판은 실행과 행동 앞에 겸손해야 한다. 오늘 혁신학교는 학교 변화의 최전선에 있다. 그 노고를 치하해달라는 것이 아니라 그 도전을 지켜보아야 할 필요가 있다는 뜻이다. 혁신학교는 구성적인 개념이다. 그것은 명료하게 정의할 수 없는 오직 실행으로서만 정립되는 개념으로, 고정된 모델이 있는 것이 아니라 학교마다 역동적으로 생성되어야 할 개념이다. 그러므로 혁신학교는 외떨어진 섬으로 남거나 별종으로 취급되어서는 안 된다.

혁신학교는 각종 정책 학교나 시범학교와 달라야 한다. 혁신학교는 이벤트로 과장되지 않고, 일회성으로 소멸하지 말아야 한다. 지속적인 변화와 발전을 추구해야 한다. 그런 면에서 혁신학교의 동력은 교직원의 자발성이다. 일방적 과제로 주어지는 교육 개혁과 정책은 어떤 변화도 이끌어내지 못한다. 지시와 명령은 교사를 수동적으로, 방어적으로 만들 뿐이다. 혁신학교의 중심적인 주체로서 자발성과 민주성은 가장 중요한 기초가 되어야 한다. 이는 개인과 공동체의 조화를 의미하며 그 바탕 위에서 다름을 존중하면서도 공동의 리듬을 형성하기 위한 노력을 서로 아끼지 말아야 할 것이다.

최악의 조건에서 분투하는 이들에게 면목이 없을 만큼 좋은 학교에 근무하고 있다. 여러모로 부담도 되지만 경쾌하게 돌파할 것이라 생각한다. 이곳에서 만난 친구들에게도 여러모로 빚을 졌다. 물론 그것은 자본주의적 교환이 아니기에 그들에게 갚아야 할 빚은 아니다. 그러나 대신 이 빚을, 선물을 누군가에게, 어딘가에 돌려주어야만 한다. 그 선물의 연쇄가 우리에겐 필요하다. 물론 갚고 주는 만큼의 이상을 또다시 빚지고 받겠지만, 탕감의 무게로 짓눌리지 않는 이 채무가 오늘도 서로를 격려하리라.

교육의 질은 교사의 수준을 넘어설 수 없는 것일까

윤양수

"교육의 질은 교사의 질을 넘어서지 못한다." 수업 협의회를 마칠 즈음이면 단골로 등장하는 표현이다. 교육에 관한 자료나 서적에서, 각종 연수나 보고회에서, 지금은 많이 달라지긴 했지만 교육을 화제로 한 술자리에서 오랫동안 단골로 호출되어온 이 언표는 과연 '걸작'으로 꼽을 만하다. 한술 더 떠서 "교육의 질은 교사의 질을 넘어설 수 없고, 교사의 질은 교사의 열정을 넘어설 수 없다"라고 말하는 이도 있다. 그 밖에도 변주들은 많다.

원래 이 말은 "As is the teacher, so is the school"이란 표현에서 나온 것이다. 19세기 프랑스의 철학자이자 교육 개혁가였던 쿠쟁(Victor Cousin, 1792~1867)이나 '미국 공립학교의 아버지'라 불리는 만(Horace Mann, 1796~1859)과 같은 유명 인사들이 사용한 이래 오늘날까지도 자주 쓰고 있다. '교사가 존재하는 만큼 학교가 존재한다'고 번역할 수 있겠으나 '교육의 질은 교사의 질을 넘지 못한다'는 뜻으로 쓰인다. 좀 더 강조하면 '교육은 절대적으로 교사의 자질에 달려 있다'는 뜻이 된다.

이 말을 듣고, 교사들은 유능한 교사로 성장하기 위한 성찰과 각성의 계기로 삼을 수도 있을 것이다. 그러나 주변 동료 교사들의 얘기를 들어보면 사정은 전혀 다르다. 이런 언표들을 대면할 때마다 저항할 수 없는 무언가가 짓누르는 듯한 느낌을 지울 수 없었다고 말한다. 모토로 삼아야 할 당연한 말인 듯하면서도 가슴을 옥죄는 듯한 느낌을 피할 수 없었고, 그것을 넘어 까닭 없이 빠져들게 되는 자괴감과 열패감의 루프를 벗어나기 힘들었다고 비애를 토로한다.

'교육의 질은 교사의 질을 넘어설 수 없다.' 정말 그럴까? 근거가 분명하지 않은 이 속설은 대체 어디서 기원한 것일까? 또 아무런 저항이나 성찰도 없이 유통되고 재생되는 까닭은 무엇일까? 이런 질문은 대개 그 기원이나 맥락을 밝혀보는 것만으로는 별 소득 없이 끝나버릴 공산이 크다. 누가 말했는가는 그리 중요하지도 않다. 그보다는 자명한 것으로 당연시해온 이 속설을 근본적으로 의심해보고, 다른 것으로 대체할 수 있는지 따져보는 것이 더 흥미로울 것이다.

교사와 교육의 질 사이의 상관성을 부정할 뜻은 없다. 교육에서 교사가 차지하는 비중을 모르는 바도 아니다. 그와는 다른 맥락에서 이런 언표들이 내뿜고 있는 명령어와 메시지를 한 번쯤 짚어볼 필요가 있다는 것이다. "교육의 질은 교사의 질을 넘지 못한다"라고 말할 때 그것은 단순히 '교사의 역할이 중요하다'는 사실을 표현하고 있는 것이 아니다. 그것은 오히려 부차적인 측면에 불과할 뿐이다. 그보다는 '게으름 피우지 마라. 책임감을 가지고 헌신하라'는 명령어를 함축하고 있다고 보는 게 정확할 것이다.

또한 교사의 자질에 관한 언표들은 교육의 질에 영향을 미치는 다른 요인들을 은폐하거나 배제하며, 사람들로 하여금 아예 다른 측면들을 사고하지 못하도록 차단하는 효과를 낸다. 다시 말해서 교육의 질을 결정하는 요인들은 매우 다양한데도 마치 교사의 자질이 절대적인 요인인 것처럼 특별히 부각되는 것이다. 이로써 교사를 억압하는 가운데 메시지의 명령과 요구를 강박적으로 수행하게 만드는 이데올로기가 만들어지는 것이다. 이러한 언표들은 일상적으로 무의식에 새겨지는 것들이기에 '왜'라는 질문은 '이미-항상' 봉쇄되어 있고, 그 강박에 사로잡히게 되면 불편하다는 생각조차 잊고 메시지의 명령과 요구를 강박적으로 수행하게 된다. 교육의 질을 어떻게 교사 요인 하나로 규정하거나 환원할 수 있을까? 교사가 교육에 중요한 영향을 끼치는 건 사실이지만 교육의 문제가 거기서 끝나는 것은 아니며 교사가 결정적인 요인도 아니다. 교사의 자질을 문제 삼더라도 교원 양성, 연수, 승진, 후생, 복지 등의 교원 정책과 분리해서 말할 수 없는 문제일 뿐더러 일방적인 추궁의 대상으로 몰아붙일 일도 아니다. 그런데도 이런 언표들은 그런 사정과 무관하게 교사를 겨냥하고 있으며 교사의 자질에 시선을 묶어둔다.

그리고 그러한 언표들을 생산하고 유포하는 주체들은 손 안 대고 코를 푼다. 교육의 질이 나아지지 않는 원인, 실패의 원인은 교사 탓으로 돌려지고 그들은 사회적 불만과 추궁의 부담으로부터 비켜나 앉는 것이다. 그 책임은 다만 교사에게 부과될 뿐이다. 시행 당시 이슈가 되었던 교원 평가 문제도 정확히 그런 논리에 바탕하고 있다. 그러나 입시제도, 선발과 경쟁 위주의 교육, 학벌사회 등의 근원적인 문제를 생각해보면 교사 '자질론'을 얘기하는 것이 무슨 의미가 있겠는가.

교육 당국은 항상 혁신을 얘기해왔다. 그러나 학교에 혁신의 주체는 없었다. 정권이 바뀌고, 일하는 사람이 바뀔 때마다 교사들은 다만 과제와 의무를 떠안거나 개혁의 대상으로 취급되었을 뿐이다. 그 속에서 교사는, 학생은, 학부모는 단 한 번이라도 참여와 발언, 결정과 실행의 주체였던 적이 있었던가? 교사들은 학교와 교직 사회의 지배적인 습속과 제도에 의해 길들여진, 순응하는, 적응된 신체, 그래서 새롭게 바꾸고 싶은 욕망도 그럴 수 있는 능력도 제거당한 신체라고 말한다면 지나친 비약일까.

물론 그런 상황에서도 남한산초등학교(경기도 광주)와 거산초등학교(충남 아산)를 비롯한 몇몇 '작은 학교'의 교사들이 이루어낸 성과는 주목할 만하다. 이들은 작은 학교 혁신의 '1번지'로, 해마다 수많은 이들이 다녀간다. 그로부터 형성된 자발적인 운동이 혁신학교 운동으로 이어졌고, 지금은 양적으로 크게 확산된 상황이다. 그러나 혁신학교와 일반 학교 사이에는 접촉면을 찾아보기가 어렵다. 때문에 일반 학교 교사들은 변화를 실감하기 어렵다고 한다.

또한 '구상과 실행'이 분리되어가는 양상도 발견된다. 즉, 설계, 기획 등 '구상'의 기능이 교육 당국에 집중되어간다는 것이다. 당연한 귀결로 학교는 다시 '실행'의 자리로 되돌아가게 되는 것이다. 실제로 일부 혁신학교는 '실행'의 기능에 머무는 사례도 있다. 이와 같은 분리는 혁신의 흐름에 합류한 교사 대중들에게 다시 기능적인 위치를 할당한다는 점에서 경계할 필요가 있다. 획일성과 권위, 성과와 실적에 집착하는 관 주도의 개혁이 단 한 번이라도 성공한 적이 있었던가?

물론 아직은 이들의 시도를 판단할 수 있을 만큼 충분한 시간적 거리가 확보된 것은 아니다. 그러나 공교육 안에서 새로운 대안을 찾기 위한 이들의 노력은 학교 혁신에 관한 그들 나름의 담론을 가지고 연대와 실천을 촉발하고 있다는 점에서 매우 고무적이다. 그와 같은 '외부'가 여기저기서 만들어지고 범람한다면 학교의 모습도 바뀌어가지 않을까.

이제 "교육의 질은 교사의 수준을 넘어설 수 없다"라는 언표는 바꿀 필요가 있다. 물론 '학교 교육은 교장의 수준을 넘어설 수 없다'거나 '학교 교육은 교육 당국의 수준을 넘어설 수 없다'는 식의 역논리는 생산적인 논법이 될 수 없을 것이다. 그보다는 '교육은 학교와 교육과정을 운영하는 방식에 따라 달라질 수 있으며 학교 교육의 질은 거기에 기인한다'고 말해야 하지 않을까? 교사들이 그렇게 말할 수 있을 때 학교 교육을 바꿔가는 혁신 주체로서의 가능성을 얘기할 수 있을 것이다.

다시 말하면 부당한 언표들의 속박으로부터 벗어나는 것 자체만으로는 무의미하다는 얘기다. 그것은 동종의 또 다른 언표들에 의해 포획될 수 있기 때문이다. 그것을 넘어서기 위해서는 교사들이 교육을 바꿔가는 실질적인 혁신의 주체가 될 수 있어야 한다. 그럴 수 있을 때 존재론적 차이가 좀 더 분명해지는 것이다. 그리고 그러기 위한 하나의 효과적인 전략으로 학교를 단위로 하는 혁신을 구상하고 실행해볼 수 있다.

따로 논할 주제이긴 하나 간단히 말하자면 학교를 단위로 하는 혁신이란 자신이 근무하는 학교의 낡고 익숙한 문화와 배치를 바꾸는 것이다. 그것은 대항과 변혁, 변환과 창조를 통해 제도 안에서 제도교육의 '외부'를 만들어가는 것과 동일한 외연을 갖는다. 학교 교육의 지배적 습속으로부터 벗어나 새로운 가치, 새로운 방식, 새로운 문화를 창안해가며, 기존의 배치를 새롭게 변환하는 것이다. 그로써 남한산초등학교나 거산초등학교와 같은 또 다른 '외부'를 만들어보는 것이다.

  구상과 고민을 같이하는 사람들이 모여 학교 혁신에 관한 담론과 실천을 높여가는 것이다. 학교 교육의 이상과 목표, 그것을 추구하는 주체의 배치와 소통의 방식, 학교와 교육과정의 운영 등 다양한 층위에서 학교를 새롭게 기획해보는 것이다. 이를 통해 단위 학교에서부터 혁신을 위한 실천의 체제를 구성해가는 것이다. 그렇게 할 때 학교 혁신은 언젠가 다가올 미래가 아니라 '지금-이곳'에 구성하고 실행할 수 있는 현재적 실천의 문제가 되는 것이며 비로소 억압의 언표들로부터 벗어날 수 있을 것이다.

주연에서 조연으로

윤양수

"야야야 내 나이가 어때서~" KBS 〈전국노래자랑〉 MC 송해 선생이 노래한다. 흰 바지에 다홍색 재킷, 오렌지색 중절모가 멋스럽다. 사랑에 관한 노래인데, '나이'라는 말이 혹 들어온다. 이 느낌은 무얼까? 사람들은 '내 나이'를 절정기라고 한다. 하긴 달려온 시간을 돌아보며 상념에 젖기에는 아직 이른 나이긴 하다. 그럼에도 자꾸만 위축되는 느낌을 떨쳐낼 수가 없다. 이루어놓은 것도 없고, 은퇴를 생각하자니 가진 것도 없다. 앞뒤가 막힌 느낌이랄까? 이리저리 궁리도 해보고, 아는 이들에게 자문을 구해도 가슴을 옥죄는 말로 되돌아온다. "애들 클 때까지는 해야지. 어쩌겠어." 현실을 누가 모를까.

사는 게 단조롭고 지루하다. 블라디미르와 에스트라공이 '고도'를 기다리는 시간도 그랬을까? '내 나이'를 견뎌내기가 쉽지 않다. "세월아 비켜라." 새롭게 도전할 호기도 생기지 않는다. 공동의 성장을 도모하고, '더 나은 세상'을 함께 만들어갈 동료를 만나기도 쉽지 않다. 잠깐의 대화도 겉돌거나 공허하지 않은가? 대화를 나눌 수 있는 콘텐츠가 빈곤한 것이다. 사는 모습이 다 거기서 거기니까. 차라리 귀와 입을 닫는다. '내 나이'는 그렇게 있어도 보이지 않는 존재가 되어간다. 어쩌면 의식적으로 관계를 거부하는 것인지도 모르겠다. 듣는다고, 말한다고 해서 관계가 개선되는 것도 아니니까. 그러기에는 피곤하니까.

부대끼며 살다 보니 말길이 어긋나고, '신뢰'와 같은 정서적 자원이 고갈되어버린다. 선배나 동료를 만나지 못한 것처럼 어느 누구에게도 선배나 동료가 되어주지 못한다. 드라마에 나오는 인물처럼 '이미 상처투성이'이다. 경험과 지혜는 쓸모없는 권위로 취급받고, '내 나이'의 자아는 점점 왜소해진다. 그리고 어느 순간 초라한 '내 나이'를, 자폐적인 '자아'를 발견하게 된다. 권위는 관계 개선에 득이 되기는커녕 자칫 반감을 살 수 있다. 이 같은 권위의 추락은 우리 사회의 일반적인 현상이다. '내 나이'는 그렇게 주연에서 조연으로 밀려난다. 때문에 고독하고 우울해지는 것이다.

밀려오는 회한은 '내 나이'가 돼서야 얻을 수 있는 깨달음으로 받아들여야 할까? 아직도 오만을 버리지 못한 탓일까, 가까이 있는 사람의 소중함을 모르는 것일까? '내 나이'를 견뎌낼 수 있을까? 때 아닌 '사춘기'가 다시 찾아온 것 같다. 그렇다. 송이째 낙화하는 동백꽃을 보고도, 물비늘 반짝이는 강물을 보고도 그냥 지나치지 못하는 게 '내 나이'다. 물론 치기 어린 젊은 날에도 그랬다. 그때는 다듬어지지 않은 시 같은 시간이었다. '내 나이'는 그때와는 다른 느낌이다. 생각이 많아지고, 빈 가슴이 채워지지 않는다. 사회의 주 무대에서 물러나야 하기 때문일까? 마치 자기 시대와 대결하는 철학자의 시간 같다.

관계와 소통이 없는 시간이 '내 편'일 리는 없다. 자폐적인 '상처의 감수성'과 무기력은 '내 나이'를 더 우울하게 만든다. 과거의 경험과 공적을 내세우며 오늘의 현실을 개탄하는 '꼰대'의 감수성도 추레한 모습이다. 사실 '내 나이'의 우울과 고독에 대단한 실존적 의미가 있는 것은 아니다. 그것은 어쩌면 접속과 소통 능력의 부재를 의미하는 것인지도 모른다. 앞서간 이들도 대중들의 무관심과 이해할 수 없는 배반에 절망하며 치를 떨었다. 그럼에도 새로운 도전과 변화는 그 심연abyss 위에 구축되는 것이다. '관계'의 바깥에서는 불가능하니까. 그 안에서 소통하고 행동하는 법을 배울 수밖에.

'내 나이'에 불안과 두려움을 느끼는 것은 당연한 일인지도 모른다. 경쟁 시스템의 강화로 배제와 낙오의 불안을 부추기는 사회니까. 사소한 일에도 열 받고, 상처도 쉽게 받는다. 가까운 이들을 물어뜯고, 등을 돌리는 일도 다반사다. 진짜 '가해자'는 저 멀리 보이지 않는 곳에 있다는 사실을 모르는 것도 아닌데. '내 나이'는 능력의 쇠퇴도 피할 수 없다. 게다가 배터리도 쉽게 방전된다. 계획적으로 진부해진 상품 같다고 할까. 때문에 사회적 관계 속에서 지위와 역할이 변하게 된다. 주연에서 조연으로! 그럼에도 "아침에는 사냥하고, 저녁에는 소를 치며" 낚시도 하고, 공동의 성찰과 성장을 도모할 수 있을까?

그렇다고 무기력과 타성에 젖은 삶의 방식이 '내 나이'를 구원해 줄 리는 없다. '내 나이'의 현실과 비전의 부재에 대한 이중의 혐오를 가중시킬 뿐이다. 신학자 라인홀드 니부어(Karl Paul Reinhold Niebuhr, 1892~1971)는 이렇게 기도한다. "하느님, 바꿀 수 없는 것들을 받아들일 수 있는 평온을 주시고, 바꿀 수 있는 것들을 변화시킬 수 있는 용기를 주시옵소서. 그리고 이 둘을 분별할 수 있는 지혜를 주시옵소서." 평온과 용기, 그리고 분별의 지혜! '내 나이'의 닫힌 가슴을 두드린다. 시 같다. 차분한 사유와 고결한 의지가 '내 나이'를 돌아보게 한다. 때문에 많은 이들이 '평온의 기도'를 아로새기는 것일까?

부끄럽지 않게 나이 들어갈 수 있을까? 안 되는 것들을 받아들이는 지혜가 필요할 것이다. 어디 마음먹은 대로 되는 일이 있던가. 바꿀 수 없는 것도, '조연'의 현실도 인정하고 받아들일 수 있어야 한다. 버리고 행복하라! 그렇게 욕심을 내려놓을 수 있어야 고통과 번민을 줄일 수 있다. 물론 비애와 고독의 시간을 충분히 가져야 할 것이다. 그런 감정을 굳이 감출 필요도 없다. 그리고 '자기'를 내려놓는 것이다. 그럴 수 있을 때 다른 것도 볼 수 있으니까. 과거의 빛나는 무대와 '주연'을 고집하는 '꼰대리즘'은 외면당할 수밖에 없다. 관계와 소통을 단념하는 '상처의 감수성'도 넘어서야 한다.

용기도 회복할 필요가 있다. 저절로 이루어지는 것은 없으니까. 간절히 기도해도 일은 어긋나기 일쑤고, 뜻하지 않게 행운이 찾아오기도 하는 법이다. 삶이란 그렇게 필연보다 우연으로 가득한 드라마가 아니던가. 김찬호는 경쟁 사회를 살아가는 젊은이들에게 이렇게 말한다. "존재에의 용기the courage to be를 회복해야 한다. 일상을 기쁨의 에너지로 채우면서 인생의 항로를 담대하게 모색하는 열정이 필요하다"[16]라고. '내 나이'에도 새겨둘 말이다. '내 나이'의 위기란 무기력과 타성에서 비롯된 허상에 불과한 것인지도 모른다. 다시 일어설 용기를 회복할 때, 불안과 두려움을 밀어낼 수 있지 않을까?

---

16. 김찬호, 「배움은 삶을 창조하는가」, 『비평 15호』, 2007, 생각의 나무, 95쪽.

"세월아 비켜라." 자유롭게 상상하며 새로운 삶을 기획하고, 과감하게 실행하는 것이다. 배우고 나누기 좋은 나이다. 세월에 위축되어 스스로 한계를 설정할 필요는 없다. 내세울 것 없는 '내 나이'도 누군가에게는 도움이 될 수 있을 것이다. 이웃에도 기여하며 살아야 하지 않을까. 무대는 초라해도 괜찮다. 중요한 것은 '내 나이'를 유쾌하게 채울 수 있는 기획이다. 다양한 욕망들이 갈등하면서도 함께 춤출 수 있는 곳이면 족하다. 구원의 시간을 기다리기보다는 '지금-여기'서 동료들과 함께 손잡고 춤을 추는 것이다. 그럴 수 있을 때, 단조롭고 지루한 이 시간을 내 편으로 만들 수 있을 것이다.

3부

수업을
배우다

여우와 두루미가 함께 먹는 수업

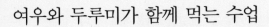

조경삼

여우가 두루미를 식사 초대를 했는데 접시에 음식을 담아 내어
놓는다. 두루미는 주둥이가 길어서 제대로 먹질 못했다. 여우는 혀로
핥으면서 잘도 먹었다. 두루미가 속으로 무슨 생각을 했을까? 그렇
게 두루미는 자기 집으로 돌아온 후 여우를 답례 차 식사 초대를 했
다. 이번엔 두루미식 식사 방법, 긴 호리병에 음식을 담아서 여우에
게 준다. 여우가 먹었을까? 두루미는 맛있게 식사를 했다.

우리가 잘 알고 있는 이솝우화 '여우와 두루미'의 줄거리다. 이 이야
기는 '배려'를 이야기할 때 자주 인용되는 우화이다. 하지만 이 글에서
는 학교 이야기 그중에서도 '학습 소외'와 관련지어 생각해보려 한다.
학교에서는 어떤 그릇에 음식을 담아 내어놓을까? 접시도 호리병
도 극단이니까 중간쯤 되는 우동 그릇을 선택한다. 그러고는 여우나
두루미나 다른 동물이 호리병이나 접시처럼 잘은 먹지 못하더라도 조
금은 먹을 거라 생각한다. 먹지 못하고 처지는 동물들을 배려한다면

서 음식을 잘게 쪼개 내어놓는 친절을 베풀기도 한다. 물론 그릇은 그대로.

가드너의 다중지능이론, 애니어그램, MBTI 성격 유형을 굳이 빌리지 않더라도 우동 그릇 하나가 얼마나 무책임한지는 학습 소외로 충분히 설명될 수 있다. 학습 소외는 "학교 집단이라는 사회적 상황 속에서 학교 학습 내용과 지식 및 학습 과정으로부터 유리되는 것"[17]을 말한다. 당연히 이러한 소외 경험은 학습 상황뿐 아니라 학교생활 전반에 지대한 영향을 미치게 된다. 학습 소외는 크게 보면 대입 시스템이나 학교 교육과정 등 구조적인 요인에서 비롯하지만, 작게는 교사를 통하여 일어나기도 하고, 수업 방법 혹은 평가 방법 때문에 일어나기도 한다. 교사, 수업 방법, 평가 방법으로 인해 야기되는 학습 소외는 잘 발견되지 않기 때문에 교실 밖에서는 알기 힘들고, 따라서 해결책을 제시하기도 어렵다.[18]

학습 소외는 학습 결손으로, 학습 결손은 학습 부진, 공부 포기로 이어진다. 김현수(2013)는 "공부상처가 무서운 것은 학교 공부만 포기하는 게 아니라 배움 자체에 대한 본능을 버린다는 데 있다"[19]고 한다. 여기서 배움 자체의 본능을 버린다는 것은 남이 나를 가르친다는 사실 자체가 싫어져, 결국 배우는 행위 전체를 거부하는 방향으로 나아간다는 것을 의미한다. 지금은 고2가 되는 아이들을 6학년 때 맡았던 적이 있다. 학기 중간에 한 사내 녀석이 전학 왔는데 게임 말고는

---

17. 서울대 교육학 연구회, 『교육이론』, 1988, 서울대 사회교육학과, 41~46쪽.
18. 함영기, 『교육사유』, 2014, 바로세움, 194~195쪽.
19. 김현수, 『공부상처』, 2013, 에듀니티, 25쪽.

아무런 의욕이 없는 녀석이었다. 일단은 지켜보면서 하나하나 밑밥을 던져봤지만 까딱 않는 강적이었다. 그러다가 10월이 되고, 계절 체험학습 주간이 되었다. 6학년은 영화 제작을 주제로 앞서 만든 시나리오로 촬영 및 편집을 하는데 꿈쩍 않던 녀석이 관심을 보이기 시작했다. 너무 신기해서 사진을 찍어놓기도 했다. 바로 촬영 카메라에 흥미를 보였던 것이다. 그 이후 계절 체험학습 동안 그 녀석은 촬영하는 카메라 주변을 맴돌며 시간을 보냈다. 물론 크게 달라진 것은 없었고, 들리는 이야기로는 중학교에 가서도 비슷했다 하지만 그때 그 영화 체험학습이 녀석에게는 살짝 눈길이 가는 그릇이나 음식은 아니었을지.

그 녀석의 눈에 잡혔던 '촬영 카메라'처럼 흥밋거리를 찾거나, 교사의 눈에 포착되어 운동이나 적성에 맞는 다른 일을 찾는 기회를 갖게 되는 일부 아이들을 제외하고, 이 아이들은 실패와 절망을 반복하다 학교 문을 나선다. 빠르고 정확하게 암기를 잘하는 아이들에게나 유리한 정답 찾기 교육은 그 외의 다양한 능력을 보이는 아이들로부터 배우는 기쁨을 앗아가고 있다. 심지어 교육과정에서 그렇게 중시하는 창의성이 높은 학생들마저 사지선다 정답 앞에 무능한 아이가 되고 만다. 마치 호리병에 든 음식을 먹지 못하는 여우처럼. 모든 아이들이 배우는 기쁨을 맛보기 위해서는 수업과 평가의 방법을 다양화해야 하고 "수업 및 평가의 방법을 다양화할 때는 학습 소외를 극복하기 위한 차원에서 사고"[20]되어야 한다.

먼저, 수업 방법의 다양화 면에서는 프로젝트 학습을 고려할 만하

---

20. 함영기, 앞의 책, 196쪽.

다. 학생들이 학습할 가치가 있는 특정 주제에 대하여 서로 협력하면서 심층적으로 연구하는 목적 지향적 수업 활동 속에서 먼저 대인 관계 지능이 높은 학생이 주도할 수 있겠으나 내용에 따라 언어 지능, 논리-수학 지능, 공간 지능, 신체-운동 지능, 음악 지능, 자연 탐구 지능이 높은 학생과 함께 과제를 수행하고 자기 이해 지능이 높은 학생은 성찰을 주도할 수 있으니 교사 주도의 강의식 수업보다 좀 더 많은 학생들의 참여를 가능하게 하기 때문이다.

수업 내용의 다양화도 필요하다. 몸으로 학습하는 아이들을 위한 체험학습, 자연 탐구를 즐기는 아이들을 위한 생태 학습, 다양한 예술을 직간접으로 경험할 수 있는 예술 수업, 즐겨 읽고 쓸 수 있도록 이끄는 독서 글쓰기 수업, 논리-수학 지능을 계발하기 위한 학습 등 다양한 식재료를 준비해야 한다. 물론 그 식재료들은 프로젝트 학습을 통해 아이들이 요리하게 될 것이다.

가장 더딘 것은 평가 부분이다. 물론 노력이 없었던 것은 아니다. 일제식 지필 평가를 대체하려는 수행평가, 포트폴리오 등 다양한 평가 방법이 시도되었고, 학력관에 대한 논의도 이루어지고 있지만 '입시'라는 괴물 앞에서 맥을 못 추는 실정이다. 또한 해보지 않은 것에 대한 생소함과 교사의 부담 과중이라는 어려움 속에서 절충점을 찾아가고는 있지만 그 역시 어디에나 통하는 방법을 찾기보다는 다양한 방법들이 모색되어야 할 것이다.

이러한 노력들은 많은 혁신학교들에서 이루어지고 있기에 이미 진부해진 이야기일 수도 있다. 하지만 많은 일반 학교에서는 여전히 변화의 움직임이 더디다는 데 문제가 있다. 다양한 그릇에 다양한 식재료를 준비하려 하지 않고 그저 하던 대로 쓰던 우동 그릇에 '입시 준비'라는 먹던 요리를 내어놓고 먹을 놈만 먹으라는 식의 무책임한 교육을 해도 크게 문제 되지 않는다. 준비하는 이의 문제가 아니라 못먹는 여우와 두루미의 책임으로 넘기면서, 설령 책임을 따진다 해도 그릇을 잘못 만든 공장이 아니라 내어놓는 교사의 책무성만을 따지고 있다. 여우와 두루미가 자기 식성에 맞는 요리를 선택하고, 그것을 먹기 알맞은 그릇에 담아 먹을 수 있는, 그런 당연한 수업과 학교는 우리에게 멀기만 한 것일까?

'나와 우리'의 인권 수업

조경삼

학생인권조례는 2011년 경기도에서 처음 제정되어 시행되었고, 같은 해 서울에서는 제정을 놓고 큰 갈등이 벌어졌다. 이후 진보 교육감이 각지에서 당선되면서 학생인권조례는 거의 모든 시도에서 제정되거나 고민되고 있다. 하지만 이에 대해 '땅에 떨어진 교권, 정치적 도구, 아수라장 학교, 인권교육이 아니라 인성교육….' 등 반대의 목소리도 높은 실정이다. 이에 훨씬 앞서 제7차 교육과정, 아니 그 이전부터 '인권'이라는 단어는 도덕과나 사회과를 통해 다루어져왔고, 올해 5~6학년에 적용된 2009 개정 교육과정에서는 인권교육을 위한 내용만으로 구성된 단원이 등장하였다.

도덕과의 많은 내용들이 '인권'과 관련될 수 있고, 4, 6학년 사회과는 물론 국어과 읽기 제재에 등장하는 인권 관련 내용까지 포함하면 꽤 많은 차시에 걸쳐 '인권' 교육이 이루어지고 있는 셈이다. 그럼에도 학생들의 인권 의식이 성장했다거나, '인권' 교육의 긍정적 효과에 대한 조사 결과를 찾아보기는 어렵다. 인권적이지 못한 학교와 사회 환경 등 원인은 다양하게 찾아볼 수 있겠지만 여기에서는 교육과정과 지도서에서 '인권 문제'에 접근하는 방식에 대한 문제점을 중심으로 살펴보고자 한다.

앞서 제시한 인권교육을 위한 내용만으로 구성된 단원은 5학년 도덕과 '6. 인권을 존중하는 세상'이다. 지도서에서는 단원 설정의 이유를 "인간이라면 모두 가지게 되는 인권의 의미를 기초로 인권 존중의 의미 및 중요성을 알고, 일상생활에서 다른 사람의 인권을 존중하고 실천하는 태도를 기르고자 한다"라고 이야기하고 있다. 이를 위해 일상생활에서 인권 존중의 사례를 찾아보고, 인권 침해 상황에서 올바르게 판단하며 다양한 인권 존중 사례에 대해 알아보고, 생활 속에서 꾸준히 인권 존중을 실천하는 내용으로 총 4차시를 구성한다. 의미를 알고, 판단하고, 마음을 다지고, 실천한다는 도덕과의 기본 포맷을 그대로 따르고 있어 부족함이 없어 보인다.

하지만 말 그대로 도덕적이고 이상적이다. '나의 것'으로 느끼기에는 거리감이 있다. 이러한 접근은 아이들이 '인권'을 '나의 것'이 아닌 '그들의 것'으로 인식하게 한다. '나는 약자들의 인권을 보호해주어야 한다'는 베풂의 입장에서 인권을 생각하게 한다. 나도 강자 앞에서는 약자일 수밖에 없다는 것을 생각하지 않는다. 많은 교사들이 비슷한 관점에서 다양한 인권교육을 하지만 아이들은 그것을 '나의 것'으로 생각하지 못하는 듯하다.

일반적 모습이라 할 수 있는 모 교사의 인권 수업에서 학생들이 학교 혹은 가정에서 경험한 '인권' 관련 사례들을 들어보면 모둠 활동에서 역할을 뺀 것, 엄마의 자유를 뺏은 것, 형의 노트북을 고장 낸 것,

동생에게 일을 시킨 것 등을 이야기한다. 나의 인권이 보호를 받았다고 느낀 사례들에는 엄마가 오빠로부터 자신을 보호해준 것, 이사 갈 때나 외식할 때 자신의 의견을 물어봐준 것 등이 나온다. '인권 보호'보다는 '존중'에 가까운 개념들이다. 부모님의 뜻에 따라 학원에서 많은 시간을 보내야 하는 이야기는 왜 나오지 않았을까? 자신들의 뜻과 상관없는 학교 규칙에 대한 이야기는 왜 나오지 않았을까? 왜 그런 것은 보호받아야 할 인권이 아니라 생각하고 '외국인 노동자'나 '굶주리는 어린이'의 인권만이 보호받아야 한다고 생각하는 것일까? 왜 그럴까? 혹 치열함이 빠진 '아름다운 인권 수업'에 원인이 있는 것은 아닐까? '나의 인권'을 구체적으로 가르치지 않은 데 기인하는 것은 아닐까?

그렇다면 '나의 인권'을 어떻게 가르칠 수 있을까? 그 답을 '아동권리교육'에서 찾아보려 한다. 아동권리교육이란 '아동의 인권 친화적인 환경에서 일상생활 경험 속에서 자신과 타인의 권리를 이해하고, 권리의 관점으로 세계를 인식할 수 있도록 돕기 위하여 아동의 참여를 통해 이루어지는 인권교육[21]'을 말한다. 아동권리교육은 기본적으로 인권교육과 차이가 없으며, 다만 아동권리협약에서 강조하는 아동의 권리 목록을 교육의 구체적인 내용으로 다룬다는 점에서 차이가 있을 뿐이다. 즉 아동권리교육의 핵심은 자신과 타인이 가진 권리를 이해하는 것과 그러한 시각을 견지할 수 있도록 하는 것, 그리고 이것을 위한 교육 환경이 인권 친화적이며, 인권을 기반으로 교사-학생, 학

---

21. 김인숙 외, 『아동권리협약과 함께하는 아동 청소년의 권리』, 2009, 보건복지부, 32쪽.

생-학생 간의 상호작용이 이루어지도록 하는 측면에서 기본적으로 인권교육과 같다. 그럼에도 이러한 교육을 기피한 것은 '학생의 권리를 존중하는 경우 교사의 권리를 침해할 것'이라는 오해 때문이었다. 학습의 내용으로서 '인권'이 단순히 자신의 권리만을 강조하는 것이 아니라 타인의 권리에 대한 균형 있는 이해와 인권 감수성을 가지고 세상을 바라보는 것을 고려한다면 학습자의 인권이 신장된다고 해서 교사의 인권이 침해당할 것이라고 사고하는 것은 잘못된 생각이다. 학습자로서 아동을 바라보는 '수동적 존재로서의 인식'에서 벗어나 권리를 가진 인간 존재로서 아동을 이해하고 이런 관점에서 인권교육을 계획하고 실행[22]해야 할 것이다.

이러한 목적에서 먼저 인권 및 아동권리협약에 대한 기본적인 이해를 중심으로 인권에 대해 이해하게 하고, 아동이 가진 다양한 권리를 스스로 활동을 통해 익히도록 한다. 그런 다음, 사회적 약자의 권리에 관심을 갖게 하고, 스스로 권리 목록을 구성해보도록 하는 과정을 통해 권리가 주어진 것이 아니라 스스로 개발해가는 것임을 이해하게 된다. 인권의 확장성을 이해하면서 일상에 어떻게 적용할 수 있는지를 이해하는 흐름으로 진행하는 것이다. 일반적인 인권 수업과 비교해볼 때 '스스로의 권리'를 중심에 둔다는 차이점 외에 다루어지는 내용 면에서는 크게 다르지 않다고 볼 수 있다. 하지만 이러한 흐름 속에 자라난 '인권 의식'은 '베풂'의 차원이 아닌 '더불어'의 차원이 될 수 있지 않을까?

---

22. 김인숙, 앞의 책, 37쪽.

경기도교육청에서 발행한 인정 교과서 '더불어 사는 민주시민'은 이와 같은 흐름을 따르고 있는 것으로 보인다. 3~4학년용에서는 '4. 우리는 모두 소중해요' 단원에서 '소중한 나와 너, 우리가 가진 권리, 아름다운 우리'라는 소주제를 다루고 있고, 5~6학년용에서는 같은 제목의 단원에서 '나와 너의 사생활, 함께 나누는 권리, 행복한 어린이'의 소주제를 다룬다. '자기 결정권과 사생활 보호' 같은 나의 권리에서 출발하여 '내가 누리는 권리와 책임, 권리 존중, 행복한 학교 만들기'와 같은 우리의 행복으로 나아가고 있는 것이다. 인정 교과서로서 국정 교과서의 부족한 부분을 보완하기에 충분하다는 생각이 든다.

물론 '인권 존중의 의미와 중요성'을 알고 실천하는 것이 불필요하다는 이야기가 아니다. 인권 수업의 선후를 볼 때 저 높은 곳에 존재하는 도덕적 '인권'이 아니라 손 뻗으면 닿을 수 있는 내 주변의 '인권'에서 출발하는 인권 수업, '어려운 이들, 보호받아야 할 이들의 인권'이 아닌 '나와 우리의 인권'을 다루는 인권 수업이 우선되어야 함을 말하는 것이다. '나'를 본 후 '우리'를 볼 때 그런 내용들은 훨씬 더 쉽게 흡수될 수 있지 않을까? 그 과정에서 자라난 아이들의 인권 의식은 이전과 조금은 다를 수 있지 않을까?

학교, 담장을 넘는 배움

조경삼

거산초등학교에서는 교실에 가만히 앉아 선생님의 설명을 듣는 공부보다 밖으로 나가 직접 찾아보고 몸으로 배우는 공부를 더 중요하게 생각한다. 생태 수업, 문화예술 수업, 계절 체험학습, 현장 체험학습 등 많은 것들을 몸으로 배운다. 초기의 체험학습이 재량활동(창의적 체험학습)이나 교과 관련 체험학습 위주였다면 이후에는 프로젝트 형태로 미리 알아본 뒤 직접 가보는 형태로 진화하였는데 그 대표적인 예가 바로 '답사하기'이다. 이 글에서는 그 많은 '몸으로 배우는 공부' 중 2~6학년에서 학년별 위계에 따라 이루어지는 답사 공부에 대해 이야기하고자 한다.

2학년은 답사 수업으로 통합 교과에서 마을을 알아보았다. 선생님과 학부모가 그림자 선생님으로 참여하고 아이들을 모둠별로 나누어 자기가 살고 있는 마을을 돌아보며 어른들을 인터뷰하는 활동을 통해 마을에 대해 이해하는 프로그램이었다. 이장님이나 동네 할아버지에게 마을에 관한 이야기를 듣기도 하고, 가게 사장님을 인터뷰하면서 아이들은 마을에 대해 알지 못했던 새로운 사실을 알게 되면서 신기해하고 마을에 대한 이해를 높일 수 있었다고 한다.

3, 4학년은 학년군 수업으로 사회과 중심의 마을 프로젝트에서부터 중심지 답사, 아산 답사, 충남 답사 프로젝트까지 범위를 넓혀나갔다. 마을 프로젝트에서는 동네 곳곳에 보물을 숨겨놓고, 마을 지도를 그려 보물을 표시한 뒤 찾게 하는 활동으로 마을에 대한 관심과 흥미를 얻을 수 있는 활동이었다. 아산 답사와 충남 답사는 비슷한 형태로 진행되었는데, 사전 조사를 통해 답사지를 선정하고 그림자 선생님과 함께 미리 정한 답사지를 답사한 후 답사 내용을 발표하는 형태로 진행하였다. 3, 4학년이 각각 2~3명씩 모둠에서 만나 함께 배움을 찾아갔다.

5, 6학년 또한 학년군 수업으로 사회과 중심의 한국지리 내용을 다루면서 마당을 전국으로 넓혀 '내 나라 알기' 프로젝트를 진행하였다. 형태는 3, 4학년군과 동일한데 그 범위를 전국으로 넓혔다는 점이 다르다. 전국을 8개 지역으로 나누고 역시 각각 2명씩의 선후배가 만나 함께 답사한 후 답사한 내용을 정리하여 발표하는 과정을 거쳤다. 이와 별개로 5학년은 2학기에 나오는 사회과 역사 수업을 위해 공주, 부여와 서울을 중심으로 한 역사 답사 프로젝트를 진행하였다. '부루마블, 윷놀이'와 같은 게임 형식을 가미하였으나 앞서 제시한 답사의 기본 형식은 비슷한 프로그램이었다.

이 프로젝트 학습에서 아이들은 선후배나 친구들과 함께 알고 싶은 문제를 정하고, 자료를 찾아보고 정리하여 발표한다. 이를 바탕으로 답사 계획을 세우고, 답사를 한 뒤 정리하여 발표하는 흐름으로 프로젝트를 진행하게 된다. 그 과정에서 자료를 찾고, 정리하고, 발표하는 방법을 배웠음은 물론 모둠에서 의견을 나누고 소통하는 중요한 배움이 있었을 것이다. 요즘 많이 강조하는 자기 주도 학습, 배움중심 수업, 의사소통의 경험이 이루어졌을 거라고 생각한다.

물론 자기 주도 학습력과 의사소통 능력을 기를 수 있고, 학생의 배움을 중심에 두는 수업의 형태는 다양할 것이다. 하지만 직접 답사한다는 동기 부여가 이루어지고 이를 위한 조사, 기획, 실행, 발표가 세트로 이루어진다는 점은 이 수업만이 가질 수 있는 특징이다. 이를 바탕으로 '국토에 대한 이해'라는 인지적 목표와 '국토애'라는 정의적인 목표 도달까지 꾀할 수 있다. 또한 답사 과정에서 자연 환경과 사람들의 생활 모습을 관찰하게 되는데, 이를 진로교육과 인성교육의 일환으로 바라볼 수도 있을 것이다.

이 프로젝트는 '행복 수업'의 차원에서도 생각해볼 수 있다. 아이들은 프로젝트 중 스스로 여행을 계획해보는 경험을 하게 된다. 서울대 행복연구센터 최인철 박사는 그의 연구에서 사람들이 행복을 느끼는 일들로 Eating(먹기), Talking(대화하기), Play(놀기), Walk(걷기)… 등을 제시하였다. 이런 것들이 한 번에 일어나는 Travel(여행)은 그야말로 가장 의미 있고, 가장 재미있는 최고의 행복 경험이다. 따라서 답사 프로젝트는 최고의 '행복 수업'이라 말할 수 있다. 이 프로젝트에 대한 후속 과제로 방학 때 가족 여행을 계획하고 실행하는 과제를 내주었다. 선택이었기 때문에 실행한 학생도 있고, 그렇지 않은 학생도 있었지만 학교에서 배운 것을 실제 생활 속에서 생활화했으면 하는 욕심도 있고, 여행이라는 행복 경험을 통해 행복한 사람으로 자라나기를 바라는 마음도 있다.

교과서에는 선배 세대가 후배 세대에 전해주고 싶은 세상을 담는다. 너무 많은 세상을 담고 싶기에 늘 내용을 줄인다 하지만 줄어들지 않는지도 모른다. 하지만 그 지면에 다 담지 못하는 세상이 있다. 사회과가 대표적이다. 그래서 사회과에서는 현장학습을 권장한다. '안전'은 아무리 강조해도 지나치지 않지만 그에 대한 우려로 사회를 교과서로만 배우는 경우도 많다. 하지만 우리는 과감하게 교문을 나서 세상을 만났다. '스스로 주인 되고, 더불어 살아가는' 더 큰 배움을 얻었다.

이 사례를 다른 학교 교사들에게 소개하면 그들은 먼저 그것이 어떻게 가능했는지 의아해한다. 교사들의 세밀한 디자인과 학부모들의 지원, 관리자의 허가 모두 이해하기 어렵다는 반응이다. 일단 교사들의 그런 생각을 받아안거나 북돋우는 환경이 되지 않고, 그런 일을 교사가 모두 떠안을 수 없을 때 발 벗고 나서주는 학부모들의 지원도 찾아보기 어렵다고 한다. 가장 어려운 것은 문제가 있을 때 책임을 떠안아야 하는 관리자가 쉽게 허락하지 않는다는 것이다. 때문에 놀랍기는 하지만 "내가 하고 싶지는 않다"라고 이야기를 하는 것 같다.

왜 우후죽순처럼 생겨나는 사교육 업체는 가능한데 공교육에서는 불가능하다고 생각하는 것인가, 사교육에서 하면 안전하고 학교에서 하면 안전하지 못하다는 말인가? 책으로 배우는 박제된 지식보다 학생들이 함께 찾아내고, 직접 눈으로 확인하며, 숨결을 느끼면서 배우는 살아 있는 지식이 더 가치롭지 못하다는 말인가. 어느 대안학교처럼 1년내 여행하면서 배움을 찾지는 않더라도 가끔은 학교 담장을 넘어 살아 있는 배움을 만나게 해주어야 하지 않을까? '답사하기'

는 거산이니까 가능한 그들만의 이야기는 아니었으면 좋겠다. "Carpe Diem!" 현재를 즐기면서 행복한 미래를 만들어가는 많은 아이들의 이야기가 되었으면 좋겠다.

역사 답사를 마치고

조경삼

'역사란 무엇인가', '역사를 왜 배우는가'. 역사 수업 첫 시간에 아이들과 이야기 나누는 주제이다. '역사란 무엇인가?'라는 질문에 아이들은 나무, 현재, 정신, 뿌리, 아픔…… 등의 답을 했다. '역사를 왜 배우는가?'라는 질문에는 옛날 모습을 알기 위해, 현재와 미래를 알기 위해, 미리 대처하고 실수를 반복하지 않기 위해, 우리 것을 되찾기 위해…… 라고 답을 했다. 이러한 생각들을 갖고 처음 역사를 만나게 되는 아이들, 이들에게 교과서나 역사 드라마로만 역사를 만나게 해서는 안 된다는 생각을 했다. 저런 생각들을 키워주려면 다양한 방법들을 시도해야 하고, 머리 못지않게 몸으로 익히는 공부도 필요하다는 생각이 들었다.

물론 아이들은 교실에서 책으로 공부하는 것보다 밖으로 나가는 것을 선호한다. 하지만 충실한 준비가 없는 현장학습은 남는 게 없는 빈껍데기가 되기 쉽다. 단체로 몰려다니며 사진만 찍거나 보지도 않을 설명을 베껴 쓰는 것 역시 안 하는 것보다는 낫겠지만 그저 스쳐 지나가는 의미 없는 활동이 되고 만다. 그렇기 때문에 보다 세밀하고 그러면서도 아이들의 요구를 반영한 새로운 기획이 필요하였다.

그래서 생각한 것이 KBS 〈1박 2일〉 프로그램에서 나왔던 '국보마블' 형식과 SBS 〈런닝맨〉의 '밀리언셀러'에서 진행되었던 방식을 적용하여 역사 답사를 진행하는 것이었다. '윷놀이'나 '부루마블'과 같은 말판을 만들고, 말판 속에 답사지를 배치한다. 윷이나 주사위를 던져 갈 곳을 정해 찾아가고 그곳에서 미션을 수행하는 방식이다. 이 방식은 〈1박 2일〉에서 가져왔고, 그렇게 하면서 엽전을 모아 입장료를 지불하거나 간식, 점심을 사 먹는 방식은 〈런닝맨〉에서 얻은 아이디어였다. 아이들은 이런 게임 형식에 흥미를 느껴 지루한 답사가 아닌 재미있는 역사 탐방을 할 수 있었다.

물론 큰 뼈대가 되는 형식은 교사의 구상이었지만 말판에 들어갈 답사지를 선정하는 것, 수행할 미션 중 벌칙, 혜택권을 받을 수 있는 황금열쇠 등은 학생들의 의견을 반영하여 준비하였다. 지역을 정하고 사전 조사를 통해 답사지를 선택하였는데 1차 답사는 우리가 사는 백제 문화권으로 정했다. 그즈음 공주, 부여가 세계문화유산으로 지정되면서 그곳을 답사지로 넣고 거기에 박물관을 추가하는 것으로 정했다. 2차 답사는 전체 역사를 아우를 수 있는 서울로 정하였고, 한성 백제와 삼국의 문화를 알 수 있는 몽촌토성과 아차산성 부근, 그리고 조선시대 궁궐과 문화재들을 답사지로 결정했다.

답사지가 결정된 후에는 역할을 나누어 답사지에 대해 조사하였다. 조사한 내용을 1차 답사에서는 PPT를 발표하는 형식으로 했다가 2차 답사 때는 카드를 만들어 답사 때에 활용하는 방법으로 사전 준비를 하였다. '아는 만큼 보인다'는 말을 강조하면서 책자, 영상, 인터넷 자료 등을 찾아 서로 나누며 답사를 위한 준비를 하였다. 직접 답사하는 것도 중요하지만 프로젝트 학습에서 가장 중요한 것은 준비하는 과정의 배움이다. 내용이 다소 많기는 하지만 준비 과정에서 알게 된 것을 실제 답사에서 확인하는 과정이므로 준비 과정을 강조하였다.

1차 답사는 담임교사와 학부모 두 분의 지원을 받아 세 모둠으로 진행하였고 이동의 편의를 위해 자가용을 교통수단으로 하였다. 석장리 박물관을 함께 관람한 후 퀴즈를 풀어 기본 재산을 마련한 후 윷을 던져 모둠별로 이동하였다. 공주 쪽에 있는 공산성, 무령왕릉, 국립공주박물관을 앞쪽에 배치하고, 부여에 있는 국립부여박물관, 부소산성, 궁남지, 정림사지 5층석탑, 능산리 고분군, 나성 등을 뒤쪽에 배치하였다. 중간중간에는 황금열쇠, 혜택권 등을 넣었다. 모둠별로 3~4 곳 정도의 답사지를 탐방하고 학교로 도착했고, 다음 사회 시간을 통해 탐방한 곳에 대한 이야기를 나누는 것으로 정리하였다.

2차 답사 역시 담임교사와 학부모 두 분이 그림자 선생님을 맡아 역사 탐방을 도왔고, KTX와 지하철을 교통수단으로 하였다. 1일 차에는 다 함께 국립중앙박물관을 본 뒤 암사동 선사유적지, 칠지도 상징물, 풍납토성, 아차산성 등 강동권의 삼국시대 유적을 먼저 배치하고, 숭례문, 흥인지문 등 조선시대 유적을 뒤에 배치하여 동선을 구성하였다. 국립중앙박물관은 맨 먼저 전체적인 역사의 흐름을 꿰어보고 시작한다는 의미였다. 그런데 발해, 고려관이 휴관이어서 아쉬웠다. 관람을 마치고 식당에서 점심을 먹은 다음 모둠 퀴즈대회로 기본 재산을 획득하였다. 그 뒤 주사위를 던져 칠지도 상징물, 몽촌토성, 풍납토성이 나와 모둠별로 그림자 선생님과 함께 지하철로 이동하였다. 사전 조사를 통해 만든 답사 카드를 이용하여 이동 경로를 정하고, 오른쪽의 이야기를 읽어 사전 정보를 얻었으며, 답사지에 도착해서는 미션지를 열어 미션을 수행하는 방식으로 진행되었다.

2일 차는 궁궐을 먼저 보고, 인사동 근처의 유적을 본 다음 인사동으로 모이는 동선이었다. 조선의 법궁인 경복궁이 한 모둠, 후원이 유명한 창덕궁이 두 모둠 이렇게 나와 일정이 시작되었다. 덕수궁까지 고루 한 모둠씩 나왔으면 하는 아쉬움이 있지만 아이들은 궁궐에 대한 미션을 해결해가며 궁궐 답사를 마쳤다. 서울역사박물관, 광화문 광장의 세종대왕 동상 등을 거쳐 아이들은 최종 장소인 인사동으로 모여들었다. 답사와 미션 수행으로 모은 재산을 가지고 인사동의 문화를 즐긴 뒤 답사를 마무리하였다.

답사 정리는 다녔던 곳 중 한 곳을 골라 나누어 맡고 그곳에서의 견문과 감상을 정리하여 기행문을 쓰고, 발표하였다. 그중 창덕궁을 정리한 학생의 기행문 일부를 소개한다.

선생님께서는 표를 가지러 매표소로 가셨고 나는 미션을 풀려고 내 수첩을 뒤적거리고 있었다. 창덕궁에 대한 걸 적어놓길 잘한 거 같다. 미션 B는 인정전의 서양식과 전통식을 알아내라는 문제였다. 우리나라 창덕궁도 서양식의 모습이 있다는 것을 알게 되었다. 미션 A는 '조선 마지막 왕이 머물렀던 궁궐이 무엇인가?'였다. 창덕궁을 들어가기도 전에 문제 한 개를 알아냈다. 조선 마지막 왕이 머물렀던 궁궐은 낙선재가 정답이었다. 우리나라의 마지막 왕인 순종이 머물렀던 궁궐이라고 한다. 1989년 순종이 떠나고 이방자 여사도 죽고 나서는 주인 없는 건물이 되었다. 원래는 남편을 잃은 대비가 살던 곳이라고 한다. 창덕궁을 들어가니 여러 건물이 사방에 있었다. 길을 중심으로 해서 동서남북이 다 궁궐과 건물이 휩싸여 있어서 멋 있었고 웅장했다.

낙선재는 후원을 갔다 와서 갔다. 마루에 앉아 있는데 내가 이 집 주인이 된 것 같았다. 예전 임금도 궁궐을 보며 머리를 식혔겠지? 사진을 찍고 주사위를 던지니 세종대왕 동상이 나왔다. 다음 장소로 가기 전 점심을 먹고 가기로 했다. 세종대왕과 이순신 장군 동상도 기대된다. 우리가 잘 알지만 더 자세하게 세종대왕과 이순신 장군에 대해서 알 수 있는 시간이 되면 좋겠다.

이 글을 통해 '발로 뛰고 가슴으로 느끼는 역사 공부'가 역사 수업 첫 시간에 가졌던 질문, 역사란 무엇인가, 역사는 왜 배우는가에 대한 작은 실마리를 찾았음을 짐작할 수 있었다. 그 실마리를 따라 아이들이 중·고등학교 혹은 그 이후에 만나는 역사에 대해서도 즐거운 역사 공부, 삶이 되는 역사 공부를 할 수 있기를 기대한다.

배움에 관한 소고

장군

'배움'이 번성하고 있다. 학교를 떠도는 수많은 데이터를 채광mining 하여 분류할 수만 있다면 그 으뜸은 바로 배움일 것이다. 지금 교단의 유행어는 배움이다. 그래서일까? 혁신이라는 물결을 못마땅해하는 교사들조차 배움에 손 내미는 것을 주저하지 않는다. 혁신의 껄끄러운 정치성이 배움에는 배어나지 않기 때문이다. 다행인지 불행인지 모를 이 오해 덕분에 배움은 잘 팔리는 주력 상품이 되었다. 이제 배움은 만져도 해가 되지 않는 어떤 것으로 변모하고 있다. 가시도, 얼룩도 남기지 않도록 매끈하게 포장되어 판매되고 있는 중이다. 배움은 이미 세속화하고 있다. 그것을 탓하려는 것이 아니다. 배움은 구성적인 개념이며, 받아들이는 주체에 따라 그 무늬야 얼마든지 달라질 수 있다. 다만 우리가 배움을 숙고할 때, 그 배움의 본질이 무엇이었는지, 그 배움이 무엇이어야 하는지는 말할 수 있어야 하지 않을까? '배움 중심으로 명품 수업 브랜드 만들기'와 같은 괴이한 제명은 배움과는 거리가 멀다. 배움은 회자하는 만큼 회유되고 있다.

오늘 배움의 호황은 일차적으로 배움의 공동체에서 연유한다. 사토 마나부는 배움이라는 낱말을 사용한 까닭을 학습에는 '러닝learning' 과 같은 동명사적 이미지가 부족[23]하였기 때문이라고 말한다. 소박한 어휘 교체로부터 출발한 배움은 주지하다시피 이제 패러다임의 전환에까지 이르고 있다. 그 덕택에 배움은 더 이상 학습으로 환원할 수 없는 개념으로 격상하였다. 이를테면 배움은 더 이상 교류, 관계, 공유, 나눔, 호혜성과 같은 협력의 가치를 누락하고 논의할 수 없다. 이제 배움은 학습으로 설명할 수 없는 것은 아니나, 부연이 필요한 일이 되었다. 언어의 경제성에서 배움은 유리한 고지를 점하고 있다. 물론 배움은 전유하기에는 일상적인 개념이다. 배움의 새로운 함의가 보편성을 띠고 있는지도 의문이다. 더구나 지금의 배움은 사토 마나부가 의도한 배움만도 아니다. 그럼에도 그 배움이 이전의 학습과는 다른 결을 만들어가고 있다는 것까지 부인하기는 어려우리라. 학습과 배움에서 자동적으로 연상되는 인상과 기호들은 그 차이가 점점 벌어지고 있다.

물론 배움이라는 용어를 모두가 반듯하게 수용하는 것은 아니다. 서근원은 '배우다'가 '배다'의 사역형이라는 점에서 '깨치다'와 비교하여 능동성이 결여[24]된다고 비판한다. 이혁규 또한 '학습'이라는 말의 다양성과 함축성에 주목하며, 배움이 학습의 대체어로 기능하기는 쉽지 않을 것이라 진단한다. 그 기원이 되는 일본어 学(まな)ぶ를 보자.

23. 사토 마나부, 『수업이 바뀌면 학교가 바뀐다』, 2015, 에듀니티, 64쪽.
24. 서근원, 『수업, 어떻게 볼까?』, 2013, 교육과학사, 38~39쪽.

이 또한 '흉내 내다'라는 뜻을 품고 있어 긍정적인 기표로 볼 수만은 없다. 이는 '반복하다'라는 의미를 포함한 習(なら)う도 마찬가지다. 오히려 본래의 학學과 습習에 담긴 상징적 표의가 '배움'보다 더 그럴듯해 보이기까지 한다. 네이밍이 프레이밍Framing이라는 점에서 애초에 가장 적절한 단어를 선별하는 것은 효율적이다. 그러니 배움보다 더 적절한 낱말도 찾을 수 있을 것이고, 다시 학습을 복권하는 방식도 있을 것이다. 그러나 언어의 지속과 소멸은 언중의 뜻에 달려 있다. 배움이라는 용어는 생동할 수도 있으며, 정치적 지형에 따라 단번에 방기될 수도 있다. 그렇지만 배움의 출폐 유무는 결국 교사들이 결정하리라. 그 결정이 어떠하든 그것은 배움의 내실에 따른 결과이지 배움이라는 용어의 외관 때문은 아닐 것이다.

배움의 공동체가 배움의 불쏘시개였다면, 경기도교육청은 그 부지깽이로 배움중심수업을 창안한다. 이는 이혁규가 간파했듯 "새로운 실천을 지칭하기 위한 새로운 용어가 필요했던 운동론적 차원의 선택이 작용했기 때문"[25]이다. 즉, 경기도교육청은 학습이라는 어휘로는 창의지성교육을 설명할 수 없다고 판단한 것이다. 이런 상황에서 사토 마나부의 배움이 영감을 주었으리라는 것은 미루어 짐작할 수 있다. 그 접목의 적합성을 떠나 배움중심수업의 곳곳에서 배움의 공동체의 잔흔을 엿볼 수 있는 것은 그러한 까닭이다. 물론 배움중심수업이 배움의 공동체에 빚지고 있다고 해도 마냥 포개지는 것만은 아니다. 이성대는 「배움중심수업과 수업 혁신」에서 배움의 공동체와 배움중심수업

25. 이혁규, 『누구나 경험하지만 누구도 잘 모르는 수업』, 2013, 교육공동체 벗, 308쪽.

은 오히려 "전혀 다른 내용을 담고 있다"라고 말한다. 배움의 공동체가 수업 방법에 초점을 맞추어 호혜적 배움을 강조하는 것이라면, 배움중심수업은 지식의 창조에 중점을 두는 개념이라는 것이다. 또한 배움의 공동체가 여전히 교사의 역할 프레임을 벗어나지 못하고 있다면, 배움중심수업은 '교사와 학생의 관계 역전'까지도 가능하게 한다고 덧붙인다.

즉, 배움의 공동체의 배움이 여전히 교사(가르침)-학생(배움)이라는 도식에 근거하고 있다면, 배움중심수업에서는 그 괄호의 교환을 적극적으로 추구하고 있다는 말이다. 서근원의 해석처럼 "배움중심수업에서 교사는 교사가 아니라 학생"[26]이다. 배움의 공동체에 대한 평가의 타당성은 제쳐두더라도, 경기도교육청의 배움에 관한 재개념화는 이로써 배움의 공동체를 뛰어넘고자 한다는 점은 분명해 보인다. 이렇게 배움중심수업이 배움의 공동체를 실천적으로는 포섭하면서도 개념적으로 분리하려는 까닭은 무엇일까? 아마도 자생성을 강조하고 불필요한 오해를 만들지 않기 위한 선택이리라. 그럼에도 종종 오해되는 까닭은 배움의 공동체만큼 배움중심수업이 아직 철학이나 실천이 빈약하기 때문이다. 배움의 공동체가 배움을 선취해버린 것이다. 여기에 배움중심수업은 애초부터 가지고 있는 선언적인 성격으로 인해 추상성이 강할 수밖에 없다. 배움중심수업은 경향과 지향이고 그것은 명징성과는 거리를 두기 마련이다. 배움중심수업의 배움이 무엇인지에 관한 혼란은 나름 이유가 있는 셈이다.

---

26. 서근원, 『학교 혁신의 패러독스: 교민에서 회인으로』, 2012, 강현출판사, 250쪽.

배움중심수업은 학습자중심수업과도 차이를 표방한다. 학습자중심수업이 수업 방법에 초점을 둔 것이라면, 배움중심수업은 교육과정 재구성, 평가를 포함하는 총체적 교육 활동 혁신이라는 것이다. 여기에는 교육과정-수업-평가라는 사이클을 재구성하고자 하는 교육운동론적 성격이 강하게 드러나 있다. 그러나 '수업' 측면에서 한정해서 말한다면, 배움중심수업이 학습자중심수업과 의미 있는 변별점을 만들어내고 있는지는 모르겠다. 배움중심수업에서 말하는 상대주의 지식관이나 삶과 연관된 교육 등은 학습자중심수업의 전제로도 얼마든지 설명 가능한 내용들이다. 물론 학습자중심수업의 다양한 형상과 기능적 왜곡으로 인해 학습자중심수업의 의미 자체는 빛바랠 만큼 바래 있다. 이런 상황에서 차라리 학습자중심수업을 구원하느니 배움중심수업이라는 신어로 그 본래 의미를 되찾는 전략이 유효할 수도 있다. 그렇기 때문에 앞으로 배움중심수업이 학습자중심수업을 대체하고, 그 지속성을 갖기 위해서는 학술적인 추기와 구체적 실천 사례를 갖추는 것이 반드시 필요한 일이다.

정리하자면 배움의 공동체와 배움중심수업의 배움은 동일한 개념이 아니다. 문제는 배움의 공동체의 배움이 나름의 철학으로 무장하고 있다면, 배움중심수업은 상대적으로 그렇지 못하다는 데 있다. 수업 혁신의 방향으로 배움중심수업이 전면에 들어섰지만 많은 교사들은 그 배움이 무엇인지 혼란스러워한다. 그 개념적 시차의 폭은 너무도 크다. 배움을 상식적인 의미로 받아들이며 '모든 수업이 배움중심수업'이라고 여기는 이가 있는가 하면, 배움의 공동체나 하브루타 수업 등으로 배움중심수업을 한정하려는 이들도 있다. 이 글에서 그 배움의 혼돈을 단번에 정리하는 것은 불가능할 것이다. 그럼에도 말할 수 있는 것이 있다면 이런 것이다. 배움중심수업이 일종의 수업 기법으로 표상되고 있다는 점, 교육과정-수업-평가를 아우른다기보다 수업으로 함몰된다는 점, 이 두 결점으로 인해 지식의 전수를 효율적으로 돕는 도구적 합리성으로 귀결될 수 있다는 점이 그것이다. 더구나 경기도교육청의 배움중심수업을 복제한 타 교육청의 경우, 그 발판이 되는 창의지성교육에 대한 이해가 협소하다는 점에서 이 우려는 더욱 현실화하고 있다.

배움의 공동체와 배움중심수업은 배움의 인플레이션inflation을 야기했다. 두 배움은 닮은꼴일 수도 있으며 아닐 수도 있다. 누군가는 선을 긋고 싶어 할 것이고, 누군가는 굳이 분별할 필요를 느끼지 못할지 모른다. 그렇다 해도 모두 배움의 오독이나 무정부적인 해석을 바라진 않으리라. 배움은 급매되면서 그 후광을 빠르게 잃고 있다. 배움이 복음이 아니라 소음처럼 느껴진다는 푸념도 종종 들려온다. 존 홀트John holt는 오래전에 'learning' 대신 'doing'을 이야기했다. 그 'doing'은 얄궂게도 오늘 우리가 말하는 '배움'의 이상향에 근접한다. 배움의 너머를 아직 사유할 수 없는 우리는 얼마간은 그 '배움'에 기대거나 붙잡혀 있을 것이다. 존 홀트는 결국 많은 이들이 '학교를 넘어' 다른 선택을 하도록 만들었다. 그러나 우리는 그 학교에서 배움을 이루어야 한다. 그것은 헛된 바람일까? 불가능한 기대일까? 어쨌든 배움의 시효가 다하기 전, 이 배움이 오랫동안 성찰의 거울로 기능하기를 바란다. 배움조차 사어가 된다면 학교는 다시 허공虛空의 공간으로, 공허空虛로운 시간으로 늘 그래왔듯 그렇게 명맥만 유지할 것이다.

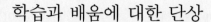

학습과 배움에 대한 단상

윤양수

'배움의 공동체' 운동이 확산되면서 '배움'은 더 이상 낯설지 않은 용어가 되었다. 이제는 친숙한 용어라고 말하는 것이 좀 더 정확한 표현일 것 같다. 낯설다는 느낌이 채 사라지기도 전에 빈번하게 사용하는 용어가 된 것이다. 이처럼 이 용어의 부상 혹은 빈도 높은 사용은 '배움의 공동체' 운동의 확산 속도를 잘 보여준다. 그럼에도 아직은 '투명한' 용어가 아니다. 달리 말하자면 그 외연과 내포가 다소 불투명하다는 것이다. 그렇기 때문에 오히려 더 관심과 흥미를 갖게 되는 것일까? 뭔가 중요한 의미를 함축하고 있을 것이라는 기대감을 자극하니까. 그 불투명성이 눈길을 당기는 매력의 요소가 되는 셈이다.

물론 '배움'이라는 용어가 전혀 새로운 것은 아니다. 익숙한 나머지 크게 의미를 두지 않고 쓰는 표현이다. 그 의미로 한정해서 보자면 '배움'이라는 표현이 우리가 흔히 쓰는 일상적인 용법을 크게 벗어나는 것도 아니다. 그럼에도 이 용어의 부상에는 두 가지 계기가 있다. 알다시피 일본의 '배움의 공동체' 운동이 그 하나다. 타 문화로부터 번역 혹은 수입하면서 새롭게 사용하게 된 것이다. 또 하나는 2011년 경기도교육청이 '배움중심수업'을 수업 혁신의 비전으로 제시하면서 널리 사용하게 되었다. 전자를 계기로 '배움'이라는 용어가 재발견되었다면, 후자는 개념을 새롭게 정립하는 계기가 되고 있다.

'배움의 공동체'나 '배움중심수업'을 추구하는 이들은 수업의 비전과 지향을 이 용어 속에 담고 있다. '배움의 공동체' 운동이 활동·협동·표현적인 배움을 강조한다는 사실은 굳이 덧붙여 설명할 필요가 없을 것이다. 경기도교육청에서 제시한 '배움중심수업' 또한 그와 크게 다르지 않다. 새로운 번역어나 개념은 기존의 관행과 습속을 낯설게 혹은 다르게 볼 수 있는 계기를 제공한다는 점에서 긍정적이다. 실제로 그로 인해 기성의 수업 문법에 '거리'를 두게 되었고, 낡은 수업 문화를 개선할 수 있을 것이라는 기대감이 있다. 물론 거기서 수업 문화를 일거에 바꿀 수 있는 마법을 기대하는 것은 아니다.

'배움'이란 용어는 교육과정 혹은 수업을 디자인·실행·평가하는 키워드가 되었다. 그런 점에서 '배움'은 최근의 수업 담론에서 주류 혹은 척도가 된 용어라고 해도 크게 틀린 말은 아닐 것이다. 그런 탓인지 학습이란 용어가 상대적으로 낡은 것처럼 취급된다. '배움'이란 용어가 새로운 언표 행위의 배치를 산출하기 때문이다. 그렇다고 학습을 굳이 배움이라는 용어로 대체할 필요는 없을 것이다. 그 용법에서는 뚜렷한 차이를 발견하기 어려운 까닭이다. 그럼에도 '배움'이 마치 '학습'을 대체하는 특권적인 용어처럼 사용되는 것은 수긍하기 어려운 일이다. 물론 '배움'을 강조하는 맥락을 모르는 것은 아니다.

'학습學習'이라는 용어는 '배움'의 의미를 내포하고 있다. 여기서 굳이 그 어원을 밝힐 필요까지는 없을 것이다. 전술한 것처럼 배움이라는 용어가 '배움의 공동체'와 '수업 혁신' 운동을 계기로 새롭게 부상한 것은 사실이다. 그렇다고 학습이라는 용어를 대체할 만큼 지시하는 내용이 다른 것 같지는 않다. 기표가 다를 뿐 그 의미에는 별다른 차이가 없지 않은가. 학습과 배움을 혼용하거나 문맥에 따라 선택적으로 사용해도 무리가 없지 않은가. 이와 같은 맥락에서 보면 두 용어의 용법과 그 효과를 둘러싼 논란은 소모적일 수 있다. 그럼에도 언표 행위와 관련한 수업 담론의 지형이 달라진 것은 사실이다.

따라서 두 개념의 차이를 밝히기보다는 최근에 '배움'이 강조되는 맥락을 짚어보는 것이 유익할 것이다. 달리 말하자면 '배움'이라는 언표가 겨냥하는 효과를 살펴보자는 것이다. 그러기 위해서는 수업을 보는 우리의 관행과 습속을 먼저 검토할 필요가 있다. 짧게 요약하자면 우리는 교사 효과성teacher effectiveness 혹은 교수 효과성teaching effectiveness을 계산하는 방식으로 수업을 보고, 평가해왔다. '어떤 교사가 효과적인가, 비효과적인가?'라는 질문으로 간단히 요약할 수 있을 것이다. 말하자면 수업을 보는 시선이 교사의 자질과 수행을 겨냥하고 있는 것이다. 이는 수업 장학과 평가에 의해 형성된 습속이다.

알다시피 수업 장학과 평가는 입법과 규범의 시선을 특징으로 한다. 우리는 그와 같은 시선의 배치 안에서 수업을 설계하고 실행해왔다. 그리고 그와 같은 시선으로 수업을 보는 방식에 익숙하다. 물론 장학과 평가가 교사들의 수업 개선을 목표로 수업에 대한 피드백을 제공한다는 점에서 긍정적인 기능이 없는 것은 아니다. 그럼에도 장학과 평가는 보통 교사들의 수업 수행을 규율하는 비대칭적인 시선으로 다가온다. 그로 인해 '방어적인 전략'과 '안전한 공개'로 일관하는 위축된 수업 문화가 양산되었음을 모르지 않는다. 그와 같은 배치 안에서 학생들의 학습 혹은 배움에 대해서 제대로 사유할 수 있을까?

배움이란 용어의 부상은 그와 같은 장학과 평가의 습속을 겨냥한다. 이 같은 맥락에서 배움이란 언표는 학생의 학습 혹은 배움을 중심으로 수업을 디자인·실행·성찰하려는 수업 문화의 전환을 함축한다. 이와 함께 '배우는 존재가 누구인가'를 래디컬하게 따져 묻는다. 배움의 주권은 당연하게도 학생들에게 있다고. 이렇듯 학생의 존재를, 학습의 주권을 새롭게 환기한다는 점에서 큰 의미가 있다. 이제 우리는 배움이라는 언표가 사용되는 담론의 배치 안에서 수업 현상을 관찰하고, 그 의미와 가치를 해석한다. 그런 수업 사례 또한 어렵지 않게 만날 수 있다는 점에서 수업 문화가 달라지고 있음을 실감한다.

배움이라는 언표는 수업을 예측 혹은 계산 가능한 것으로 보는 근대적 관점에서 계산 불가능한 측면을 강조하려는 패러다임의 전환을 함축하고 있다. 근대 과학은 자연에 대한 지배와 통제의 힘으로서 계산 가능성을, 기술technology은 자연을 통제할 수 있는 통제 가능성을 추구한다. 그로 인해 계산과 예측이 불가능한 현상은 그와 같은 근대적 관념으로부터 배제된다. 수업도 크게 다르지 않다. 수업에 대한 과학적 접근은 수업 현상도 과학적으로 계산하고, 기술적으로 통제하려고 했던 근대적 관념에 기반하고 있다. 계산이나 예측과 어긋나는 예술적 측면은 근거가 없거나 비합리적인 것으로 치부되었던 것이다.

배움이라는 언표는 그에 맞서 과학과 기술로 수업의 효과를 극대화하려고 했던 근대적 관념을 겨냥한다. 수업에서 과학성의 측면과 함께 보려고 하지 않았던, 그래서 보이지 않았던 예술성의 측면을 균형 있게 보려는 것이다. '배움중심수업'은 수업에서 신뢰와 협력 관계, 배움과 삶의 연결도 강조한다. 이는 일본의 '배움의 공동체' 운동을 넘어 한국식 토착 버전을 만들어가려는 노력으로 보인다. 그러나 아직까지는 배움의 공동체식 수업과 뚜렷한 차이를 발견하기 어렵다. 참고할 만한 수업 사례도 많지 않다. 또 말하는 이들마다 의견도 분분하다. 이는 그것이 완료형이 아닌 구성적인 개념이기 때문일 것이다.

'배움'은 누구나 어렵지 않게 사용하는 '공용어'가 된 듯하다. 그러나 일각에서는 배움의 공동체식 수업 원리를 마치 고정된 포맷인 양 받아들이는 경직성을 보인다. 심지어는 맥락을 탈각한 채 단순히 수업 기법으로 차용하는 사례도 흔히 볼 수 있다. 수업을 경영하거나 담론 공간에 참여하기 위한 스펙쯤으로 장착하는 것이다. 그와 같은 맹목적인 태도는 경계해야 할 것이다. 수업에 '배움의 공동체 수업'이나 '배움중심수업' 같은 레테르를 붙이는 시선의 강박도 자연스럽지 못하다. 수업 현상은 매우 다양하며, '이미-항상' 특정한 관념과 시선을 초과한다. 비판적 '거리'를 유지하는 유연한 태도 또한 필요하지 않을까?

수업 비평과 글쓰기

윤양수

최근 들어 수업 전문성에 대한 관심이 높다는 사실을 실감한다. 교육과정과 수업에 관한 담론과 실천 사례들도 속속 출판되고 있다. 결코 무관하지 않은 현상이다. 뿐만 아니라 교사들 스스로 교사학습공동체를 조직하고, 강좌나 연수를 개설하는 사례도 부쩍 늘었다. 당사자들의 필요에 따라 자구의 방편을 찾는 것이다. 그렇게 자율적으로 수업 혁신의 체제를 구성해가고 있다. 분주한 활동과 과속의 열기가 걱정스러울 정도다. 이는 '학교'를 혁신하려는 진보 교육감들의 정책과 무관하지 않을 것이다. 물론 이 같은 흐름이 지방교육 당국의 정책이나 지원 효과로 환원될 수 있는 것은 아니다.

특히나 학교 안팎에서 다양한 교사학습공동체를 조직하는 사례가 눈에 띈다. 공동의 성찰과 성장을 도모하려는 것이다. '배움의 공동체' 식으로 말하자면 동료성collegiality을 구축하는 것이다. 수업 혁신은 혼자서 하기에는 한계가 있다. 딱히 손에 잡히는 매뉴얼이나 방법이 있는 것도 아니다. 그렇기 때문에 힘과 지혜를 모으는 것이다. 그럼에도 자기 비전과 방식에 대해 확신을 갖기가 쉽지는 않은 것 같다. 그것이 불투명하면 불안을 느끼기 마련이다. 가령 일상적인 학습과 활동보다 강연이나 연수에 쏠리는 경향은 이를 방증한다. 쉽게 접근할 수 있는 방식이긴 하나 거기서 해법을 찾기는 어려울 것이다.

사실 장기적인 비전을 갖는 게 쉽지는 않은 일이다. 때문에 불투명한 혹은 지루한 시간을 견디지 못하고 좌절하는 사례가 다반사다. 크고 작은 모임들이 그렇게 구성과 해체를 반복하다 보면, 성장의 '문턱'을 넘어서기 어렵다. 단절된 혹은 지속성이 없는 시간으로 성장의 서사를 만들어가는 것은 요원한 일이다. 공부라는 것은 '깊이'를 탐구하는 것이다. 그러자면 수업 비평이 제격이 아닐까? 물론 힘들고 지루한 시간을 견뎌낼 수 있는 지구력이 필요하다. 기대어 갈 수 있는 동료가 있다면, 그런 동료가 되어줄 수 있다면 그런 시간도 '내' 편으로 만들 수 있을 것이다. 함께 하는 이유가 거기에 있는 것이 아닌가?

자신이 어떻게 수업을 하는지 볼 수 있을까? 자기 모습은 자신에게 잘 보이지 않는 법이다. 수업을 촬영해서 본다고 해도 '거리'를 두기는 쉽지 않은 일이다. '나'를 관찰한 다른 이들의 조언이나 비평은 자기 성찰에 큰 도움이 된다. 바둑이나 장기를 예로 들자면 '훈수'가 그렇다. 관찰자는 '내'가 보지 못한 수를 보지 않는가. 수업 비평은 타자 혹은 관찰자의 훈수와 크게 다르지 않다. 수업은 상대방과 승부를 겨루는 게임이 아니다. 그럼에도 내기 바둑에서 훈수가 그렇듯 비평도 사달이 날 수 있다. 관찰자가 무책임한 '구경꾼'일 때 그럴 수 있다. 때문에 서로 존중하고 신뢰할 수 있는 '동료성'을 강조하는 것이다.

그런 동료들을 통해 '내'게는 보이지 않는 것을 볼 수 있게 되는 것,

그런 것이 수업 비평의 즐거움이 아닐까? 수업을 본다는 것은 '팩트에 대한 집요한 관찰과 해석'의 과정과 크게 다르지 않다. 덧붙이자면 수업 비평이란 '수업 현상을 분석 텍스트로 그 의미와 가치를 해석하고 평가하는 행위'와 다름없다. 이는 여타의 비평과 마찬가지로 글쓰기 과정을 수반한다. 물론 수업에 대한 관찰과 해석을 메모와 같은 가벼운 형식으로 정리해도 무방하다. 그처럼 수업 사례를 자신의 학습 목록에 추가해도 충분히 공부가 된다. 그와 같은 방식으로 공부할 요량이라면 굳이 글쓰기를 고민할 필요는 없을 것이다.

수업 비평은 '배움의 공동체' 운동이나 '거꾸로교실' 등 근래에 약진하는 담론과 실천들에 비하면 확산 속도가 그다지 빠른 편은 아니다. 이는 1차적으로 글쓰기의 부담과 무관하지 않다. 이와 함께 비평 공간의 부족이나 공식 지면의 부재도 확산을 어렵게 하는 요인이다. 가령 십여 년 전 수업 비평문을 연재했던 『우리교육』(2005~2008)과 같은 공식 지면이 있다면 상황이 다를 수도 있을 것이다. 물론 모두가 수업 비평문을 쓸 필요는 없을 것이다. 그럼에도 독자와의 소통을 전제로 한다면 당연하게도 글쓰기를 피할 수 없다. 읽기의 재미를 위해서는 비평문의 완성도 또한 고려하지 않을 수 없다.

수업을 '깊이' 있게 보자면 글쓰기가 큰 도움이 된다는 사실을 모르지 않는다. 그럼에도 글쓰기는 부담스러운 작업이다. 이는 수업 비평에 입문하는 이들에게 진입 장벽으로 작용한다. 때문에 비평 공간에 참여하는 이들의 필요와 요구에 따라 다르게 가동할 필요가 있다. 글쓰기보다는 대화와 토론에 초점을 둘 수도 있을 것이다. 글을 쓰더라도 각자의 상황과 처지에 맞게 수위를 조절할 필요가 있다. 수업 보기와 글쓰기가 무관한 것은 아니나 분명 다른 차원의 문제니까. 전술한 것처럼 수업 보기는 글쓰기를 생략해도 무방하다. 자신의 생각과 아이디어를 자유로운 형식으로 정리해도 다시 꺼내 볼 수 있으니까.

　수업을 보면서 팩트fact를 관찰하는 것은 그리 어렵지 않은 일이다. 문제는 관찰한 사실을 '자기 언어'로 풀어내는 작업이다. '해석'을 말하는 것이다. 이는 수업 보기에서 또 하나의 문턱을 형성한다. 물론 수업 비평만 그런 것은 아니다. 어떤 식의 접근이든 수업을 보는 과정에서 늘 직면하게 되는 문턱이다. 팩트를 집요하게 관찰해도 그것을 자기 언어로 풀어내는 작업은 쉽지 않은 일이다. 텍스트는 대개 자신의 비밀을 쉽게 허락하지 않는다. 그 봉인을 풀기 위해서는 끊임없이 '질문'을 던져가며 텍스트와 대화하는 과정이 필요하다. 그 과정 속에서 수업에 대한 사유와 메모의 '부피'가 증가하는 것이다.

　물론 글쓰기는 텍스트의 베일을 벗기는 것으로 종결되지 않는다. 글을 쓰자면 텍스트로서의 수업의 의미를 보여줄 수 있는 주제가 필요하다. 주제 정하기는 글쓰기의 또 다른 문턱을 형성한다. 하고 싶은 말들을 무질서하게 늘어놓을 수야 없지 않은가. 주제는 수업에 대한 생각과 메모를 걸러내는 필터 구실을 하게 된다. 주제를 정해야 비로소 글의 골격과 질서가 잡히는 것이다. 글쓰기는 수업의 의미와 가치를 드러내고, '자기 언어'를 생성해가는 과정과 다름이 없다. 그 과정에서 텍스트의 희미한 정체가 의식의 표면 위로 명징하게 떠오르는 순간을 만나게 되는 것이다. 고통이 즐거움으로 전환되는 순간을!

　수업 보기와 글쓰기는 혼자서 감당하기 쉽지 않은 작업이다. 동료들과 함께 비평 공간을 구성할 수 있으면 좋을 것이다. 서로를 촉발하는 대화와 토론이 큰 도움이 되는 까닭이다. 동료들로부터 끊임없이 피드백을 받을 수 있다는 점도 강점이다. 비평 공간이 정형화된 형식이 있는 것은 아니다. 굳이 '전문가 비평'을 그대로 따올 필요도 없다. 당사자들의 상황과 요구에 맞게 자기 포맷을 만들어 실행하면 되는 것이다. 프로가 목적이 아니라면, 생각과 의견을 나누며 수업을 성찰하는 과정에서 성장을 경험할 수 있으면 되는 것이 아닐까? 비록 실패와 오류를 반복하는 아마추어일지라도 그 경험은 차이 없는 반복이 아니다.

물론 재능에 대한 회의가 끊임없이 따라붙는다. 그럼에도 누적된 시간은 이전의 '나'와 '다른 나'를 만들어낸다. 말콤 글래드웰이 『아웃라이어』(2009)에서 밝힌 것처럼 1만 시간의 노력, 그것이 아마추어를 전문가로 만드는 핵심 요소인지는 모르겠으나, 투여한 시간만큼 달라지는 것 같기도 하다. 알다시피 사토 마나부의 사례는 본보기를 제공한다. 제프 콜빈은 『재능은 어떻게 단련되는가?』(2010)에서 말콤 글래드웰의 논의를 보강한다. '신중하게 계획된 연습'이 재능 혹은 능력을 단련시킨다고. 동료들과 함께 그 힘들고 지루한 시간을 견딜 수 있다면 혹은 즐길 수 있다면 공동의 성장을 경험할 수 있지 않을까?

수업, 나눔과 대화

윤양수

수업 혁신에 관한 논의가 활발하다. 성공적인 사례들도 눈길을 끈
다. 2000년대 후반 이후 수업 관광지로 주목받는 학교들도 등장했다.
가령 매년 수많은 교사들이 이우학교나 장곡중학교처럼 수업 혁신에
성공한 학교들을 찾는다. 예매(?) 없이는 티켓을 구할 수 없을 정도가
되었다. 이는 마치 1990년대 중반 이후 열린교육이 확산되던 시기를
연상케 한다. 그때도 많은 교사들이 열린교육의 '1번지'를 탐방했다.
이처럼 최근 십 년 사이에 등장한 수업 담론과 실천 사례들을 보면서
수업 문화의 전환기임을 실감한다. 관 주도 개혁의 대상으로 내몰리
던 교사들이 수업 혁신의 흐름을 주도하는 자발적인 주체로 등장한
것이다.

그처럼 성과가 보고되고 있음에도 혁신학교가 아닌 일반 학교에서
는 변화를 체감하기 어렵다. 지금도 여전히 수업을 오픈하는 문화조
차 부담으로 여기는 것이 현실이다. 이는 아마도 장학과 평가에 의해
형성된 습속 탓일 것이다. 장학과 평가의 시선은 교사들의 수행 능력

과 자질을 겨냥해왔다. 그로 인해 자기 '방어'와 '단속'으로 일관하는 위축된 수업 문화가 양산되었음을 모르지 않는다. 교사들은 책잡힐 일 없게 빈틈없이 준비하고 나서야 비로소 교실 문을 연다. 가령 학생들의 예상 답변까지 계산하며 수업안을 시나리오처럼 작성한다거나 학습 과정을 매끄럽게 통제하려는 습속은 그와 무관하지 않을 것이다.

그러니 수업을 오픈하기가 부담스러운 것이다. 게다가 아이러니한 것은 그런 관념과 습속 탓인지 수업을 개방해도 보러 오는 이들이 별로 없다는 것이다. 그와 같은 사정을 알기 때문에 수업을 보러 오는 것이 미안한 것이다. 동병상련이라고, 부담을 주고 싶지 않은 것이다. 한편으로는 그렇게 준비한 수업에서는 그리 배울 것이 없다고 생각하는 경향도 없지 않다. 보고 배울 만한 수업을 만나기도 쉽지 않을뿐더러 상투적인 주례사를 건네는 일도 달갑지 않은 것이다. 수업 공개도 협의회도 그저 그런 일이 되어버린 것이다. 공동의 성찰을 통해 지식과 경험을 나누기보다는 기대할 것이 없는 통과의례가 되어버린 것이다.

최근 일각에서는 낙후한 '수업 공개'의 관행을 개선하기 위해 '수업 나눔'이라는 용어를 사용한다. '나눔'이라는 용어 속에는 공동의 성찰과 성장이라는 지향이 담겨 있다. 기존의 '공개'의 배치가 의무를 부과하는 강제성과 발언의 위계를 할당하는 비대칭적인 시선을 특징으로 한다면, '나눔'은 신뢰와 협력의 동료성과 호혜적인 시선을 특징으로 한다. 물론 양자 모두 교실을 열어야 한다는 점에서 부담이 없는 것은 아니다. 그러나 '수업 나눔'은 거부감이 적다는 점에서 현격한 차이가 있다. 규범과 동일성을 강제하는 지도나 평가가 아니다. 성장의 서사를 만들어가기 위해 지식과 경험을 모으는 집단지성을 가동하는 방식이다.

수업을 보는 방식이 수업 실천에 영향을 준다는 사실을 모르지 않을 것이다. 때문에 근래에는 보기와 실행의 선순환을 강조한다. 교사들이 수업을 보는 방식에 관심을 갖는 것도 그런 맥락에서 이해할 수 있다. 최근의 수업 관련 담론들을 살펴보면, 수업을 보는 관점이나 방식이 저마다 다르다. 가령 '학생'의 시선으로 보기, '배움'을 중심으로 보기, '비평'의 시선으로 보기 등은 각기 다른 절차와 방법을 제안하고 있다. 이들의 제안과 방법론을 수업 보기와 실행에 참고할 수 있어 도움이 되는 것은 사실이다. 그럼에도 학교 현장에서는 그 어느 것도 활용하기가 쉽지 않은 것 같다. 여기서 굳이 학교의 일반적인 현실을 길게 설명할 필요는 없을 것이다.

특히나 수업을 볼 때 무엇을 관찰하고, 어떤 방식으로 이야기를 나눌 것인지 가닥을 잡기가 쉽지 않다. 최근에 강세를 보이는 경향은 학생의 학습 혹은 배움을 중심으로 수업을 보는 방식이다. 학생의 학습 혹은 배움을 집요하게 관찰하고, 그것의 의미와 가치를 해석하고 따져보는 식이다. 이와 같은 방식을 '수업 현상 혹은 팩트에 대한 집요한 관찰과 해석'으로 요약해도 크게 틀리는 말은 아닐 것이다. 그리고 수업자와 관찰자가 거부감 없이 서로 도움을 주고받을 수 있는 대화를 강조하기도 한다. '이해'의 시선으로 수업을 보려는 것이다. 이들은 교사의 수행 능력과 자질을 겨냥하던 장학과 평가의 관행을 넘어선다는 점에서 긍정적이다.

다른 한편으로 장학과 평가의 관행을 비판하면서 교사의 수행 능력과 자질에 대해서는 침묵하는 경향도 없지 않다. 이는 또 하나의 편향을 낳게 되는 것이 아닐까? 특정한 시선이나 방식을 특권적으로 강조하는 경향도 크게 다르지 않다. 그와 같은 방식들이 등장한 맥락을 모르는 것은 아니나 어느 한 측면을 과도하게 강조한다는 점에서 일종의 강박처럼 느껴진다. 어느 한 측면을 강조한다는 것은 다른 측면을 소홀히 취급하는 것일 수 있지 않은가. 물론 수업을 보는 방식과 논리가 다를 수 있다는 사실을 부정하지 않는다. 각각의 방식들이 갖는 실천적 함의를 파악하고, '자기'에게 맞는 방식을 정하면 될 일이니까.

그럼에도 어떤 방식을 취하든 수업 현상과 관련한 다양한 측면들을 균형 있게 볼 필요가 있지 않을까? 학생의 학습 혹은 배움, 교사의 수행 능력과 자질, 교과 관련 지식과 교수 방법 등 어느 것 하나 중요하지 않은 것이 없다. 학생의 활동과 수행을 관찰하면서 학습 경험과 경로를 추적하는 것은 수업 관찰의 핵심이다. 교과 관련 지식과 교수 방법도 그에 못지않게 중요한 영역이다. 교과에 대한 교사의 식견에 따라 수업이 크게 달라질 수 있으며, 교사의 수업 전문성 향상을 위해서도 빼놓을 수 없는 부분이다. 그리고 학습 집단 조직, 발문 기술, 학생 통솔, 시간 관리 등의 일반적인 수행 능력도 중요하지 않은가?

수업 현상은 매우 다양하며, 그에 대한 관찰과 해석 또한 그럴 수 있다. 그리고 수업 현상은 '이미-항상' 우리가 가지고 있는 특정한 관념과 해석의 언어를 초과할 수 있다. 특정한 시선과 관념을 특권화하려는 태도는 개방적인 대화나 생산적인 논의를 어렵게 한다. 따라서 수업을 논할 때 우리는 '진리'가 아닌 '의견'의 문제로 접근할 필요가 있다. '진리'의 문제로 보게 되는 순간 새로운 실천도 또 하나의 규범 혹은 입법의 시선으로 변질될 수 있으며 논의가 협소해질 수 있다. '진리'가 다양한 사고와 시선을 거세하는 배타적인 권위로 기능하게 되는 까닭이다. 수업 나눔은 해석의 우열을 가리는 경연이 아니지 않은가.

수업을 볼 때 '이렇게 하면 좋았을 거'라는 식의 '사후 가정법'의 시선도 짚고 넘어갈 필요가 있을 것 같다. 가정법은 사후 대안으로, 더 높은 기대치로 의도와 무관하게 수업을 폄하하는 부정적인 효과를 낳는다. 뿐만 아니라 그런 식으로 수업을 보게 되면, 수업 자체의 맥락과 개인의 수업사史를 볼 수 없게 된다. 이미 지나간 시간을 되돌릴 수야 없지 않은가. 물론 가정법이 수업에 대한 상상력을 열어줄 수 있다는 점에서 의미가 없는 것은 아니다. 수업을 구상하거나 설계할 때에는 도움이 되지 않는가. 다만 때를 가릴 필요가 있다는 것이다. 수업 협의회에서 그와 같은 가정은 자기 안에 간직해두면 좋을 것이다.

수업을 나누는 대화 공간은 다양한 시선들이 교차하는 사유와 담론의 공간이다. 서로 다른 시선들이 소통하는 공간이며, 이질적인 시선은 수업을 넓고 깊게 볼 수 있게 해준다. 수업 현상은 다양한 의미로 해석할 수 있으며, 수업을 보는 어떤 시선도 특권적인 시선이 될 수는 없다. 수업 나눔은 그런 다양한 시선들이 오가는 토론 공간 속에서 수업 보기와 수업 실천에 대해 질문하고 탐구하는 것이다. 그 과정에서 보이지 않던 것이 보이게 되고, 누가 주지 않아도 스스로 받아가게 되기도 한다. 그런 것이 수업 나눔이 우리에게 주는 이익 혹은

선물일 것이다. 그와 같은 촉발과 생성을 긍정할 수 있으면 되는 것이
아닐까?

수업 나눔의 포맷과 원칙

윤양수

우선 수업 공개의 관행부터 살펴보자. 수업 공개는 교사들이 돌아가면서 수업을 공개하고, 수업 협의회를 진행하는 방식으로 이루어지는 것이 일반적이다. 학교마다 차이가 있으나 이와 같은 포맷을 수업 '공개-협의회'로 요약해도 무방할 것이다. 이와 함께 교육 당국이 연례 행사처럼 장학을 실시한다. 컨설팅 장학과 책무성 장학을 말하는 것이다. 학교 현장에서는 수업을 공개할 교사를 정하고, 교육과 행정의 성과와 실적을 편집하느라 분주하다. 수업 공개는 과도한 부담과 '의무 방어'의 강제성을 피하기 어렵다. 때문에 교사들은 대부분 수업 공개를 기피한다. 게다가 수업 장학의 질과 전문성 또한 신뢰하기 어려운 수준이다.

낡은 관행을 반복하는 교내 수업 공개나 교육 당국의 수업 장학은 불편한 통과의례에 불과하다. 거기에 의미를 두는 이들이 있을까? 그와 같은 방식은 교사들을 개혁의 대상으로 설정하고, 수동적인 위치를 할당할 뿐이다. 때문에 '장학'의 배치 안에는 자발적인 주체의 자리가 없다. 당연한 귀결로 신뢰와 협력의 동료성 또한 기대하기 어렵다. 그와 관련한 부정적인 습속을 더 길게 설명할 필요는 없을 것이다. 최근에는 수업 나눔이란 용어가 수업 공개의 대체 용어로 사용된다. 기존의 부정적인 관행을 극복하고, 교사들 스스로 대안을 모색하려는 것이다. 이는 수업 혁신의 흐름을 형성하는 교사 대중의 등장과 무관하지 않을 것이다.

수업 나눔이란 '계획-실행-성찰'의 과정에서 수업에 대한 생각과 의견, 경험과 지식 등을 나누는 것을 말한다. '나눔'으로 공동의 성장을 도모하려는 것이다. 대화의 장에 함께 참여하고, 거기서 생성되는 이익을 자신의 생각과 판단에 따라 취하는 방식이다. 이렇듯 수업 나눔은 말 그대로 '참여'를 기반으로 '나눔'을 지향한다. 물론 손에 잡히는 매뉴얼이나 특정한 방식이 있는 것은 아니다. 따라서 수업 나눔의 '포맷'이나 실행 계획은 스스로 만들어야 할 것이다. 가령 '성찰'에 비중을 둔다면 '배움의 공동체' 방식이나 수업 비평 등을 실행의 도구로 활용할 수 있을 것이다. 최근에 등장한 다양한 연구 방식을 참고하면 좋을 것이다.

수업 나눔을 '성찰'에 한정해서 말한다면, 수업 협의회 포맷도 바꿀 필요가 있다. 기존의 협의회는 '소감-협의-지도'의 순으로 진행되는 것이 관행이다. 이와 같은 배치로는 유쾌한 대화를 기대하기 어렵다. 발언의 위계가 '협의'를 제한하는 탓이다. 수업 협의회 문화가 빈곤한 것은 그런 이유 때문일 것이다. '대화와 토론'에 초점을 두는 방식으로 포맷을 변경할 필요가 있다. 게다가 수업 협의회는 수업을 공개한 후에 바로 진행하는 것이 일반적이다. 수업 관련 자료를 수집하거나 생각을 정리할 여유도 없이 진행된다. 때문에 깊이 있게 대화를 나누기에는 한계가 있다. 수업 공개와 협의회 사이에 시차나 간격을 두면 좋을 것이다.

수업 나눔의 단위를 조직하는 것도 중요한 일이다. 단위 학교에서는 학년이나 학년군, 교과별로 다양하게 조직할 수 있다. 초등은 학년 단위로 조직하는 것이 유익하다. 수업 나눔뿐만 아니라 교육과정 운영, 학습과 활동까지 같이 할 수 있기 때문이다. 물론 학교의 실정과 상황을 고려할 필요가 있다. 가령 단위의 규모가 크면 나누어 구성하는 것도 좋은 방법이다. 인원이 많을 때보다 소통과 대화에 유리하며, 수업 결손도 얼마간 줄일 수 있다. 단위별 학습과 활동을 함께 공유할 수 있는 기회와 장을 마련할 필요도 있다. 활동을 돌아보고, 비전과 방향을 점검할 수 있을 것이다. 또한 일상적인 활동의 긴장 유지에도 도움이 된다.

구성원들 간에 공조의 리듬을 만들어가기 위해서는 규칙이나 원칙도 필요하다. 우선 동료성collegiality 구축이 중요하다. 구성원들 간의 신뢰와 협력 관계를 말하는 것이다. 이는 수업 나눔의 기반이 된다. 그와 같은 기반 없이는 소통과 대화도, 공동의 활동과 성장도 기대하기 어렵다는 사실을 모르지 않는다. 그러나 '동료'를 만나기 어려운 것이 현실이다. 오늘 보고 말 것처럼 관계를 맺고 살아도 문제가 없으니까. 더 나아가도 수다와 친목을 넘어서기 어렵다. 거기에 즐거움이 없는 것은 아니나 대화 콘텐츠는 빈곤할 수밖에 없다. 내일도 함께 살아갈 사람처럼 관계를 맺기 위해서는 공동의 비전과 방향을 공유할 필요가 있다.

서로 도움을 주고받을 수 있는 호혜성의 원칙도 필요하다. 수업 나눔은 동료들과 함께 호혜적인 배움의 관계를 구성하고, 나눔의 수업 문화를 만들어가는 것이다. 특별한 비법이 있을까? 일상적인 학습과 활동을 함께 하고, 어려움과 즐거움을 같이 할 때 우정과 신뢰의 관계가 자연스럽게 자리 잡게 될 것이다. 호혜성의 윤리를 오인하여 이견과 논쟁을 배제할 필요는 없을 것이다. 그것이 당장은 불편할지 모르나 성장의 자양분이 된다는 사실을 모르지 않을 것이다. '비판'의 용법이 '평가'의 시선과는 다르다는 사실을 추가할 필요는 없을 것이다. 물론 말길이 어긋나 서로 상처를 주고받는 일은 경계해야 할 것이다.

또한 조건 없이 '자기'를 개방할 필요가 있다. 개인의 수업 스타일이 고정된 것일까? 물론 경험이나 개인사에 따라 형성되는 자기 스타일이 있을 것이다. 그러나 그것이 불변의 정체성은 아닐 것이다. 끊임없이 달라지지 않는가. 정체성을 불변의 동일성이 아닌 가변적인 안정성으로 이해할 필요가 있다. 우리는 '미완'이어서 도야하는 것이 아니다. 도야하기 때문에 완성될 수 없는 것이다. 그런 맥락에서 학습과 활동은 정체와 고착에 저항하는 실천이다. 달라지는 '나'를 긍정하는 실천이다. 토론과 논쟁을 통해 '자기'가 깨지는, 그리하여 사유가 열리는 경험을 두려워할 필요가 있을까? 그 불편한 즐거움까지 긍정할 수 있다면!

다양성의 원칙도 필요하다. 수업에 대한 관찰과 해석은 서로 다를 수 있다. 그렇기 때문에 함께 나누려는 것이다. 그 차이가 사유와 상상력을 촉발하고, 거기서 배움이 비롯된다. 그런 점에서 '차이'는 생산적이다. 때문에 수업 현상을 보는 시선과 논리의 차이를 긍정하는 것이다. 그렇다고 수업에 대한 오해나 곡해까지 그냥 지나칠 필요는 없다. 이를 방관한다면 문제를 회피하고 마는 식의 승인의 정치학으로 귀착되고 말 것이다. 자기 의견에, 내 수업에 간섭하지 말라는 식의 태도와 크게 다르지 않다. 물론 수업 나눔은 수업자에 대한 존중과 이해를 강조한다. 그렇다고 해서 그것을 자기 보호의 방벽으로 착각할 필요는 없을 것이다.

몇 가지 더 추가할 수 있을 것이다. 수업 나눔은 수업자를 지원하고, 수업에 대한 생각과 의견을 나누는 것이 핵심이다. 후자는 관찰과 해석을 말하는 것이다. 세부적인 팩트와 함께 전체적인 흐름을 균형 있게 볼 필요가 있다. 인상의 수준을 넘어서기 위해서는 수업 관련 정보와 자료 수집도 중요하다. 수업안, 녹화 자료, 교수 자료, 학습 자료, 설문이나 면담, 활동지, 산출물 등을 말하는 것이다. 이는 깊이 있는 논의와 해석에 도움이 된다. 특정 관점이나 원칙을 강박적으로 강조하는 경향은 경계할 필요가 있다. 그와 다른 것을 배제하는 결과를 낳을 수 있기 때문이다. 자기 시선의 오만과 논리의 허점을 살펴야 할 것이다.

수업 나눔은 익숙하고 편안한 동일성을 지향하지 않는다. 수업 혁신을 지향한다는 점에서는 매우 정치적인 활동이라고 해도 무방하다. 낡은 관행과 습속에 맞서 새로운 문법과 감수성을 생산하고 발명하는 구성적인 활동이기 때문이다. 이를 '수업의 정치'라고 말해도 좋을 것이다. 이처럼 수업 나눔은 자기만의 고유성이나 친숙한 방식을 고수하고 보호하려는 태도와는 공존하기 어렵다. 차이와 변이를 긍정한다면 '외부'와 적극적으로 접속할 필요가 있다. '외부'란 만나고 접속할 수 있는 모든 것을 말한다. 타자를 비롯하여 다양한 외부와 접속하며, 구성적인 활동으로 변화와 성장을 도모하는 잠재성의 장을 만들어가는 것이다.

국정 교과서 시대의 역사 수업

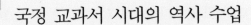

원종희

    2015년 10월 이후 가장 뜨거운 정치적 이슈 중 하나는 역사 교과서 국정화 문제가 아니었을까? 역사 교과서 국정화 문제의 시작은 2013년 교학사의 역사 교과서가 검정 심의에 최종 통과되면서부터이다. 인터넷 사진 자료의 대거 이용, 100여 건의 사실관계 오류가 지적되면서 교학사 역사 교과서 검정 합격 취소 논란이 불거진다. 이에 당시 국무총리는 역사 교과서의 국정화 문제에 대한 논의 필요성을 제기한다. 이후 2015년 10월 11일 새누리당과 교육부는 역사 교과서 국정화 논의를 위한 당정협의회를 열고, 10월 12일 한국사 교과서 국정화 방침을 공식 발표, 11월 3일 국정화를 확정한다. 역사 교과서 국정화에 대한 국민들의 찬반 여론이 들끓고, 여기저기서 반대 집회와 시위가 이어졌지만 충분한 논의나 토론 없이 국정화 방침은 일방적으로 강행된다.

    역사 교과서 국정화 발표 이후 처음 발행하여 2016년 2월에 배포된 초등 6-1 사회(역사) 교과서는 많은 오류와 편향성의 문제를 안고 있다. 역사교육연대회의의 분석 결과에 따르면 비문, 부적절한 표현 등 오류와 편향성을 띤 내용이 124건이나 되는 것으로 나타났다. '오류 없고 편향되지 않는 교과서'를 만들겠다는 정부의 약속과는 상반된 결과이다. 실험본에 있었던 '위안부' 용어와 사진이 삭제되고, 박정희, 전두환 정권 부분에서 '독재' 표현이 빠지는가 하면 '대한민국 정부 수립'을 '대한민국 수립'이라 표현하였다. '대한민국 수립'은 3·1운동 이후 세워진 임시정부와 독립운동의 역사를 무시하는 뉴라이트new right 진영의 '건국절' 주장을 수용한 표현이다. 그 밖에도 초등학생 수준에 비해 지나치게 어려운 용어 사용, 시각자료와 서술과의 연관성 부족, 도표의 비정확성 등은 물론 '국민'을 빙자한 권력의 요구를 주입하고자 하는 의도가 드러나 있음이 지적되었다.

그 결과 일부 시·도 교육청에서는 초등 6-1 사회(역사) 교과서의 오류와 편향을 바로잡기 위한 교사 연수를 실시하고 보조 교재 개발을 추진하고 있다. 이미 현장에 배포되어 교재로 활용되고 있는 교과서의 오류와 편향성 문제에 교사들은 어떻게 대응해야 할까? 몇 시간의 연수와 보조 교재의 도움으로 문제를 해결할 수 있을까? 정당성을 확보한 역사적 사실과 편향성에서 벗어난 내용으로 채워진 교과서는 마땅히 필요하다. 하지만 역사 교과서 국정화는 국가가 직접 역사책을 만드는 것이다. 탄생부터가 국가 이데올로기나 집권층 유지를 위한 수단이나 도구로서 기능하도록 만들어진다. 누가 정권을 잡는가에 따라 내용은 달라지고, 획일적이며 편파적으로 왜곡될 수밖에 없다.

이러한 국정 교과서 체제에서 교사가 제대로 된 역사 교육을 위해 할 수 있는 일은 무엇일까? 무엇보다 교사의 자율성과 전문성을 발휘한 교재 재구성이 필요하다. 역사 교재 재구성이 가능하려면 먼저 교사 자신이 역사는 무엇이며, 왜, 무엇을, 어떻게 가르칠 것인가에 대한 나름의 생각을 가지고 있어야 한다. 교사의 역사 인식이 곧 역사 수업의 방향이나 내용 구성에 영향을 미치기 때문이다. 역사는 다루는 내용이 교과 내용 자체가 되기 때문에 내용을 구성하는 교과서 집필자나 교재를 재구성하여 가르치는 교사의 역사 인식이 아주 중요하다.

E. H. 카는 『역사란 무엇인가』에서 "역사란 역사가와 그의 사실들의 지속적인 상호작용의 과정, 현재와 과거의 끊임없는 대화"라고 말한다. 이 정의는 역사가와 사실에 대한 역사가의 해석 관계를 함의한다. 과거의 시간 속에 존재했던 무수한 사실들은 역사가의 해석에 의해 역사적 사실로서 지위와 의미를 얻게 된다. 역사가는 현재와 동떨어질 수 없는 존재로서 현재의 관점으로 과거를 바라본다. 현재의 눈을 통해 과거를 조망하며 과거의 사실을 선택, 재구성하여 역사적 사실로 만든다. 따라서 역사란 과거에 일어난 사실에 대해 현재라는 시간 속에 규정된 역사가의 견해가 들어간 기록이라 할 수 있다. 이러한 역사에 대한 정의는 역사 교육의 목적과 내용, 방법에 대한 단초를 제공한다.

역사 교육의 여러 가지 목적 중 역사의식과 역사적 사고력 함양은 다른 무엇보다 중요하다. 역사적 사고력을 통해 형성된 바른 역사의식이 곧 현재를 이해하고 내일의 방향을 설정하는 나침반 역할을 하기 때문이다. 역사의식과 역사적 사고력 함양을 위한 역사 수업의 방법에는 어떤 것들이 있을까? 초등 역사 교육에서는 실제적이고 활동적인 학습을 통한 살아 있는 역사 수업을 강조한다. 살아 있는 역사 수업을 위한 조건으로 '역사를 실감케 하는 수업', '역사 학습에 대한 능동적 참여', '학생 스스로의 의미 구성과 공유'[27] 등을 제시한다. 예를 들면 학생들은 역사적 인물 되어보기를 하며 감정이입을 통해 역사를 실감할 수 있다. 또 사료 분석, 추론, 상상력을 동원한 탐구자 입장에서의 추체험을 통해 역사 학습에 능동적으로 참여할 수 있다. 탐구과정을 통해 얻은 지식을 자기 언어로 재구성하고 공유하며 역사의식을 내면화하고, 역사적 판단력을 키울 수 있다.

역사 수업이 교수·학습 활동을 통해 학생들로 하여금 역사를 인식시키는 것이라면 수업 내용은 곧 역사적 사실이 된다. 역사 수업의 과정은 실제의 역사적 사실이 학생들이 인식하는 역사로 바뀌는 과정이라고 할 수 있다.[28] 역사 수업은 그 자체가 해석의 과정이 되는 것이다. 역사 수업에서 학습자들은 작은 역사가가 되어 역사적 사건이나 인물들을 사회구조 속에서 파악하고, 증거에 입각하여 과거의 역사를 재구성하는 경험을 한다. 동시에 현재 자신이 살아가고 있는 사회와 세계에 의해 구성된 인식체계를 작동시키며 역사 해석의 주체가 되기도 한다. 그런 면에서 역사 교육의 목적은 학습자가 역사적 사실과의 끊임없는 대화와 해석을 통해 현재와 미래를 성찰할 수 있는 사고력과 판단력을 길러 현재를 이해하고 오늘을 사는 지혜를 배우는 것이 아닐까?

27. 최용규 외, 『살아 있는 역사 수업』, 2009, 교육과학사, 23쪽.
28. 김한종, 『역사 수업의 원리』, 2007, 책과 함께, 121쪽.

실제 수업 현장에서 교과서를 재구성하여 역사 수업을 진행하는 우수 수업 사례들을 만날 수 있다. 사전 정보를 차단하고 오로지 상상력에 기대어 역사적 유물의 쓰임새나 의미를 찾아보게 하는 '문화재 탐구 수업', 학생들이 직접 답사 계획을 짜고, 실행, 보고의 과정의 거쳐치며 문화재를 통해 역사를 이해하는 '문화재 답사 수업', 대립관계에 있던 역사적 사실이나 인물의 입장이 되어보는 '역사 디베이트'나 '역사 법정 수업', 역사적 상황을 극으로 꾸며 재현해보는 '극화 수업', 학생들이 직접 역사가가 되어 과거의 사실과 인물, 문화재의 관계를 추적하여 역사적 사실을 재구성해보는 '역사가 프로젝트 수업' 등 다양한 사례를 만날 수 있다. 모두가 학생들이 주인공이 되어 몸으로 뛰고, 오감으로 느끼며 상상력과 추체험, 해석의 과정을 거쳐 역사를 배우는 수업들이다.

국정 역사 교과서가 가져올 재앙을 막을 수 있는 길은 역사 수업을 진행하는 교사의 손에 달려 있다고 해도 과언이 아니다. 교사가 편향성과 오류투성이 교과서 내용을 그대로 전달하는 데 그친다면 역사교육은 집권층의 지배 이데올로기를 재생산하며 그 이념에 충실한 신민을 기르는 역할밖에 하지 못할 것이다. 제대로 된 역사 수업, 살아있는 역사 수업을 위해 교사는 다양한 형태의 수업 실천을 통해 학생들이 역사적 사실의 주인공이 되어보게 해야 한다. 작은 역사가가 되어 역사적 사실을 탐구하고, 해석해보는 경험을 통해 주체적 역사 인식과 역사적 사고력을 키울 수 있게 해야 한다. 그렇다면 국정 역사교과서 앞에서 망연한 교사들에게 지금 필요한 것은 무엇일까? 역사수업의 구체적 실천을 위해 우선 가까이에 있는 교사들끼리 작은 단위의 모임을 꾸리고, 역사 교재 재구성을 위한 자료와 방법들을 찾고, 각자의 실천 경험을 나누는 일부터 시작해보면 어떨까?

듣는다는 것

원종희

듣는다는 것은 무엇일까? 우리는 어떤 소리가 들려올 때 그 소리의 정체에 대해 생각하고 판단한다. 어떤 말을 들을 때 그 말의 의미를 생각하고 판단하고 행동한다. 듣는다는 것은 곧 생각한다는 것이다. 잘 듣는다는 것은 깊이 생각하는 것이고, 익숙한 생각의 너머까지 생각하는 것이다. 언어 습득 과정에서 듣기는 말하기에 앞선다. 인간은 어떤 말을 반복해서 듣고 따라 말하기를 반복하며 정확한 의미를 체득해간다. 듣기는 언어와 사고 발달의 전제가 되는 것이다.

의사소통에서 듣기는 상대방을 이해하는 과정이자 자기표현을 위한 숙고의 과정이다. 공동체적 삶 속에서 사회적 감정을 키우는 듣기의 중요성은 늘 강조되어왔다. 앤드류 카네기는 "사람들에게 비웃음을 사고, 무시당하고, 외면까지 당할 수 있는 세 가지 방법은 절대 상대방의 이야기를 끝까지 들으면 안 되고, 계속 자기의 말만 하고, 상대방의 이야기를 듣다가 자신이 할 이야기가 있으면 바로 끊고 자신의 말을 하면 된다"라고 한다. 이청득심以聽得心! 왜 귀 기울여 듣는 것이 곧 마음을 얻는 지혜라고 했는지 공감되는 역설이지 않은가.

듣기를 밀어낸 일방적 말의 범람은 일상적 대화뿐만 아니라 학교의 교실 수업에서도 흔히 만나는 풍경이다. 대부분의 초등학교 교실은 "저요, 저요" 발언 경쟁으로 시끌벅적하다. 반면에 다른 친구가 무슨 말을 했는지, 친구의 발언에 대해 어떻게 생각하는지 물으면 대답을 잘 못한다. 내 생각으로 머릿속이 가득 차 있어 다른 사람의 말이나 생각을 받아들일 공간이 남아 있지 않은 것이다.

이렇게 발언 과잉으로 왁자지껄 소란스러운 교실을 사토 마나부는 '거짓 주체성'이 지배하는 교실이라고 비판하며 '듣기'를 강조한다. 발언하기보다 먼저 주의 깊게 듣는 힘을 길러야 한다고 한다. 듣는 힘이 길러졌을 때 언어 표현력도 풍부해진다는 것이다. 사토 마나부가 추구하는 교실은 '서로 들어주는 관계'가 형성된 조용하고 차분한 교실이다. 이를 위해 교사가 먼저 한 사람 한 사람의 목소리를 주의 깊고 정중하게 듣는 일을 끈기 있게 계속할 것을 주문한다. "수다스러운 아이(인간) 가운데 배움이 능숙한 아이(인간)는 없다. 배움은 능동적인 행위로 생각하기 쉽지만 그 능동적인 행위 앞에 수동적인 듣기라는 행위가 있음을 명심하라"[29]라고 한다.

그런데 최근 확산되고 있는 또 하나의 풍경 하브루타가 진행되는 교실은 배움의 공동체에서 추구하는 차분한 교실의 모습과는 사뭇 다르다. 하브루타Haveruta는 히브리어로 '친구'를 뜻하는 '하베르Haver'에서 온 말로 짝을 지어 질문하고 대화, 토론, 논쟁하는 학습 방법이다.

---

29. 사토 마나부, 『수업이 바뀌면 학교가 바뀐다』, 2006, 에듀케어 , 97쪽.

KBS 〈공부하는 인간-호모 아카데미쿠스〉(2013) 제작팀이 제공한 영상을 보면 하브루타가 이루어지는 곳이면 어디든 시끌벅적하다. 심지어 도서관에서도 두 사람씩 마주 앉아 큰 소리로 열띤 토론을 벌인다. 우리가 익히 알고 있는 도서관 분위기나 배움의 공동체에서 말하는 차분한 교실, 숨결이 느껴지는 교실과는 정반대의 모습이다.

이스라엘의 교육 전문가들에 의하면 질문하고 논쟁하는 것이야말로 이스라엘 유대인 교육의 핵심이다. 교사들은 학생들에게 계속 질문을 유도하고, 학생들은 교사의 가르침을 당연하게 받아들이지 않고 끊임없이 질문한다.[30] "마따호세프?", "네 생각은 무엇이니?" 배움은 질문으로부터 시작해서 질문으로 끝난다. 하브루타에서는 말이 곧 사유이며 말로 할 수 없는 것은 모르는 것이 된다.

교육의 본질 중 중요한 하나는 생각하는 힘을 기르는 것이다. 배움의 공동체는 생각하는 힘을 기르는 방법으로 '듣기'를, 하브루타는 '말하기'를 내세운다. 배움의 공동체에서 듣기는 사고를 촉발하고 생각과 생각을 연결하며 서로 배우는 관계로 나아가게 한다. 사토 마나부에 의하면 서로 배우는 관계는 "자연스럽고 잘난 척하지 않으며 친절함으로 맺어지는 관계", "혼자 해결하기 어려운 상황에 처한 아이가 도움을 구하면 그 요청에 따라 다른 아이가 대답해주는 서로를 돌보는 관계"[31]이다.

하브루타에서는 말하기를 통하여 서로 가르치는 관계를 강조한다.

---

30. KBS 공부하는 인간 제작팀, 『공부하는 인간』, 2015, 예담, 227쪽.
31. 사토 마나부, 『교사의 도전』, 2013, 우리교육, 24쪽.

앉아서 듣기만 하는 교육은 학생들을 수동적으로 만들고 움직임의 본능과 자연을 거스르는 교육 방법이라 생각한다. 하브루타 학습법 중 '친구 가르치기'는 내가 알고 있는 것과 모르는 것을 분명히 알게 하고, 즐겁고 능동적인 학습을 가능하게 한다. 짝끼리 번갈아 가르치기는 각자가 학습한 내용에 대해 질문을 교환하며 사고의 폭을 넓히게 한다. 토론과 논쟁의 과정에서 자신의 관점을 주장하고 방어하며, 상대방의 관점에 비판적으로 접근하는 비판적 사고력을 키울 수 있다.

그렇다면 배움의 공동체의 듣기와 하브루타의 듣기에는 어떤 차이가 있을까? 두 학습 방식 모두에서 듣기와 말하기를 염두에 두고 있지만 강조점은 다르다. 배움의 공동체에서는 말하기 행위에 앞서 듣기가 우선이다. 주의 깊고 세심한 듣기가 깊은 이해와 풍부한 표현을 가능하게 한다. 나아가 서로 배우는 관계를 만든다. 반면에 하브루타에서는 듣기보다 상대방 의견에 질문하며 자기 생각을 표현하는 것이 더 중요하다. 듣기는 질문과 토론, 논쟁을 위한 전제가 된다.

배움의 공동체에서의 듣기가 집단과 관계를 중요시하는 동양문화에서 비롯된 것이라면 하브루타의 질문과 토론은 개인과 독립성을 중시하는 서양문화의 전통에서 온 것이다. 집단과 관계 속에서 조화를 중시했던 동양사회는 자신의 감정이나 생각을 표현하거나 질문하는 것에 대해 부정적으로 생각하는 경향이 지배적이었다. 이에 비해 개인과 독립성을 중시하는 서양문화에서는 자기 생각과 감정을 적극적으로 표현하고, 궁금한 것이 있으면 서슴없이 질문하는 것이 독려되었다. 개인의 정체성을 관계가 아닌 개인의 가치나 성격, 취미 등 개인의 본질적 특성에 근거해서 인식해왔기 때문이다.

잘 듣는 일은 삶 속에서, 배움의 과정에서 무엇보다 중요하다. 삶에서 다른 사람을 듣지 못하면 자기 세계에 빠져 고립될 수밖에 없다. 듣고 싶은 말만 듣고, 하고 싶은 말만 할 때 그 말들은 모두 자신에게 되돌아오거나 메아리가 되어 허공에 흩어질 뿐이다. 교실에서 교사가 아이를 듣지 못하고, 아이들이 친구를 듣지 못하면 어떤 질문도, 앎도 나눌 수 없다. 상대에게 귀 기울일 때 내 머릿속 생각들은 꿈틀대며 다시 정렬한다. 듣기가 다르게 생각하기를 가능하게 한다. 그렇게 정리된 생각들로 질문하고, 토론하는 과정에서 배움이 일어나고, 깨달음에 이르고, 새로운 아이디어가 창출된다.

배움의 공동체에서 강조하는 듣기나 하부르타에서 질문하고 말하기 위한 듣기나 그 바탕에는 항상 생각이 있다. 차분하거나 소란스러운 분위기는 다르지만 그 공간은 교류하는 생각들로 충만하다. 듣기가 곧 사유가 된다. 법정 스님의 시 「귀 기울여 듣는다는 것」에는 "듣는다는 것은 / 바깥 것을 매개로 / 자기 안에 잠들어 있는 소리를 깨우는 일이다"라는 구절이 나온다. 여기서 듣는다는 것은 말의 씨앗을 여물게 하는 침묵의 시간이다. 그래서 살며 배우며 내 안의 말을 깨우기 위해 먼저 귀 기울여 듣는 연습이 필요한 것이리라.

또래의 배움을 넘어

원종희

　책상도 의자도 없는 넓은 마룻바닥에 네댓 명의 아이들이 머리를 맞대고 둘러앉아 있다. 바닥에는 파란색, 빨간색 수모형과 색 카드를 늘어놓고 있다. 어떤 모둠은 수모형을, 어떤 모둠은 색 카드를 이용하여 받아올림이 있는 두 자리 수와 한 자리 수의 덧셈을 하느라 여념이 없다. 세 명의 교사들은 서로 다른 모둠 속에 들어가 아이들에게 도움을 준다. 한 모둠에서 2학년 아이가 1학년 아이에게 색 카드를 바꾸어가며 받아올림이 있는 덧셈을 설명한다. 아직 자릿수 개념이 잡히지 않은 1학년 아이가 어려워하자 자기 손가락과 옆 친구의 손가락까지 동원하며 설명에 열중한다. 답답하고 지칠 만도 한데 설명하는 내내 입가에 미소를 잃지 않는다.

　위 모습은 다목적실에서 이루어지는 1~2학년 수학 통합 학습의 한 장면이다. 매주 화요일 3~4교시 수학은 1~2학년이 함께 공부한다. 수학 통합 학습은 주제에 따라 조작 활동이나 놀이를 중심으로 진행된다. 아이들은 부루마블이나 로보77, 징고 등 보드게임과 보물찾기 같은 놀이 활동을 좋아한다. 놀이가 지닌 재미와 자유로움, 몰입, 성취감이 수학을 어려워하는 아이들도 수학에 가까워지게 하는 것 같다. 놀이 활동을 할 때는 모든 아이들이 시간 가는 줄 모르고 몰입해서 참여한다. 학년에 상관없이 놀이 방법을 먼저 익힌 아이들이 모둠원에게 설명해주거나 함께 해결 방법을 찾아간다. 교사는 아이들의 흥미와 참여를 이끌어내기 위해 탐색을 통한 성취 경험과 배움이 이루어질 수 있는 활동을 늘 준비해야 한다.

통합 수업에서는 1~2학년 공통 영역의 내용을 난이도를 달리하여 제시한다. 1학년의 경우 학습 속도가 빠른 아이들은 함께 배우는 내용에 흥미를 잃고 쉽게 수업에서 이탈한다. 이런 아이들이 통합 수업에서는 난이도 높은 과제를 만나 도전하고, 문제를 해결하며 성취 경험을 한다. 반면에 어려움을 겪는 아이들은 또래나 2학년의 도움의 받아 자기 속도에 맞춰 차근차근 배우는 시간을 갖는다. 2학년의 경우 먼저 이해한 아이들은 1학년이나 또래 친구들을 가르치며 더 확실하게 알게 된다. 이해 속도가 늦은 아이들은 이전 단계의 내용을 다시 배우는 기회를 가진다. 이 과정에서 소극적이고 수동적이던 아이들이 다른 아이에게 도움을 주며 주도적 역할을 하고, 능동적 학습의 주체로 살아나는 모습을 보이기도 한다.

서로 다른 연령대의 아이들 사이에서 형성되는 관계는 또래 사이에서 만들어지는 관계와는 다른 모습을 띤다. 다른 학년과 섞여서 활동할 때 또래끼리 할 때보다 더 책임감을 가지고 참여한다. 2학년은 동생들을 챙기고 도와줘야 한다는 생각이 자연스럽게 형성되는 것 같다. 1학년들은 또래 친구보다 2학년에게 더 자연스럽게 도움을 요청하고, 설명도 더 주의 깊게 듣는다. 또래 사이보다 학년 사이에서 일어나는 질서가 서로 도움을 주고받을 수 있는 여지가 많음을 보여준다. 학년 간 모둠 학습에서 이루어지는 협력 덕분에 교사는 어려움을 겪는 아이들의 개별 학습에 더 집중할 수 있다. 개별 학습을 통해 아이한 명 한 명의 수준이 어느 단계에 와 있는지도 더 명확하게 발견할 수 있다.

수학 통합 학습을 좋아하는 아이들은 어려운 문제를 다른 친구들과 협력해서 하니까 쉽게 풀 수 있어 좋다고 한다. 다른 사람을 가르치는 것이 좋고, 놀이 활동을 많이 하고, 통합 학습에서 다루는 문제들이 재미있어 좋다고 한다. 다른 친구나 동생들에게 설명했을 때 잘들어주고 이해를 잘하면 뿌듯하다고 한다. 통합 수업을 통해 아이들은 교실에서 진행되는 또래끼리의 수업에서 놓쳤던 부분들을 다시 다지게 된다. 적은 분량의 과제를 충분한 시간을 갖고 해결하면서 수학에서 어려움을 겪는 아이들이 문턱을 넘는 경험을 한다. 물론 어려움을 호소하는 아이들도 있다. 잘 따라오지 못하는 동생이나 친구들을 가르쳐야 할 때, 자유로운 분위기에서 모둠원들이 심한 장난을 치거나 활동을 방해할 때 힘들어한다.

학년군 통합 학습을 하며 일어난 또 다른 변화는 1학년과 2학년 아이들 사이 관계가 좋아졌다는 점이다. 학년 초에는 복도에서 교실을 들여다보기만 해도 화를 내던 아이들이 서로 자유롭게 왕래하며 함께 어울린다. 통합 학습을 통해 가르치고 배우는 입장을 두루 경험하며 서로 더 잘 알게 되고, 그만큼 가까워진 까닭이다. 연령이 다른 아이들의 통합 학습 효과 중 하나로 관계성 회복과 인성교육을 든다. 실제로 1학년과 2학년 아이들 사이 보이지 않게 존재했던 벽이 사라지고 관계가 부드러워졌다. 만남의 효과다. 학년군 통합 수업은 교사 상호 간에도 소통을 가능하게 한다. 서로 정보를 교환하며 다양한 수업 아이디어를 시도하게 하고, 학생 정보를 교환하며 아이들에 대한 이해의 폭을 넓히게 한다.

일반 학교에서 서로 다른 연령대가 함께 공부하는 무학년제나 학년 통합 수업은 주로 체험활동 영역에서 이루어진다. 최근에는 일반 교과에서도 같은 주제를 다루며 학년 간 통합 수업을 진행하는 사례가 늘고 있다. 독일의 경우 몇몇 주에서는 이미 10여 년 전부터 초등학교 1~3학년을 통합 학급으로 운영해오고 있다. 독일의 학년 통합 수업 운영의 취지는 학력 수준이 다른 아이들이 각자의 수준에 따라 학습하도록 하기 위함이다. 프랑스의 프레네 학교 역시 연령에 따른 다른 수준의 학생들이 한 교실에서 동시에 수업하는 통합 학급 형태로 운영된다. 다양한 수준의 학생들이 한 교실에서 협동의 원리에 의해 공부해나간다. 프레네 학교의 통합 학급에서는 각자의 속도를 존중하는 개별 학습과 서로 다른 수준의 학생들 간의 협력과 연대감 형성을 중요시한다.

무학년제 또는 학년 간 통합 수업은 학습 능력과 수준에서 개인차가 있는 다양한 연령의 학생들에게 각자의 요구와 속도에 맞춘 수준별, 단계별 접근을 가능하게 하는 교육 방식이다. 여기서는 학생들의 흥미와 능력, 발달 수준과 단계에 맞는 활동의 가능성이 높아진다. 개별화된 수업 내용과 자료가 학생들의 학습을 촉진시켜 성공적인 학업 성취 경험을 하게 한다. 성공 경험은 학생들의 자신감과 적극적 동기 유발로 이어진다. 여러 사례에서 알 수 있듯이 학년 간 통합 수업은 학생들 각각의 학습 수준을 고려한 개별 학습과 다른 수준의 학생들 사이에 협력 학습을 가능하게 한다. 개별 학습을 통한 자기 주도적 학습력과 협력 학습을 통한 사회적 기술의 습득은 학생들의 앎과 삶을 연결하고 변환하는 동력이 된다.

학년 통합 수업에서 교사의 역할은 무엇일까? 교사는 아이들 수준과 흥미에 따른 학습 내용과 자료를 꾸준히 만들어내야 한다. 아이들의 호기심에 음식이 잘 공급되도록 가능한 한 다양한 양질의 음식을 충분히 준비해야 한다. 활동 중에는 어려움을 겪는 아이들에게 도움을 주고, 동시에 학생 개개인의 수행 상황을 지속적으로 관찰, 평가하여 피드백을 해야 한다. 학생들이 자신의 속도와 수준에 맞는 학습을 지속해갈 수 있도록 수업의 전 과정에서 꾸준한 지원을 해야 한다. 통합 수업에서 학습 속도가 지나치게 늦은 아이들이 많을 경우 교사의 부담이 커진다. 학년 통합 수업이 충실히 이루어지려면 개별 지도나 모둠 활동을 지원할 보조 교사의 확보가 필요하다. 서로 방해받지 않고 모둠 활동을 할 수 있는 여분의 공간도 마련해야 한다.

무학년제나 학년 통합 수업에 대한 인식이나 실천이 확산되지 않아 시도하는 데 아직 많은 우려와 두려움을 나타낸다. 처음 1~2학년 수학 통합 수업을 시작할 땐 학년 간 수준 차를 고려한 수업 내용과 활동을 어떻게 꾸려내나 걱정이 많았다. 하지만 회를 거듭하는 동안 아이들이 어떻게 협력하며 배우고, 다음 단계로 나아가는지 발견할 수 있었다. 같은 연령대의 아이들이 같은 공간에 모여 공부해야 한다는 익숙한 생각을 벗어나는 순간 가르침과 배움이 일어나는 새로운 시공간이 만들어진다. 다른 연령의 아이들이 서로 가르치고 배우는 시공간에서는 또래끼리의 학습에서 얻지 못하는 새로운 경험과 성취를 맛볼 수 있다. 이쯤에서 학년과 학년 사이 닫힌 문을 열고 서로에게 한 발짝씩 다가가보면 어떨까?

4부

응답하라! 교육 주체

이별하는 법

장군

교사란 이별하는 존재다. 모든 교사는 아이들을 떠나보낸다. 일 년 마다 제 삶의 일부였던 이들을 보내야 하는 직업. 그것이 쉬울 리 있 겠는가? 그럼에도 그 이별을 감내하지 못한다면, 교사는 교직을 지킬 수 없다. 교사는 이별에 무뎌야 한다. 많은 이들이 요구한다. 교사라 면 아이들을 사랑하라고! 그러나 이 바람은 얼마나 냉담한가. 사랑하 고 보내라 말하는 이 주문은 얼마나 가혹한가. 그래서일까. 권재원[32] 은 '아이들을 사랑해서는 안 된다'고 말한다. 그것은 프레이리가 경계 한 '보육자적 관점'이라며, 교사에겐 전문적인 사랑이 필요하다고 말 한다. 옳다. 우리의 사랑은 보모의 사랑이 아니다. 그렇기에 우리의 이 별 또한 보모의 이별이 아니어야 한다. 그러나 우리의 이별마저 전문 적인 이별이어야 한다고 말한다면, 그 순간 교사란 얼마나 우울한 직 업일까.

---

32. 권재원, 『교사가 말하는 교사, 교사가 꿈꾸는 교사』, 2015, 북멘토, 49쪽.

그러나 그 이별이 아쉽다 해도 그 전문적인 이별의 부당성을 말하기는 어렵다. 교사의 이별이 연인의 이별일 수는 없다. 새로운 사랑을 위해 옛사랑은 잊어야 하는 법. 이제 교사는 그 옛사랑이 좋은 삶과 좋은 사람을 마주치고 알아챌 수 있기를 기도하는 것뿐, 이미 교사의 역할은 다한 것이다. 혹여 그 떠남의 미련을 이기지 못한다면, 아이들을 일 년마다 보내고 다시 맞는 이 과정은 지독한 형벌일 수밖에 없다. 그것을 견딜 수 있는 교사가 있을까? 교사는 프로로서 이별해야 한다. 이것은 애정 없는 이별을 정당화하려는 것이 아니다. 전문적인 이별은 오히려 애정이 드러나게 표현되어야 한다. 그러니 오늘 아쉬운 것은 전문적인 이별이 아니라 그 전문적인 이별을 가능케 하는 사유다. 형식화하고 가속화하는 이별 의식儀式을 뒤엎는 이별의 의식意識, 얼마나 우리는 이별을 준비하고 있는가?

다수의 교사들이 첫 만남의 시간을 특별히 가꾸려 노력한다. 본능적으로, 경험적으로 교사는 삼월의 시간이 소중하다는 것을 알고 있다. 그 실현 방식이야 제각각이지만 학기 초의 시간을 허투루 보내지 말아야 한다는 자각은 공통적이라 할 만하다. 그렇다면 헤어짐의 시간은 어떨까. 학년 말, 교사와 학생의 나날은 극적으로 대비된다. 교사는 겨를 없고 학생은 할 일 없는 형국, 그것은 어제오늘 일이 아니다. 결국 이 상반된 상황은 이별의 시간을 앗아간다. 그 분주함 속에서 어느덧 아이들은 떠나가고, 교사는 남겨진다. 떠나보내지 못하고 남겨진 이는 후회를 갖기 마련, 그 증발된 이별의 자리에 미안을 느껴보지 않은 교사는 드물 것이다. 이별이 임박할 때 이별을 준비하는 것은 늦다. 만남을 대비하듯 이별 또한 단단히 채비해야 한다. 헤어짐에도 천천히

흐르는 시간이 필요하다.

교사와 학생의 만남이란 예고된 시한부 운명이라는 점에서 속세의 이별과 다르다. 세간의 이별에는 예측할 수 없는 돌발성이 있다. 그 돌발성이 이별에 애증과 회한을 부여한다. 갑작스러운 이별의 통보에 가슴 아파해보지 않은 이, 누가 있을까? 그러나 교사의 이별은 이미 주어진 것, 그 이별이 불현듯이 습격하는 불행이 아닐 수 있는 이유다. 예정된 만남을 위해 하루하루 공들이 듯 예고된 이별 또한 한 땀 한 땀 수놓아야 한다. 이별을 교사의 숙명적인 고난으로 받아들일 게 아니라면, 그 누빈 실뜸에 정성을 담아야 한다. 그렇다면 이별을 준비한다는 것은 무엇일까? 마라톤에 출전하는 선수를 떠올려보자. 그가 운동화 끈을 묶으며 떠올리는 건 무엇이려나. 고된 훈련, 함께하던 이들, 완주의 다짐, 아마도 그런 것일 게다. 그의 올찬 끈 매듭은 달릴 준비를 끝냈다는 의지의 표현이다. 교사의 이별이란 그 매듭짓기를 살피는 일, 학생이 그 매듭을 완결할 수 있도록 돕는 일이다.

슬픔에는 애도와 위무의 과정이 필요하다. 이별 또한 그러할 것이다. 그러나 교사의 이별이 '애哀'만으로 그친다면 '보모의 이별'과 다르지 않으리라. 그 감성은 소중한 것이나 그것만으로는 부족하다. 언급했듯 다행스럽게도 교사의 이별은 불시성이 아니다. 때문에 온전한 슬픔이 아니며, 여기에 환희를 담아내는 것이 결례가 아니다. 이별을 축복할 수 있는 특권이 교사에게는 있다. 그럼 그 '애愛'는 어떤 방식으로 실현될 수 있을까? 이를테면 돌아보기, 주고받기, 가다듬기의 과정을 상상할 수 있다. 학생들과 함께 하는 돌아보기는 한 해를 차근차근 더듬는 일이 될 것이다. 학년 초부터 순차적으로 되새김질할 수도 있고, 개인에게 의미 깊은 경험으로부터 출발할 수도 있다. 무엇이 되었든 돌아보기는 제 자신에게 침잠할 수 있는 깊이를 갖는 활동이어야 할 것이다. 돌아보기가 한 해의 개인사라면 주고받기는 공통사이다. 일 년을 함께해온 친구들과 추억을 공유하는 시간이며, 동시에 소외된 기억을 불러오는 자리이다. 그런 면에서 주고받기는 광역의 넓이를 갖는 활동이다.

마지막으로 가다듬기는 이 모든 아쉬움을 뒤로하고, 다가올 날들을 맞이하는 준비의 시간이다. 안타까운 연유로 헤어져야 하는 연인들에게 저주는 찾을 수 없다. 그들에게 남은 것은 서로의 미래를 기원하고, 자신의 내일을 다짐하는 일, 그렇듯 가다듬기는 앞날을 위해 서로의 매무새를 정갈히 하는 의식이다. 좋은 가다듬기야말로 교사의 이별에 전문성을 부여한다. 교사에게 일 년은 짧다. 그 반복적인 의례가 이별에 드리운 어떤 고결함을 앗아간다 해도 교사라면 거기에 존엄함을 담을 수 있어야 한다. 엄숙한 이별을 말하려는 것이 아니다. 그것은 경박한 이별만큼 사색할 여지를 주지 않는다. 이별에 고착할 필요도, 이별로 질주할 필요도 없다. 한 해의 걸음걸이가 서사를 이룰 수 있도록 충만한 돌아보기와 주고받기, 가다듬기면 족하다. 이별 또한 재구성되어야 한다.

그런 면에서 학교에서 이별의 최정점이라 할 만한 졸업식은 되돌아볼 필요가 있다. 대체로 지체되는 학교 문화 속에서도 졸업식 문화[33]

---

33. 초등학교 졸업식 문화로 한정한다. 학교마다 편차가 있겠지만 졸업식 문화는 빠르게 변하고 있다.

는 변화를 거듭해왔다. 상장 전달식이라고 해도 과언이 아닐 만큼 지루한 의식에서 학생의 참여를 통한 축제로 거듭나고 있는 것이다. 이 흐름의 진정성과 긍정성을 의심할 필요는 없으리라. 그러나 여기에 거대화한 이벤트의 함정이 도사리고 있는 것도 사실이다. 졸업식은 점점 기발한 아이디어를 바탕으로 스페셜한 프로그램을 만들어내는 데 집중하고 있다. 그로 인해 졸업생은 자발성이 희박한 상태에서 참여하는 주체를 강요당한다. 재학생도 마찬가지, 박수가 공연으로 바뀌었을 뿐 동원되는 양상은 여전하다. 졸업식이 축제화하는 건 좋지만 그것이 생동과 활기에 경도된 과시의 욕망은 아닌지 되돌아볼 필요가 있다.

이별은 떠들썩하지 않아도 괜찮다. 작은 졸업식을 상상해보자. 마치 알퐁스 도데Alphonse Daudet의 단편 「마지막 수업」 같은, 일 년 동안 생활해온 교실에서 담임교사가 마지막으로 기획한 졸업식으로서의 졸업 수업! 그것이 어떤 것이어야 하고, 어떤 것이 될지는 모르지만 그 천 개의 이별 의식 안에서는 이별의 향기를 오랫동안 음미할 수 있으리라. 세상의 모든 이들이 이별을 한다. 연인과 친구와 부모와, 그러니 살아가며 이별하지 않기란 불가능하다. 그 이별 속에서 교사의 이별만이 특별하다고 말할 수는 없겠지만, 교사만큼 잦고도 깊은 이별을 하는 경우는 드물 것이다. 이 전문적인 이별이 무감과 냉정으로 가득 찬 직업으로서의 이별이 되지 않도록, 사랑하고 가르치는 방식을 배우듯 이제 이별 또한 그래야 한다.

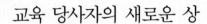

교육 당사자의 새로운 상

장군

교육기본법 제2장은 교육 당사자의 의무와 권리에 관한 규정이다. 그렇다면 교육 당사자란 누구일까? 교육기본법에서 명시하고 있는 교육 당사자는 학습자, 보호자, 교원을 포함해 교원단체, 학교 등의 설립자·경영자, 국가와 지방자치단체까지 아우른다. 법령적 범위이기에 일반적으로 언급하는 교육공동체보다 그 외연이 포괄적이다. 그럼에도 학교 공간을 대표하는 교육 당사자로 학습자, 보호자, 교원을 꼽는 데 이의를 제기하는 이는 드물 것이다. 그러니 이 세 당사자가 오늘날 무성히 논의되는 학교 혁신의 대상이자 주체라 말해도 크게 틀리진 않으리라.

교육 당사자, 즉 학교 혁신의 대상이자 주체로 학생과 교사가 호출되는 것은 당연하다. 교사와 학생이야 학교의 존재 조건이지 않은가? 이것은 시비를 가릴 일이 못 된다. 그러나 교육 당사자로서 학부모의 위상에는 마뜩잖은 시선이 보이는 것이 사실이다. 이는 학부모의 기입에 양가적인 측면이 존재하기 때문이다. 학교가 교육 서비스 공급자로

대치되면서 학부모는 교육 수요자로서 급격히 부상했다. 이러한 경제학적 관점은 학부모가 난입하는 민원인의 이미지를 갖게 하는 데 일조했다. 그리고 이것은 정치적인 관점에서의 학부모, 즉 학교 변화를 위한 적극적인 교육 참여자로서의 역할과 상충될 수밖에 없다.

그럼에도 교육 당사자로서 학습자, 보호자, 교원, 혹은 교육공동체로서 학생, 학부모, 교사가 상호 의존적이며 상호 보완적인 관계라는 것은 두말할 필요가 없다. 학교 혁신은 그 세 주체 간의 질서와 관계의 변환 없이는 불가능한 일이다. 그렇다면 기존의 관행에서 세 주체의 형상은 어떠했을까? 한마디로 학생은 대상화한 수동자, 학부모는 간헐적인 관여자, 교사는 권위적인 고립자였다. 대상화한 수동자로서 학생은 어떤 선택권도 결정권도 갖지 못했으며, 간헐적인 관여자로서 학부모는 까다로운 고객이거나 동원되는 인력에 불과했다. 교사 또한 권위적인 고립자로서 존경을 잃고 파편으로 흩어져 있었다.

교육 당사자들이 서로의 눈치를 보고, 눈총을 받으며 각자의 사정으로 분투하는 형국, 그것이 오랫동안 학교를 지배해온 교육 당사자의 실상이다. 그러니 결국 학교를 혁신한다는 것은 이 세 주체의 배치를 뒤바꾸는 것과 다름없다. 학생들은 학습과 생활을 자기 스스로 구성하고 창안해야 하며, 학부모는 학교 교육 전반에 대해 제대로 참여하고 발언해야 한다. 교사 또한 전문성을 바탕으로 협력하는 주체로 거듭나야 한다. 물론 이 관계의 재구성은 각 주체들에게 고통스러운 과정을 요구할 수도 있다. 그러나 다시 강조하지만 학교 혁신은 이 세 당사자의 변화 없이는 요원한 일이다.

그렇다면 세 당사자가 지향해야 할 새로운 상은 어떠해야 할까? 그에 관한 여러 모습들이 논의되고 곳곳에서 실천되어왔다. 이를테면 민주적 시민으로서의 학생상, 지역과 학교 문화 조성 주체로서의 학부모상, 전문적 학습공동체로서의 교사상 등이 그러한 예일 것이다. 물론 그러한 다양한 제안들 속에서도 누락할 수 없는 공통된 속성은 있기 마련이다. 그것을 학생은 '배움과 나눔', 학부모는 '신뢰와 참여', 교사는 '소통과 성장'이라는 키워드[34]로 간추려보면 어떨까? 물론 이것으로 모두를 포착할 수는 없겠지만, 일정 정도의 조망은 가능할 것이다. 그 상징의 의미를 좀 더 들여다보자.

'배움과 나눔'. 학생은 배움으로 나누어야 할 것이다. 배움으로 나눈다는 것은 자신과 친구와 세계와 대화함을 뜻한다. 혼자 익히는 것이 아니라 더불어 익히는 것이다. 배움은 저절로 발생하지 않는다. 자신을 성찰할 때, 친구를 스승으로 삼을 때, 세계-삶 속에 손을 내밀 때 배움이 찾아온다. 그러나 배움은 나눔 없이 성립하지 않는다. 학생은 나눔으로 배워야 할 것이다. 나눔으로 배운다는 것은 누군가에게 선물이 된다는 것이다. 내 삶이 선물이 되어 누군가에게 나누어질 때, 그도 배우며 스스로도 배움을 얻는다. 공감하고 공명하며 공조할 때, 외면하지 않고, 무시하지 않고, 적대하지 않을 때, 나눔은 살아 있는 배움으로 되돌아온다.

'신뢰와 참여'. 학부모는 신뢰로 참여해야 할 것이다. 신뢰로 참여한다는 것은 학교를 동반자로 여기는 것이다. 학부모가 교육 수요자의

---

34. 이는 필자가 근무하고 있는 천안차암초등학교의 학생상, 학부모상, 교사상이기도 하다. 그러니 이는 필자 고유의 생각이라기보다는 당연히 집단 지성의 산물이다.

역할로만 남는다면, 학교 또한 교육 서비스 제공자가 될 뿐이다. 교사와 학부모 사이에는 학생들이 있다. 학생은 누구의 인질도 아니며 교사와 학부모는 갑을 관계가 아니다. 교사와 학부모가 냉대할 때 학생은 길을 잃는다. 또한 학부모는 참여로서 신뢰해야 할 것이다. 참여로서 신뢰한다는 것은 학생을 학교에 의탁하는 것으로 그치지 말아야 한다는 뜻이다. 학교에 봉사하라는 것이 아니라 교육에 연대하라는 의미다. 학부모는, '학부모'를 넘어 '부모'의 마음으로 학생들과 교류해야 한다. 이득과 이기의 학부모에서 공감과 공생의 부모로 나아가야 한다.

'소통과 성장.' 교사는 소통으로 성장해야 할 것이다. 소통으로 성장한다는 것은 침묵과 권태와 냉소를 이기는 것이다. 침묵하지 않고 발언하는 것, 회피하지 않고 실천하는 것, 냉소하지 않고 숙고하는 것, 그것이 교사 문화를 바꾸는 힘이다. 천 개의 섬으로 남아 요새화된 교실에서 자족하고 안주하는 한, 불통은 불만을 낳을 뿐 성장은 불가능하다. 또한 교사는 성장으로 소통해야 할 것이다. 성장으로 소통한다는 것은 성장하지 않는 소통은 무의미하다는 뜻이다. 뒷말과 투덜거림은 삶의 윤활유에 그쳐야 한다. 아무리 소통해도 긴장이 없고, 질문이 없다면 성장은 기대할 수 없다. 교사의 성장은 학생에게 직결된다. 교사가 성장하지 않고 학생의 성장을 바라는 것은 일종의 태만이다.

'배움과 나눔', '신뢰와 참여', '소통과 성장'. 이 낱말망은 전제했듯 세 교육 당사자가 지향해야 할 일부의 모습을 드러낼 뿐이다. 학교마다 이러한 상들을 새롭게 구축하고 추기해나가는 것도 교육 당사자의 중요한 역할의 하나일 것이다. 또한 이 상들은 상호 교환 가능한 것이기도 하다. 학생의 '신뢰와 참여', 학부모의 '소통과 성장', 교사의 '배움과 나눔'을 상상하지 말란 법은 없지 않은가? 이를테면 학생의 '참여'란 학생이 삶의 주체가 된다는 것일 게다. 자율성과 자발성을 기초로 하지 않은 삶이란 노예의 삶과 다름없다. 제 삶을 제 힘으로 가꾸어 나갈 수 있는 역량, 일회적인 참가를 넘어 항상적으로 제 삶의 주인이 되도록 하는 것. 그것이 학생에게 참여의 의미일 터다.

그 정도야 다르겠으나 그동안 교육 당사자는 당사자라는 용어가 무색하게 교육에서 배제되고 소외되어왔다. 학생과 학부모는 말할 나위 없고, 그나마 당사자의 의지를 발휘할 수 있는 교사마저 또 다른 교육 당사자라 할 수 있는 국가에 예속되어온 것이 사실이다. 당사자는 직접성과 주체성이 부각되는 개념이다. 학생이 교사에 종속되고, 교사가 학부모에 종속되고, 학부모가 다시 학생에 종속되는 오래된 악순환은 교육 당사자 서로를 자멸케 할 뿐이다. 다행히 최근 교육공동체가 부각되면서 교육 당사자 간의 관계도 재정립되고 있다. 물론 교육 당사자로서의 자각이 병행되지 않는다면, 이는 주범이 누구인지를 가리는 또 다른 신경전으로 마무리될 것이다. 비록 여기에서 언급하지 못했지만, 그런 면에서 또 하나의 당사자인 교원단체를 국가가 억압하는 것은 이념을 떠나 시대착오적이라 할 만하다. 이제 교육 당사자는 힘겨루기 이전에, 관계의 변환을 고민하고 동시에 제 이름에 걸맞은 역할 또한 찾을 때이다.

교사의 두려움

장군

교사 A는 그 아이의 얼굴이 어슴푸레하다. 이름은 아예 까마득하다. 교직 경력 3~4년쯤 이었을까? 90년대 끝자락. A는 그 아이의 담임이다. 사회복지시설 아동. 사회복지시설? A는 처음엔 그 명칭이 낯설었더랬다. 그의 어린 시절엔 그냥 고아원이라 불렸으니까. '언덕 위의 하얀 집', 킥킥거리며 종종 그렇게 부르곤 했었지. 고아는 고아끼리만 어울리던 시절. 그럼에도 A의 단짝 친구는 고아원에 살았다. 그 단짝 친구와 같이 아이에게서도 언제나 지린내가 났다.

그들의 냄새가 있다. 고아, 혼자인 냄새 말이다. A의 어릴 적 친구는 착했다. 다른 고아들과는 달리 그의 눈은 선했다. 그 아이의 눈도 그랬다. 고아, 외로운 아이들, 그럼에도 외로워서 무서운 아이들, 외롭기에 자주 말썽이던 아이들. A는 그런 편견이 있다. 편견은 드물게 정확하다. 아이에게도 도벽이 있다. 교실의 물건이 사라진다. A는 지갑을 잃고, 아이들도 용돈을 잃는다. 누구나 그 아이의 짓임을 알지만 누구도 그 아이의 짓임을 밝혀내지 못한다.

각자의 물건을 단속하는 날들이 잦아진다. A는 에둘러 아이를 회유해본다. 아이는 묵묵부답. 추측으로 아이를 겁박할 수는 없다. A는 선배 교사에게 도움을 청한다. 전 담임이었던 선배는 그 애 짓이라며 확언한다. 그런가? 얼마의 시간이 흐른 후 그 아이의 짓임이 드러난다. 추궁하고 아이는 운다. "형들이 돈 가져오지 않으면…." 아이의 대답은 그랬다. 그 말을 A는 단숨에 믿는다.

어찌했던가? "용돈이 필요하면 선생님께 말해." 아이를 돌려보낸다. 선배도 그랬다고 했다. A에게도 뾰족한 수는 없다. 그리고 무엇이 계기가 되었을까? A는 아이랑 자취방에서 함께 지낸다. 사회복지시설에 전화한 기억이 어렴풋하게나마 떠오른다. A는 부탁을 했고, 그쪽은 난감해했다. 어쨌든 A는 아이를 자취방으로 데려오게 된다. 별다른 대화는 없다. 밥을 같이 먹고, 그냥 잠을 같이 잔다.

어릴 적 친구 집에 간 적이 있다. 그 언덕 위의 하얀 집, 친구는 문 앞에서 손짓을 했지만 A는 겁을 먹었던 게 분명하다. A는 다른 고아와 마주치는 게 싫다. A는 그 마당을 서성이다 몰래 말없이 돌아간다. 오래지 않아 아이가 고아원으로 돌아가던 날, A는 좀 홀가분했을 것이다. 잠깐의 추억과 연민으로 출발한 일이었으니 그 정도면 됐다고 여겼을 것이다. 아이가 그렇게 돌아간 후 A는 방 안에 저금통이 없어졌음을 깨닫는다.

그 이후 아이에 대해 A는 아는 것이 없다. 아이는 어떻게 잊힌 것일까? 그때 배신감을 느꼈을지 모르겠다. 허탈함이었을 수도. 그것 때문이었을까? 그러나 그 일로 아이를 책망한 기억은 없다. 그냥 없던 것처럼, 그 아이가 아예 없던 것처럼, 그랬겠다. 아이도 그랬다. A에게 변명하지 않았고, 다가오지도 않았다. 어릴 적 그 친구도 서서히 멀어졌다. 철봉에 혼자 물구나무로 매달려 있던 친구의 모습이 떠오른다. 그의 무서워진 눈이 생각난다.

지금이라면 달라졌을까. A는 묻는다. 친구의 이름이 불쑥 떠오른다. 그를 만나면 왜 그날 A가 돌아갔는지 설명할 수 있을까? 아이의 얼굴도 또렷해진다. 아이를 만나면 왜 저금통을 훔쳤는지 물어볼 수 있을까? 아니 친구가, 그 아이가 A에게 묻는 건 아닐까? 왜 그랬는지? A는 답변할 수 없다. 다만 지금이라면 A는 그러지 않을 거라고, 그러지 않을 수 있을 거라고, A는 그러나 지금조차 궁색함을 안다. 어떤 것들은 잘 설명할 수가 없다. 어떤 일들은 그냥 상처를 서로 주고받을 뿐이다.

A는 강아지를 키운다. '소담이', 4년 전 유기견 센터에서 데려온 네 살배기 몰티즈. 녀석은 처음 오던 날 예상대로 소파 밑으로 기어 들어갔다. 유기견 센터에서 앙증맞게 품에 안기던 녀석은 이내 고개를 돌렸다. 전혀 눈길을 마주치지 않았고, 손만 닿으면 으르렁거렸다. 적대적인 숨바꼭질이 오랫동안 지속됐고, 귓바퀴에 염증이 생겨 목 깔때기를 한 후에야 비로소 풀이 죽었다.

녀석은 사람을 무서워한다. 모든 사람에게 짖어대는 바람에 녀석과는 지금도 산책을 할 수가 없다. 전에도 강아지를 키운 적이 있다. '두리'라는 이름을 가졌던 시추. 그놈과도 산책한 적이 없다. 집에서만 키웠고 그 때문인지 놈은 밖을 무서워했다. 목줄을 묶으면 바닥에 납작 엎드려 엘리베이터까지 질질 끌려 나오곤 했다. 베란다에서 하루 종일 보내다 A가 퇴근하면 미친 듯이 꼬리를 치던 그놈은 끝내 감당하기 어려워 시골로 보내졌다.

소담이, 그 녀석이 여전히 구석을 좋아함을 이해한다. 별다른 이유 없이 때때로 A에게조차 이빨을 드러내고 짖어대는 걸 이해한다. 그럴 수밖에 없음을 안다. A가 할 수 있는 건 그때마다 녀석을 어루만지는 것. 그런데 왜 그 아이에겐 그러지 못했을까. 며칠을 함께한 아이가 저 금통을 훔쳤다는 사실, A는 그것이 화가 나지는 않았다. 그 아이가 와서 용서를 구하길 바란 것도 아니었다. A는 아무 일도 없던 것처럼 그 아이가 그냥 와주길 바랐다. 그러나 우습지. 그 아이가 어떻게 그럴 수 있겠는가?

A가 그 고아원을 도망 나왔을 때 친구는 A에게 묻지 않았다. 왜 그랬어? A는 변명거리를 생각해놓았을 것이다. 갑자기 배가 아파서, 엄마 심부름이 생각나서, 친구가 묻지 않았기에 A는 답할 기회를 잃었다. 답할 기회를 잃었기에 다가갈 기회도 잃었다. 아무 일도 없던 것처럼…. 그런데 그게 될 리가 있겠는가. 친구의 눈이 과연 무서워진 걸까? 그의 눈을, 그의 눈의 색깔을 알 수가 없다.

두리는 시골에서도 적응하지 못했다. 베란다에 갇혀 살던 그놈은 시골 마당에서 곳곳에 수시로 똥을 지리고 뭉갰다. 놈은 다시 새로운 주인에게 맡겨졌다. 두리가 처음부터 그랬던 건 아니었다. 새끼 때 분양받은 두리는 그 또래의 강아지답게 마냥 귀여웠다. 그놈을 베란다로 내몰았던 건 이러나저러나 결국 A의 편의였다. 놈은 버려졌다. 두리는 이름과 달리 내내 혼자였다. 그놈이 처음부터 밖을 두려워한 건 아니었다.

친구가 왜 고아원에 왔는지 모른다. 어릴 적이었지만 그런 건 묻는 게 아니란 것쯤은 안다. 그 아이도 어떻게 사회복지시설에 왔는지 모른다. 그런 건 어디에도 물을 수 없다. 그럼에도 그들이 애초부터 고아가 아니었음은 안다. 친구가 고아가 아니었다면 A는 그를 멀리했을까? 아이가 고아가 아니었다면 A는 어찌했을까? 알 수 없다. 어떤 질문은 대답할 수가 없다. 어떤 질문은 이미 늦은 것이다.

소담이와 두리, 친구와 아이. 사랑에는 책임이 따른다고들 말한다. A가 그것을 모를 리 없다. A에게 최고의 두려움이 있다면, 그것은 아이들에게 나쁜 교사로 기억되는 것이다. 좋은 교사가 되기보다 나쁜 교사가 되지 않기 위해 A는 애써왔다. 어쩌면 A는 덜 책임지기 위해 덜 사랑했는지도 모른다. 이 두려움은 온당한가? 잘 모르겠다.

친구의 눈은 어떻게 변했을까? 아이는 아직도 물건을 훔칠까? 지금 A가 기억하고 있는 이름은 친구의 이름일까? 아이의 이름일까? A는 모른다. A는 진심으로 그가 가르쳤던 아이들이 그를 잊어주길 바란다. A는 그가 준 상처를 기억하지 못한다. 그들도 그랬으면, 그것이 공평하다. 그럴 거라고 믿어야 한다. 그렇지 않으면 때때로 이곳을 견딜 수 없다. 떠나기 전 그 밤, 아이는 물었다. "선생님 여기서 지내면 안 돼요?" 대답을 했던가? 모르겠다. 나는… 기억나지 않는다.

어린이날과 가족주의

윤양수

주고 싶은 마음과 그 즐거움을 이해 못 하는 것은 아니나 기념할 것이 참 많기도 한 사회다. 해마다 11월 11일이면 아이들은 무슨 통과 의례를 치르듯 돌아다니며 빼빼로를 교환한다. 초콜릿을 주는 발렌타인데이나 카드와 선물이 오가는 크리스마스 등 글로벌한 스타급 기념일부터 화이트데이, 블랙데이, 로즈데이, 무비데이, 와인데이 등 매월 14일마다 이름을 달리하며 반복되는 포틴스데이나 가래떡데이, 삼겹살데이, 애플데이 등 파생된 기념일에 이르기까지 이름난 기념일들만 늘어놓아도 족히 몇 쪽은 낭비하게 될 것이다.

반면 달력에 기록되어 있어도 드러나지 않는 기념일들이 많다. 그 무명을 굳이 열거할 필요는 없겠고, 그들에게 한 가지 공통점이 있다면 '쩐'이 되지 않는다는 것이다. 역으로 말하면 스타급 기념일들은 '장사'가 된다는 얘기다. 해마다 증가하는 제과기업의 빼빼로 매출액이나 아이들의 소비 규모를 보면 놀라지 않을 수 없다. 그것이 외부에서 유입된 기념일이든 자생적인 문화이든 소비를 제외하면 과연 무엇이

남을까. 무엇을 기념하는지조차도 불분명한 경우가 많다. 한마디로 기념일은 넘치나 기념할 것은 빈곤한 것이다.

고대 로마의 사제 성聖 발렌티누스의 순교라는 슬픈 기원을 초콜릿으로 포장하고, 코카콜라가 회사의 로고 색과 콜라 거품으로 산타클로스의 빨간 옷과 하얀 수염을 디자인했다는 사실은 기념일을 소비의 코드로 포획하고자 하는 자본의 전략을 잘 보여준다. 요즘처럼 경기가 좋지 않은 상황에서도 크리스마스는 얼마나 많은 이들의 존재증명을 요구하게 될까? 물론 '데이문화'의 상업성이 도마에 올랐던 것은 어제오늘의 일이 아니다. 그럼에도 '데이문화'를 생산하는 자본의 공학을 되짚어보는 까닭은 해체의 전략을 찾아보려는 것이다.

어린이데이는 과연 다를까? 빨간 글씨로 공휴일을 표시한다는 점이 다르다면 다를까 자본의 전략에 포획되어 있다는 점에서는 크게 다르지 않다. 물론 여기에는 근거 없이 파생·반복되는 '데이문화'와는 다른 기원의 아우라가 있다. 1923년 천도교의 주도로 5월 1일이 어린이날로 제정되었고, 그 과정에 소파 방정환 선생이 있었다는 것을 우리는 잘 알고 있다. 물론 방정환이 활동했던 천도교 어린이회뿐만 아니라 반도소년회(1923), 조선소년군(1922), 오월회(1925), 조선소년연합회(1927) 등 전국 각지에서 수많은 단체들이 활동하고 있었다는 점에서 어린이에 대한 각별한 관심이 방정환만의 것은 아니었다.

17세기 전후로 어린이가 새롭게 발견되는 유럽의 탄생적 기원을 따오지 않더라도 식민지시대 어린이들의 열악한 삶의 조건을 떠올리는 것만으로도 그 기념의 근거는 충분할 것이다. 일제의 수탈로 인해 당시에는 사회 전체가 빈곤했다. 보통 열 명이 넘는 식구는 지금의 핵가족에 비할 바가 아니었다. 그런 상황에서 어린이들을 제대로 돌보고 배려하는 것은 불가능한 일이었을 것이다. 이런 사회적 조건 속에서 어린이날의 제정은 사회적 약자로서의 어린이에 대한 사랑과 배려를 앙양하고, 사회적 관심을 환기하기 위한 노력이었다.

지금은 어떠한가. 한 가구당 많아야 하나, 둘이다. 온갖 보호와 지원 이라는 미명하에 어린이들은 제왕으로 '사육'된다. 영양 과잉, 애정 과잉, 보호 과잉, 물질 과잉 등 그야말로 과잉이 문제가 되는 시대가 아닌가. 마트에서, 백화점에서, 놀이공원에서, 각종 행사와 축제의 장에서 벌어지는 어린이날의 풍경을 떠올려보자. 과소비로 점철된 가족주의가 빠진다면 무엇이 남을까. 과연 이런 아이들을 위한 어린이날은 필요한 것일까? 이 말은 기원의 '순수성'을 주장하려는 것이 아니다. 기원의 정당화나 복원은 관심사가 아니다.

여기에 착종되어 있는 자본의 전략을 읽어내는 일은 어렵지 않다. 자본은 아낌없는 소비를 부추기면서 제왕적 '순수'와 가족주의를 포장하여 유통하고 판매한다. 국가는 기념일을 제정하고 자본이 그 위를 달리는 꼴이다. 그로 인한 소비의 풍경 속에서 우리는 어린이들이 아닌 물질적 소비가 주인의 자리를 차지한 모습을 발견한다. 그런 식의 소비문화가 아이들에게서 약탈한 성장기에 대한 보상이 될 수 있을까? 그것은 이미 적절성과 효과에 대한 분별을 잃었다고 해도 크게 지나친 말은 아닐 것이다. 어린이데이는 어느새 우리 사회에 새겨진 타성이자 습속의 무의식이 되어버린 것이다.

빼빼로에 대한 가래떡의 도전처럼 대안 기념일로 대체하려는 흐름도 있다. 그것이 과연 대안이 될 수 있을까? 이는 누구 말마따나 초콜

릇이 묻은 옷을 떡고물 묻은 손으로 털어내려는 것과 다르지 않다. 문제의 근원을 정확하게 꿰뚫지 못한 데서 기인하는 처방 내지는 변통에 불과할 뿐이다. 웰빙의 코드로 재영토화되는 것 외에 다른 의미를 찾아보기 어려운 까닭이다. 웰빙의 코드가 소비 코드를 대체할 리도 만무하지만, 이는 웰빙 산업에 다시 포획되는 일을 반복하는 것과 다름없다. 그런 식으로 자본의 그물망을 벗어날 수 있을까?

어린이데이는 아이를 위해서라면 무엇이든 다 해주려는 가족주의적 욕망이 집약적으로 드러나는 날이다. 그러나 그런 식의 소비로 아이들에 대한 책임을 덮고 넘어갈 일은 아니다. 어린이날을 기념일로 기념하기보다는 그것의 현재성에 질문을 던져가며 새롭게 탈구축하는 것이 그 이름에 값하는 용법이 아닐까. 우리는 과거와 현재 사이에 존재하는 단절과 변환을 포착해야 한다. 오늘의 아이들에게는 억압적인 제도와 습속이 더 심각한 문제가 되고 있다는 것을 잘 알고 있다. 또한 과거의 빈곤과 결핍보다는 '과잉'이 더 문제가 되고 있다.

우리가 해야 할 일은 아이들을 학교와 학원에만 묶어두는 학벌사회의 제도와 습속을 개혁하는 것이다. 껍데기뿐인 '달콤한' 소비로 그런 억압의 조건을 가릴 수는 없는 것이다. 그리고 내 아이와 가족만을 위해 한없이 축소되어버린 욕망의 블랙홀을 벗어나야 한다. 가족주의적 욕망과 습속을 넘어 좀 더 넓은 '관계' 속에서 이웃과 함께 기쁨과 행복을 나눌 수 있어야 하는 것이 아닐까. 그럴 수 있을 때에야 비로소 우리 기성세대의 '채무'를 조금이라도 갚을 수 있지 않을까. 그런 과정에서 아이들의 성장기는 제 모습을 찾아가게 될 것이다.

그것은 비단 어른들의 몫으로 한정되는 일만은 아니다. 아이들 또한 자신을 허약한 주체로 조형해내는 기념일 문화에 스스로 저항하며 대항문화를 만들어갈 수 있어야 한다. 또한 이웃을 볼 수 있어야 한다. 어른도 아이들도 각자의 능력에 맞게 소외된 아이들을 돕고 배려할 수 있어야 한다. 부모의 부재, 사회의 외면, 궁핍한 생활 등 무수한 결핍이 성장기를 불행하게 만들지 않도록 소외된 아이들을 돌보고 배려할 수 있어야 한다. 이와 같은 질문과 문제들을 해결하기 위한 노력들로 어린이날을 새롭게 재구축해야 하는 것이 아닐까.

학생들도 상처 받는다

윤양수

학생들이 바라는 것이 무엇일까? 저마다 다르겠지만 좋은 교사를 만나는 것도 희망 목록에 있을 것이다. 물론 학교 급에 따라서 차이가 있을 것이다. 성장하면서 교사에 대한 의존성은 줄어들기 마련이니까. 그럼에도 기억에 남는 교사가 있는 걸 보면 교사와의 관계는 성장기의 서사를 구성하는 중요한 요소일 것이다. 특히나 초등학생들은 대부분의 시간을 담임교사와 보내게 된다. 담임교사와 밀착되어 있고, 교사에 대한 의존성이 높은 편이다. 그렇기 때문에 어떤 교사를 만나는가에 따라 학교생활이 즐거울 수도 있고, 불행할 수도 있다. 그에 따라 삶의 경로까지 달라질 수 있다는 점에서 교사는 주요 인물이라고 할 수 있다.

학년이 바뀔 때마다 담임 배정이 초미의 관심사가 되는 것은 그런 이유 때문일 것이다. 아이들이 교사를 선택할 수 있다면 좋아하는 교사상이 극명하게 드러날 것이다. 불온한 상상일까! 담임교사는 아이들의 의사와 무관하게 결정된다. 그러나 교사에 대한 호오의 감정은 아이들의 것이다. 의도한 적은 없으나 교사에 대한 반감과 스트레스를 토로하는 아이들의 불평을 들어준 경험이 여러 번 있다. 마치 내게 쏟아내는 것처럼 가슴을 찌른다. 교사가 그렇듯 아이들도 교사와의 관계에서 '피로'를 느낄 수 있다는 것이다. 그런 점에서 김현수가 말하는 『교사 상처』만큼이나 '학생 상처'에 대해서도 주목할 필요가 있을 것이다.

엘프리드! 너 뭘 기다리는 거야. 특별히 모셔주기라도 바라니? 왜 꼭 맨 마지막에 자리에 앉아야 하니? 왜 한없이 뜸을 들여서 자리에 앉는 거야? 본래 그렇게 느린 거냐, 아니면 도와주는 사람이 있어서 그러는 거냐? 58쪽

넌 창조적인 천재야, 그렇지? 단 한 시간도 그림을 중단할 수 없을 정도로 말이야. 반 고흐, 내 말 들어봐! 넌 변명을 늘어놓는 데 천재적이야. 그게 전부야. 하지만 우리 반에서는 안 통해. 너희 어머니를 속여먹을 수 있을지는 몰라도, 난 못 속여. 인마, 난 너보다는 머리가 좋아. 너 같은 녀석을 알아. 재능도 없는 주제에 어림없는 환상만 가지고 맨발로 빈둥거리지. 68쪽

스티븐, 한 번만 더 그랬다간 쫓아버릴 거야, 아주 영원히! 왜 그리 끊임없이 훼방을 놓니? 나도 신물이 난다. 넌 정말 골칫덩어리야. 69쪽

하임 G. 기너트(Haim G. Ginott, 1922~1973)의 『교사와 학생 사이』에서 그대로 옮겨온 것이다. 교사들이 위와 같이 말을 하게 되는 상황과 맥락을 우선 이해할 필요가 있을 것이다. 끝을 모르는 잔소리, 끊임없는 요구 사항, 기대를 무너뜨리는 행동, 핑계 대는 아이들, 거짓말하는 아이들, 말을 듣지 않는 아이들, 교사를 무시하거나 저항하는 아이들을 생각해보면 피로가 쌓이지 않을 수 없다. 어쩌면 교사들이 화를 내는 것은 불가피한 일인지도 모른다. 같은 말을 수도 없이 반복하게 되는 일상에 낭만 같은 것은 없으니까. 교사로 살아가는 한 그런 아이들로부터의 자유는 불가능한 일일 것이다. 그런 점에서 아이들과 부딪히게 되는 상황과 맥락을 모르고서는 위와 같은 대응을 비판하기가 쉽지 않다.

교사들이 화를 내면 분위기가 순식간에 가라앉는다. 아이들도 순간이나마 귀를 기울인다. 분노의 표출이 무익하다는 사실을 모르지는 않을 것이다. 아이들을 공격하지 않고, 분노를 상황에 맞게 표현하는 방법을 모르는 것도 아니다. 그러나 아이들과 생활하다 보면, 의도와는 무관하게 어긋날 때가 있다. 한 번의 잘못으로도 관계는 쉽게 어긋날 수 있다. 화가 잘못 표출되면 돌이킬 수 없는 상처를 주게 된다. 그리고 어긋난 관계는 쉽게 회복되지 않는다. 그처럼 아이들과의 관계는 논리나 도덕을 벗어나는 경우가 많다. 교사도 사람인지라 마음을 다스리기 어려울 때가 있지 않은가. 그렇다고 교사의 잘못을 변호하려는 것은 아니다. 다만 위와 같은 대응을 교사의 잘못이라고 잘라 말하기가 쉽지 않다는 것이다.

그럼에도 위와 같은 말을 들으면, 아이들의 기분이 어떨까? 교사들뿐만 아니라 아이들도 교사들에게 환멸을 느낀다. 아이들도 보고, 듣고, 느낄 줄 아는 다 같은 사람이니까. 어떤 날은 따뜻하고, 어떤 날은 차갑다. 맑은 날씨만 지속될 수 있을까. 물론 교실 분위기에 영향을 주는 요인들은 매우 다양하다. 한정해서 말하자면, 교사는 날씨처럼 변덕스러울 때가 많은 모양이다. 그런 탓일까. 초등학생들은 학원보다 학교 교사를 싫어한다고 한다. 화도 잘 내고, 자기 마음대로 하니까. 아이들에게 교사는 그런 모습으로 보인다고 한다. 아이들이 교사의 변덕을 참고 싶어서 참는 것일까. 그런 점에서 아이들은 사회적 약자라고 할 수 있다.

아이들의 불만은 거침이 없다. 몇 마디만 옮기자면 이렇다. "일장 연설을 듣다가 점심시간에 늦었어요. 무슨 말을 하는지 들리지도 않아요. 설교가 빨리 끝나기만 바랄 뿐이죠." 교사들이 절망을 쏟아내는 것처럼 아이들도 답답한 심경을 토로한다. "조금만 잘못해도 혼내고, 반성문을 쓰게 해요. 정말 지긋지긋해요. 우리한테 잘 대해주지 않으니까 아이들도 다 선생님을 싫어해요." 자기들끼리 있으면 욕이나 험담도 서슴없이 쏟아낸다. 아이들을 일방적으로 옹호하려는 것이 아니다. 귀를 기울여보자는 것이다. 물론 교사도 인간인 이상 예외나 실수가 없지는 않을 것이다. 그럼에도 혼내지 말고 가르쳐야 한다. 상황에 따라서는 도움을 청하고, 이해를 구할 수 있어야 한다. 실수와 잘못에 대해서는 사과도 할 수 있어야 한다.

아이들이란 어떤 존재인가? 교사가 가르치고, 돌봐야 하는 존재이기만 한 것일까? 학교의 질서나 교사의 규칙에 길들여져야만 하는 존재일까? 심리학자 아들러(Alfred Adler, 1870~1937)는 부모와 아이들의 관계를 동등하게 바라본다. 아이를 일방적으로 통제하거나 혼내지 말라고 한다. 그리 새로울 것은 없으나 그 평범한 원칙조차 지켜내기가 쉽지 않다. '부모 같은 교사'라는 환상을 말하려는 것이 아니다. 교사들에게 던지는 메시지도 다르지 않다는 것이다. 교사들만 상처 받고, 피로를 느끼는 것이 아니다. 아이들도 그와 다르지 않다. 그런 점에서는 교사와 학생은 서로 상처를 주고받는 관계라고 해도 틀린 말은 아닐 것이다.

학교에서 아이들은 흔히 수동적인 교육의 대상이나 계몽의 대상으로 취급받는다. 아이들의 인권을 얘기할 때 항상 문제가 되는 것이 바로 '미성숙'이라는 문제다. 그러나 인권은 어떤 자격이나 능력을 요구하는 권리가 아니다. 인간이라는 단 한 가지 이유만으로 누구나 차별 없이 누려야 할 권리가 아니던가. 선택의 문제가 아니다. 아이들이 모든 것을 다 알아서 할 줄 안다고 말하려는 것이 아니다. 아이들이 어른에 비해 상대적으로 미숙한 것은 사실일지 모르나 그것이 권리 제한의 근거가 될 수 있는 것은 아닐 것이다. 오히려 그러한 특수성에서 기인하는 권리 행사의 어려움을 더 각별히 고려하고 배려해야 하는 것이 아닐까.

아이들에게도 부딪히는 세계가 있다. 교우 관계, 부모와의 관계, 교사와의 관계뿐만이 아니다. 학칙이나 관리자의 방침에서부터 시험을 비롯한 교육 정책에 이르기까지 그 영향으로부터 자유롭지 못한 사회적 존재로 살아간다. 사람들과 관계를 맺으며 웃고 울고 절망한다. 그와 같은 환경과 조건 속에서 경쟁하고 패배하고 좌절한다. 그렇게 성장해가는 것이다. 교사가 고체에 가깝다면 아이들은 무정형의 액체에 가깝다. 그런 아이들을 받아들이기는 힘들지만 불가능한 것은 아니다. 학교가 존재하는 이유가 거기에 있다. 물론 학교에 희망이 있는지는 모르겠다. 입시 제도와 학벌주의에 패배할 수밖에 없는 것이 현실이니까. 그럼에도 아이들의 현재는 지속되고 있지 않은가. 현재를 포기한 채 미래를 기다릴 수는 없지 않은가.

교사와 학부모 사이에서

윤양수

교사와 학부모 사이에는 학생 혹은 자녀를 매개로 갈등이 생기기 쉽다. 학교가 인격을 도야하는 곳일까? 배움의 공간일까? 아니다. 입시를 위해 통과해야 하는 어둡고 긴 '터널' 같은 곳이다. 인격의 성장이나 그와 관련한 배움 같은 것은 없어도 아쉬울 게 없는 장식에 불과하다. 학교 교육으로 인격을 도야하고 살아갈 수 있는 힘과 능력을 기를 수 있다고 믿는 이들이 있을까. 그것은 입시와 학벌사회에서는 그다지 쓸모가 없다. 당연하게도 학부모들은 자녀가 '공부 잘하는 아이'가 되기를 바란다. 그런 점에서 2015년 7월에 시행된 인성교육진흥법은 유감스럽게도 또 하나의 스펙 혹은 입시 기준을 강화하게 될 것이다.

학교 교육과 수업이 입시라는 정향을 벗어나게 되면 교사는 민원의 표적이 될 수 있다. 물론 초등학교는 중등에 비해 비교적 입시로부터 자유로운 편이다. 그럼에도 그 자유는 허용치가 작아서 기대할 것이 못 된다. 그 활용 범위 또한 제약이 많다. 학교 급에 따라 강도가 다를 뿐 입시와 학벌사회의 중력으로부터 벗어날 수는 없으니까. 그런 점에서 교사는 입시의 배치 안에서 학생들을 통솔하는 관리자 그 이상도 이하도 아니다. 입시 위주의 교육 환경이 학교 교육과 교사의 역할을 그렇게 규정짓는다. 사실 학부모들은 학교 교육에 크게 기대지 않는다. 그런 만큼 학교 교육에 대한 학부모의 협력을 기대하기도 어렵다.

학부모들은 인성의 문제를 가볍게 여기는 경향도 없지 않다. 이는 자녀가 잘못을 하거나 학생들 간에 문제가 발생하는 순간 분명하게 확인된다. 어떤 사안이 발생하면 학생들은 보통 자기에게 유리한 방식으로 부모에게 말을 전한다. 심지어는 거짓말을 하는 사례도 비일비재하다. 그렇게 되면 학부모는 교사를 불신하게 된다. 그로 인해 교사와 학부모 사이에 갈등이 생길 수 있다. 사안이 발생하면 학부모는 '자녀 보호'를 기준으로 행동을 취한다. 자녀의 잘못을 인정하기보다는 교사의 과잉 혹은 과소 대응을 문제 삼는 경우가 많다. 자녀에게 일이 생기면, 자녀에게 불리한 상황이 되면 태도가 돌변하게 되는 것이다.

부모와 자식 간의 관계를 말로 설명할 수 있을까. 특히 자녀가 학교폭력에 연루되면 그와 같은 태도가 극명하게 드러난다. 관계가 괜찮던 학부모도 한순간에 안면을 바꾼다. 협력은커녕 상식의 마비로 대화 자체가 어렵다. 도리어 교사의 말과 대응이 표적이 되고 만다. 학부모는 '자녀 보호'를 위해서라면 교권을 침해하는 몰상식도 서슴지 않는다. 학교폭력 관련 법규와 처리 절차도 가볍게 무시한다. 거칠고 집요한 학부모를 상대하는 경우에는 무례한 행패와 폭력에 노출되는 일도 발생한다. 심지어는 소송에 휘말리기도 한다. 그렇게 속수무책으로 학부모에게 시달린다. 그런 점에서 교사는 사회적 약자일 수밖에 없다.

가령 수업 시간에 찾아와 고성과 폭언을 쏟아붓는 사례가 있다. 이는 교사들에게 불명예스러운 일이어서 드러내기도 쉽지가 않다. 학생들과 학부모가 담임 교체를 요구하는 사례도 있다. 실제로 기간제 교사가 학부모 민원으로 중도에 그만두는 사례를 지켜본 적이 있다. 학부모의 모욕과 폭력으로 인한 스트레스와 불안으로 정신과 치료를 받는 교사들도 있다. 이를 견디지 못하고 교직을 그만두게 되는 사례도 있다. 이처럼 학생과 함께 학부모도 교사들의 피로를 가중시키는 변수다. 그렇게 되면 교사는 학교 가기가 두려워진다. 이렇듯 공교육이 입시 위주의 교육으로 전락하면서 교권이 추락한 것은 이미 오래된 일이다.

물론 교권을 보호할 수 있는 장치가 없는 것은 아니다. 2014년 4월, '교원 예우에 관한 규정'이 시행되면서 학교와 시·도 교육청에 교권 보호 기구를 의무적으로 설치하도록 되어 있다. 학교에서는 교권보호위원회를 두게 되어 있다. 그러나 문제를 해결할 수 있는 강제력이 없다는 점에서 한계가 있다. 교육청에도 변호사가 포함된 법률지원단이 설치된다. 그러나 단순한 자문에 그칠 뿐 문제를 해결하지는 못한다. 그나마 다행스럽게도 2016년 8월부터 교권보호를 위한 특별법이 시행된다. 교원을 폭행·모욕한 학생과 학부모는 특별교육이나 심리치료를 받게 된다. 그러나 이 같은 사후 대책으로 교권 침해를 예방할 수 있을까?

교사도 학교에 자식을 보내는 학부모이고 보면, 가끔씩 교사에 대한 불만이 생길 때가 없지 않다. 교사에서 학부모 입장으로 포지션이 바뀌면 생각이 달라지는 것이다. 학부모와의 관계에서 오는 피로를 잠시 잊어버리게 되는 것이다. 팔이 안으로 굽는 탓일까? 일단 아이의 말에 귀를 기울이게 된다. 그리고 아이가 하는 말을 근거로 상황을 판단하게 된다. 아이가 교사의 처사에 대해 억울한 심경을 토로하는 경우가 있다. 그렇게 약자로서의 감정을 호소하면, 아이가 서운한 것을 주로 이야기한다는 사실을 알고 있음에도 흔들리지 않을 수가 없다. 생활하다 보면 실수도 하고, 잘못을 저지르게 되는 일도 일상다반사 아닌가.

그런데 교사들이 학생들을 대하는 모습을 보면, 가끔씩 과도한 처사라는 생각이 들 때가 있다. 교사에게 혼나고 있는 '저 아이'의 입장이라면, '저 아이'의 부모라면! 당사자가 아님에도 거부감이나 반감을 느낄 때가 있다. 교사들이 과잉 대응한다는 생각에 조심스럽게 말을 꺼낸 적도 있다. 그러면 곧바로 "관대하시네요"라는 비아냥거림으로 되돌아온다. 그렇게 무시하고 자기들의 대화를 이어간다. 젊은 교사들의 팔팔한 반응에 끼어들기가 쉽지 않다. 비슷한 또래이기 때문인 것일까. 젊은 교사들이 이견 없이 같은 생각을 공유하고 있다는 사실이 놀라울 때가 있다. 자식을 키우는 '부모'라는 사실로 자신을 위로할 수밖에.

시비를 따질 문제는 아니다. 볼썽사납게 꼰대질 같은 것은 하고 싶지도 않다. 그들끼리 공유하는 집단 감정이나 심리 상태도 있는 거니까. 그럼에도 같은 교사로서 부끄럽다는 생각이 들 때가 있다. 자식을 학교에 보내는 부모의 입장에서 생각하기 때문일 것이다. 교사를 잘 만나면 탈이 없다. 그러나 그렇지 않은 경우에는 불만이 생기기 마련이다. 그럼에도 말을 꺼내기가 좀처럼 쉽지 않다. 그렇듯 교사는 어려운 존재다. 때문에 부당한 처사도 침묵으로 넘기게 된다. 혹여나 아이에게 미운털이 박힐 수도 있으니까. 관계가 오래 지속되는 것도 아니니까. '아이에게 좀 더 따뜻하고 친절한 교사'를 바라는 것은 지나친 기대일까!

열 손가락 깨물어 아프지 않은 손가락이 있을까? 그럼에도 공부 못하고, 단단하지 못한 자식을 보면 가슴이 더 아프다. 약자니까. 물론 공부를 잘하든, 못하든 부모의 보살핌과 사랑은 차이가 없다. 다만 손길이 가는 양상이 다를 뿐이다. 그런데 교사들은 부모와 다른 것 같다. 가령 학생들을 대하는 '언어'가 그렇다. 공부 잘하는 모범생에게는 '부드러운 언어'를, 그렇지 않은 학생에게는 '거친 언어'를 쓰는 경우가 많다고 한다. 아이들이 '피부통계학'으로 증언한다. 학생에 대한 관심과 사랑도 크게 다르지 않을 것이다. 이는 입시 위주의 교육 환경에서 형성된 습속의 무의식일 것이다. 물론 교사들이 다 그렇다는 것은 아니다.

'불가근불가원'이란 말이 있듯이 교사들은 학부모를 가까이하기도, 멀리하기도 어렵다. 때문에 가깝지도, 멀지도 않게 '안전거리'를 유지하게 된다. 이와 같은 거리 두기는 발생할지도 모르는 불편이나 상처를 피하려는 방어적인 태도와 다르지 않다. 교사들의 고충을 모르는 것은 아니나 그렇게 되면 학부모의 협력과 상생의 가능성은 기대하기 어렵다. 물론 교사는 부모가 아니고, 학부모는 교사가 아니다. 그런 만큼 때로 교사와 학부모는 서로 상처를 주고받는 관계에 놓일 수도 있다. 그 여파가 누구에게 미치게 될까? 이 같은 사실을 기억할 필요가

있다. 부모에게 자식이 소중하듯 교사에게도 학생은 소중한 존재가 아
닌가.

다모임, 다 모였을까?

원종희

한 달에 두 번 목요일 아침 1교시는 거산초등학교 전체 학생과 교사가 한자리에 모이는 다모임(전교자치회의) 시간이다. 아이들은 저학년과 고학년이 고루 섞여 다목적실 마룻바닥에 둥그렇게 둘러앉는다. 교사들도 여기저기 아이들 사이에 끼어 앉는다. 자리가 정돈되면 회장의 진행으로 둘레에 앉은 언니, 오빠, 동생들과 서로 인사를 나누며 다모임을 시작한다. 인사를 나누며 서로 다른 학년의 아이들과 아이들, 아이들과 교사들이 얼굴을 익히고 이름을 익히는 시간이 되기도 한다. 다음으로 그달에 생일 맞은 사람들을 축하해주는 생일 축하 시간이 이어진다. 생일 맞은 사람들 한 명 한 명 이름을 불러가며 축하 노래를 불러주고 회의가 끝나면 작은 선물도 나눈다.

생일 축하를 마치면 다모임의 고갱이라 할 수 있는 '내 생각 발표' 시간이다. 이 시간에는 학교생활에서 겪고 있는 여러 가지 문제에 대한 자기 생각이나 의견을 발표한다. 내 생각 발표에 나온 소소한 의견들은 대부분 함께 실천해야 할 사항으로 받아들여진다. 2주 후 얼마나 실천했는지 돌아보면 나온 의견 중 반 정도가 실천되고 있다. 잘 지켜지지 않는 내용은 다시 한 번 다 함께 지킬 것을 제안하며 실천을 약속한다. 내 생각 발표에서 나온 의견 중 토의가 필요한 내용은 바로 그 자리에서 서로 의견을 나눈 후 규칙을 정하거나 필요한 결정을 한다.

전체 아이들이 토의에 관심을 가지고 참여하는 경우는 모두에게 직접 영향을 미치는 사안이 제기될 때다. 쉬는 시간 다목적실 사용은 어떻게 할까? 알뜰장터를 운영하며 지켜야 할 약속은 무엇인가? 장터 운영 후 기부금은 얼마로 하고, 어디에 기부할까? 아이들은 자신과 직접 이해관계가 있는 사안에는 매우 적극적으로 참여한다. 다목적실 사용은 반복해서 제기되는 안건으로 이번 학기만 해도 3회에 걸쳐 다루어졌다. 알뜰장터 안건 역시 장터 준비부터 기부가 이루어지기까지 서너 차례 협의가 진행되었다. 이해가 엇갈려 의견이 대립되는 안건은 조목조목 근거를 들어 상대방 의견을 반박하며 자기주장을 펼친다. 이땐 평소 잘 듣지 않던 아이들도 귀를 세우고 듣는다. 그렇게 토론을 거쳐 결정된 사항들은 실천으로 이어지고, 규칙을 어길 경우 그에 따른 불이익은 아이들 각자가 감수해야 할 몫이 된다.

다모임은 거산 가족 모두가 한자리에 모여 서로 생일을 축하하고, 칭찬하고, 공동의 문제에 대해 이야기를 나누는 소중한 시간이다. 아이들은 이 시간에 학교생활에서 불편한 점이 무엇인지, 어떤 문제가 있는지 각각의 생각을 공유하고, 토의·토론을 통해 해결점을 찾아간다. 그렇게 결정된 사항들은 당연히 지켜야 할 것으로 받아들여 지키려고 노력한다. 어떤 사안은 눈에 띄게 변화하는 모습이 발견되기도 한다. 종종 '스스로 정한 규칙은 힘이 세다'는 말을 실감할 때가 있다. 아이들 사이에서 실랑이가 벌어졌을 때 누군가 "그거 다모임에서 하지 않기로 했잖아." 하면 못마땅해하면서도 말없이 받아들인다.

매회 다모임에서 아이들은 자기 생각을 이야기하고 문제를 제기하며 자유롭게 의견을 낸다. 그런 점에서 다모임이 아이들에게 거리낌 없이 자기 이야기를 펼칠 수 있는 공간임은 분명하다. 그런데 꺼림칙함을 떨칠 수 없다. 무엇 때문일까? 가만히 살펴보면 발언을 하는 아이들이 거의 한정되어 있다. 전체 참여 인원의 10~15% 아이들만이 발언에 참여한다. 그것도 거의 같은 아이들의 발언이 반복된다. 나머지 아이들은 정말 잘 참여하고 있는지, 다모임을 자기 시간으로 만들어가고 있는지 의문이 든다. 다모임에 대한 학생평가를 보아도 그리 만족스럽지 못하다. 다모임의 필요성이나 중요성은 인식하고 있지만 만족도는 낮다. 의미를 찾기보다 따분하고 지루한 시간으로 여기는 아이들도 많다.

다모임에서 대다수 아이들은 왜 주인공이 아닌 관객으로 앉아 있을까? "할 얘기가 없어서", "나와 상관없는 일이니까", "얘기해봤자 바뀌지 않으니까" 등의 대답을 들을 수 있다. 이 생각들은 아이들이 공동의 문제에 얼마나 관심을 가지고 있는지, 결정된 사항들은 얼마나 실천하고 있는지의 문제와 연결된다. 학교에서 아이들은 친구나 선후배 사이의 갈등이나 일상에서의 무수한 불편함을 안고 생활한다. 그런데도 많은 아이들이 갈등이나 불편함을 드러내 얘기하고 해결하기보다 감수하는 편을 선택한다. 각자 또는 함께 겪고 있는 어려움이나 불편함을 공동의 문제로 이끌어내 공론화할 수 있는 힘, 해결점을 찾아 실천으로 연결할 수 있는 힘이 아직 부족한 까닭이다.

여기서 아이들 참여와 역량을 이끌어낼 수 있는 교사의 조력과 안내가 필요해진다. 민주적인 의사결정 및 집행 절차를 익히게 하는 일, 학급회의를 통해 공동의 문제를 찾아내는 일, 다모임 후 학급에 돌아와 실천 사항을 다시 확인하고 실천 여부를 꾸준히 돌아보게 하는 일들이 필요하다. 무엇보다 아이들이 자치의 주인공이 되어 참여하고 만들어갈 수 있는 다양한 기회와 경험의 제공이 필요하다. 다모임에서 다루어진 주제로 캠페인을 하거나, 야영이나 알뜰장터 등 아이들 중심의 학교 행사를 직접 기획, 추진해보도록 하는 것도 하나의 방법이 될 것이다. 아이들은 스스로 행사를 기획하고, 운영해보는 경험을 통해 자발성과 주체가 되어 문제를 해결해가는 힘을 키울 수 있을 것이다.

그 밖에 다모임이 실질적으로 이루어지려면 시간 운영의 융통성이 발휘되어야 한다. 종종 깊은 논의가 필요한 안건임에도 충분한 토의 과정 없이 몇 사람의 생각에 기대 서둘러 표결에 들어가는 경우가 있다. 한정된 시간 안에 이루어지는 급한 결정은 다수의 이의 제기나 불만을 가져오게 된다. 시의성이 중요한 사안이 뒤로 미루어질 경우에는 문제 자체가 흐지부지되고 아이들 관심에서 멀어지게 된다. 이런 일이 반복되면 다모임의 위상과 신뢰에 금이 가 다모임이 형식적으로 진행될 수 있다. 하나하나의 의제가 충분한 토의를 통해 내 문제가 되었을 때 아이들은 관심을 보이고, 해결 방안을 찾고, 최선의 결정을 통해 변화를 이끌어낸다. 구성원의 동의를 전제한 다모임 시간의 탄력적 운영이 필요한 까닭이다.

자치활동은 학생들 스스로 자율과 참여를 통해 주도적 활동을 펼치고, 자신들 권리를 옹호하며 민주시민의 자질을 키워가는 활동이다. 모두가 참여하여 규칙을 정하고, 판단하고 처방을 내리는 과정에서 자유가 무엇인지, 책임을 지는 것이 무엇인지 체득하는 자율적인 활동인 것이다. 자치활동은 아이들만의 활동으로 그치는 것이 아니라 필요에 따라 교사와 학부모 등 학교공동체와 연결될 수 있어야 한다. 다모임에서 결정된 내용 중 학교 단위에서 반영해야 할 사항들은 적극 반영하고, 학부모의 지원이 필요한 부분은 학부모 참여를 이끌어내야 한다. 나아가 지역사회와 연대할 수 있는 자리의 마련도 필요하다. 학교공동체의 진지한 참여는 자치활동에 대한 아이들의 참여와 관심은 물론 자긍심을 높이고, 바람직한 학생 문화, 학교 문화의 변화를 가져오는 동력이 될 것이다.

자치는 아이들이 잠재성을 꽃피우면서 자기 삶의 주인으로 살아가는 힘, 다른 사람과 어울려 살아가는 힘을 길러준다. 거산의 다모임 또한 아이들의 일상적 삶 속에서 '스스로'와 '더불어'의 가치를 작동시키는 장치가 될 때 학생자치의 꽃으로 피어날 수 있지 않을까?

학부모, 교육의 주체로 서다

원종희

학교 교육에서 교육의 세 주체라고 하면 교사, 학생, 학부모를 일컫는다. 여기에 또 하나의 주체로 지역공동체가 추가되기도 한다. 그중 학부모는 진정한 교육의 주체가 될 수 있을까? 교육의 주체라면 교육과정이나 학교 운영 전반에 당사자의 의견을 펼치며 깊이 참여할 수 있어야 한다. 하지만 현실은 그렇지 못하다. 학교마다 자생적 조직으로 학부모회가 운영되고 있지만 교육의 주체로서 실질적 역할은 하지 못하고 있다. 대부분의 학부모회 조직부터가 자발적 의사에 의한 조직이라기보다 학교의 의사에 따라 조직, 운영된다. 학부모회 역할은 재정 후원이나 일 년에 몇 차례씩 진행되는 학교 행사에 동원되어 행사를 지원하는 차원에 머문다. 이 과정에서 일부 학부모의 부담과 대다수 학부모의 외면을 피할 수 없게 된다.

최근 학교자치의 중요성이 강조되면서 일부 시·도 교육청은 학부모회 구성 운영에 관한 조례 제정을 통해 법제화를 추진하고 있다. 서울시교육청의 경우 2016년 1월부터 시행되는 학부모회 법제화를 통해 학부모가 교육의 주체로서 학교 교육에 실질적으로 참여할 수 있도록 보장하였다. 학부모회 법제화는 학교 민주주의를 실현하는 기반이 되며, 학부모의 자발적 참여 기회와 교육 활동에 대한 학부모의 권리에 대한 인식을 확대시키는 계기가 된다. 또한 치맛바람으로 일컬어진 소수 재력 있는 학부모의 왜곡된 학교 참여가 아닌 학부모의 역할과 책임이 뚜렷이 드러나는 건강한 학교 참여 문화로 학교자치를 실현할 수 있는 토대가 된다. 하지만 학부모회 법제화에 대한 이견이 여전히 첨예하게 대립되고 있어 전면적 실시에는 더 많은 시간이 필요해 보인다.

한편 학부모회 법제화 이전부터 학부모의 자발적 참여로 학교자치를 실천하고 있는 사례들을 학교개혁운동에 학부모가 적극적으로 참여했던 학교에서 찾아볼 수 있다. 15년의 학부모회 운영 역사를 지닌 거산초등학교 학부모회 운영 사례가 그중 하나이다. 거산초 학부모회의 구성은 자녀가 학교에 재학 중인 학부모 전체를 대상으로 한다. 동시에 학부모 모두가 교육지원단에 소속되어 활동한다. 여기에는 학생 교육에 대한 책임을 학교뿐만 아니라 학부모도 공동의 몫으로 생각하고 함께 나눈다는 의미가 담겨 있다. 학부모의 학교 참여는 일회적, 형식적 참여에서 벗어나 주제와 내용을 지닌 지속적 참여로 이루어진다. 교육의 한 주체로서 학교 운영 전반에서 실질적 참여를 하고 있는 것이다. 학부모의 학교 참여는 크게 회의, 연수, 교육지원단 세 가지 형태로 이루어진다.

학부모 총회를 비롯한 학교운영위원회, 교사-학부모 연석회의, 학급 교사-학부모회의, 교육지원단회의 등을 통해 학부모는 학교 운영이나 교육과정 운영에 의견을 제시하며 참여한다. 그중 전체 교사와 학부모 대표단으로 구성된 교사-학부모 연석회의는 학부모가 학교 교육과정에 참여할 수 있는 중요한 기구이다. 연석회의에서는 야영, 거산한마당, 예술제, 알뜰장터, 독서한마당같이 전교생이 참여하는 학교 행사를 계획, 검토하고 진행 결과를 평가한다. 연말에는 일 년 동안의 학교 교육과정 운영 결과를 평가하여 이듬해 교육과정 운영에 반영되도록 한다. 이때 연석회의에 참여하는 학부모 대표단은 학급 교사-학부모회를 통해 모아진 의견을 가지고 참여하게 된다. 격월로 진행되는 학급 교사-학부모회에서는 학급 교육과정 운영, 학교 행사, 아이들의 학습과 생활에 대한 내용들을 다룬다. 위에 제시된 각각의 회의체는 분리되어 있지 않으며 소통과 협력을 기반으로 네트워크를 이루어 움직인다.

학부모의 배움과 성장을 가져오는 연수 프로그램 운영은 호응도와 만족도가 높아 학부모의 학교 참여에 견인차 역할을 한다. 전체 교사와 학부모가 참여하는 교사-학부모 연수는 학교 교육의 지향과 철학을 공유하고, 새로운 교육적 상상력과 성장을 통한 공동체성 실현을 목적으로 운영된다. 격월로 연 6회 진행되는 연수는 교육 주체 간의 인식 차를 좁히고, 교사와 학부모의 바람직한 역할을 모색하고 정립하는 계기가 된다. 연수 주제, 진행 방법, 강사 등 연수 운영에 관한 모든 사항은 사전에 학부모의 의견을 모아 결정한다. 학부모는 일방적으로 주어지는 연수에 참여하는 것이 아니라 주체적으로 기획하고 준비한 연수에 참여하는 것이다. 연수 후에는 그룹 토의 또는 게시판을 통해 연수에 대한 평가 및 각자의 배움을 공유한다. 이렇게 지속적으로 진행되는 학부모 연수는 학교 교육의 방향이나 철학에 확신을 갖지 못해 불안해하는 학부모들에게 변화와 성장을 위한 징검다리 역할을 톡톡히 하고 있다.

또한 거산의 학부모들은 관심 있는 영역의 교육지원단에 소속되어 활동한다. 교육지원단은 연수, 생태, 독서, 교육과정 네 영역에서 운영된다. 특히 생태나 독서 지원단은 아이들 교육 활동의 구체적 지원을 위한 활동이 중심을 이룬다. 생태지원단은 거산의 특색 교육이라 할 수 있는 전교생의 생태교육을 지원한다. 학급별로 4~5명씩 배치된 지원단은 담임교사와 함께 매월 진행되는 생태교육 프로그램을 짜고, 사전 연수 후 각 모둠에 배치되어 직접 교육 활동을 진행한다. 독서교육지원단에서는 연중 학부모 사서 및 이야기 선생님 활동을 하고, 가을에는 독서한마당을 기획하여 운영한다. 교육과정지원단은 학생들의 다양한 교과체험활동을 지원하고, 학부모와 학생 전체가 참여하는 학교 행사를 기획하여 추진하기도 한다. 거산 학부모의 교육지원단 활동은 단순한 지원을 넘어 관련 분야 연수를 통해 배운 것들을 교육 활동을 통해 아이들에게 되돌려주는 역할을 한다.

그 밖에 학부모의 자발적 참여로 이루어지는 활동으로 학부모 동아리와 학년별 아빠 캠프가 있다. 학부모 동아리는 풍물, 밴드, 미술, 생태, 목공, 텃밭 등의 동아리가 운영된다. 풍물이나 밴드 동아리는 예술제나 기타 학교 행사에서 공연마당을 펼친다. 때론 학생 동아리에서 활동하는 아이들이 학부모와 함께 공연을 하기도 한다. 미술 동아리는 학생들의 동아리 페스티벌에 참여하여 학생들에게 질 높은 미술 체험을 제공한다. 이렇게 거산의 학부모 동아리는 학부모 자신의 배움과 즐거움뿐만 아니라 동아리를 통해 배운 것들을 아이들이나 동료 학부모들과 함께 나눈다는 데 그 의미가 크다. 학년별로 이루어지는 아빠 캠프는 평소 학교 참여가 어려운 아버지들이 다양한 프로그램을 준비하여 1박 2일 동안 진행한다. 아빠 캠프는 아버지들이 다른 학부모와 소통하는 기회가 되고, 내 아이와 반 전체 아이들을 좀 더 깊이 만나고 알아가는 시간이 된다.

대부분 일반 학교에서 학부모의 학교 참여는 귀찮고 번거로운 일, 부담스러운 일이 된다. 특히 맞벌이 부부 가정에서 시간을 내어 학교 회의나 교육 활동에 참여한다는 것은 그리 쉽지 않다. 그렇다 보니 학교에서는 일방적으로 학부모를 동원하고, 학부모는 소수만이 마지못해 참여하게 된다. 어떻게 하면 학부모의 자발적이고, 실질적인 학교 참여를 이끌어낼 수 있을까? 거산의 사례에서 그 답을 찾는다면 학교 교육에서 학부모의 역할에 대한 인식의 변화가 우선되어야 한다는 것이다. 교육에 대한 책임을 학부모가 함께 나눈다는 생각, 바람직한 교육의 방향에 대한 공동의 인식, 학부모 참여가 교육의 변화를 가져올 수 있다는 실질적 경험이 필요하다. 이를 위해 학부모는 관망이나 불평의 자리에서 일어나 기꺼이 시간을 내고, 의견을 내며 교육의 주체로 서기 위한 한 발을 내디딜 수 있어야 한다. 물론 학교는 먼저 학부모에게 닫혀 있는 문들을 활짝 열어놓아야 할 것이다.

열정의 창고, 프리휴셋

조경삼

2015년 1월, 13박 14일간 전국초등국어교사 모임 선생님들과 유럽 교육 탐방을 다녀왔다. 진보 교육감의 혁신학교 바람과 PISA에서 높은 성취도를 보이는 핀란드 등 북유럽 교육에 대한 부러움이 맞물려 2010년 이후 많은 교육 관계자들의 방문과 책을 통한 소개가 이루어진 후였다. 사회, 문화적인 차이와 한계로 차츰 관심이 떨어지고는 있지만 답답한 현실에서 벗어나 한 줄기 빛을 발견하고픈 바람에서 이번 탐방을 함께하게 되었다. 프랑스의 프레네 학교인 기 플라비앙 중학교 College Guy Flavien를 시작으로 독일의 헬레네 랑에Helene Lange, 덴마크의 그룬드비Grundtvigs Højskole, 스웨덴의 미메Freinet Skolan Mimer와 프리휴셋Fryshuset, 핀란드의 야르벤빠Jarvenpaa Lukio, 라또까르따노Latokartano Koulu 등을 방문하였다.

스웨덴의 두 번째 방문 학교인 '프리휴셋'을 방문한 것은 밤새 소복소복 눈이 내린 아침이었다. 교문을 열고 들어서니 내부의 모습은 학교라기보다 쇼핑몰 같은 느낌을 주는 건물이었다. '프리휴셋'은 이곳

말로 냉동 창고라는 뜻인데 창고로 쓰던 건물을 리모델링하여 학교가 들어섰다고 한다. 학교 홍보 업무를 담당하는 '라이사' 선생님이 우리를 맞아주었는데 이 선생님은 15년 경력의 쿠바 사람으로 수학과 컴퓨터를 가르친다고 한다. 이 학교는 종합학교로 초등생(0~9학년)이 300명, 고등생이 1000명, 졸업장이 없고 수료가 되는 대학 등이 합쳐진 공간이라고 한다. 야간에는 학교를 개방하여 지역 젊은이들도 이용할 수 있는 그야말로 젊은이들의 공간으로 자리매김하고 있는 곳이었다.

또한 저소득층(한부모 가정) 자녀들을 위한 활동도 이루어지고 있는데 일탈을 사전에 예방하고 신뢰, 믿음, 자신감을 심어주는 데 목적이 있다고 한다. 사회적 비용을 생각한다면 우리 사회에서도 꼭 필요한 부분일 거라는 생각이 들었다. 어릴 때 좋은 기억을 가진 아이들은 절대 범죄자가 되지 않는다는 선생님의 말씀이 깊이 다가왔다. 우리나라에도 없는 것은 아니다. 종합사회복지관이나 청소년문화센터 같은 곳에서 사회복지 차원의 활동들이 이루어지고 있음을 안다. 하지만 신뢰와 자신감을 키워주기보다는 일회적이고 성과 중심으로 '의존성'만 기르고 있는 것은 아닌지 살펴볼 일이다. 그러한 지원이 아이 중심에서 이루어지기를 바란다.

처음으로 들른 곳은 도서관이었다. 이곳 설명은 '사서'가 해주셨다. 이 도서관은 우리나라의 일반적인 학교 도서관처럼 네모반듯하지 않다. 사람 인ㅅ자 같기도 하고 사다리꼴 같기도 한데 소모임 공간이 곳곳에 있고, 수업 공간이 있고, 서가 가까이 읽을 공간도 있다. 놀라운 것은 학교 매점에 책들이 있다는 점이다. 다음으로 들른 곳은 체육관. 농구를 할 수 있는 체육관이 이 학교에는 세 개나 있다고 한다. 옆 벽에는 붙박이로 접혀 있는 의자가 있어 설치할 경우 근사한 공연장으로 바뀔 수 있을 것 같다. 그리고 창문에는 세상에 존재하는 모든 종교를 상징하는 그림이 그려져 있는데 이는 '모든 이가 올 수 있는 공간'이라는 뜻이라고 한다.

이어 지하로 내려가자 보드 타는 공간이 나오고 연습하는 아이들을 만날 수 있었다. 놀라운 것은 이 시간이 수업 시간이라는 점이다. 한 명의 어른과 십여 명의 아이들이 설명을 듣기도 하고 시범을 따라 하며 보드를 즐기고 있었다. 또 다른 곳에는 남학생 한 명이 여학생 한 명을 가르치고 있었다. 갑작스러운 관객의 출현이 쑥스러운지 실수가 잦아지고 자신감 없어 하는 듯 보여 자리를 피했다.

무용에 열중하고 있는 학생들 곁을 지나 계단을 따라 위로 올라갔다. 초등학교 교장인 마들린 셀린 선생님이 맞아주셨다. 이분은 이 학교의 창립 멤버로 학교 교육 활동에 포함될 수 있는 모든 것들을 함께 구비한다는 생각으로 학교를 만들었다고 설명해주셨다. 이 공간들은 모두 아이들의 열정을 펼칠 수 있는 공간들이다. 시청은 시청대로, 교육청은 교육청대로, 학교는 학교대로 따로 노는 우리 현실이 아쉬운 대목이었다.

교직원 중에 노인 한 분을 소개해주셨는데 호칭이 '학급 외할아버지'라고 했다. 이분은 아이들의 관찰, 상담과 아이들의 물건 또는 학급 물품의 수리 등을 도와주는 분이라고 했다. 아이들의 말썽에도 "할아버지 힘들게 왜 이라" 하시면서 아이들 뒤치다꺼리를 위해 자신이 존재한다고 생각하시는 거산 학교 조 주사님이 생각났다. 이어서 학생 한 명을 데려왔는데 한국을 사랑하는 학생인 8학년 '스텔라'이다. 한

류, 코리안 팝을 즐기며 그중 소녀시대, 엑소의 노래를 즐겨 듣는다 하여 방문한 선생님들의 박수를 받았다. 이 학생의 열정 과목[35]은 음악으로 주 3~4회 연주와 노래를 한다고 하였다. 그러다 보니 코리안 팝도 좋아하게 된 건 아닐까 생각이 들었다. 이 친구의 입에서 거산 아이들이 할 법한 이야기가 나왔다.

"학교가 아니라 내가 좋아하는 것을 하기 위해 오는 곳 같아요."

우리나라의 중학교는 언제쯤 이 소리를 들을 수 있을까? 이런 모습들을 닮아보려는 노력인지 이번 정부 들어 '자유학기제'라는 것이 시행되고 있다. 하지만 여러 교육 정책이 그러하듯이 일부 도시 학교를 제외하고는 학생들이 다양한 체험활동을 할 수 있는 여건도 미비하고 현장 교사나 학교의 준비도 미흡한 실정이다. 무엇보다 학력 중심의 견고한 가치관이 깨지지 않은 상태에서 학부모들은 제대로 된 시행을 걱정하는 것이 아니라 학력 저하를 우려할 뿐이라는 것이 실상이다. 학생들의 꿈과 끼를 찾고, 학생들이 좋아하는 교육은 요원하기만 한 것인지. 교장 선생님은 가슴에 남을 여러 가지 말씀을 하셨다.

학교는 원칙대로 하는 집단이 아니라 관계를 맺어가는 공간이다. '신발 벗어라' 하기 전에 환경을 생각하게 하는 의식을 먼저 심어주어야 한다. 좋은 관계를 맺고 생각하게 하면 행동의 변화는 따라오게 된다.

---

35. '열정 과목'이란 스케이트, 농구, 랩, 뮤직, 사진, 그림, 공예 등 50여 개의 활동 중 자신이 선택하여 'Passion(열정)'을 키울 수 있도록 하는 과목을 말한다.

학생들의 문제를 문제로 보지 않는다. 장래에 큰 인물이 될 것을 생각한다. 교사가 학생의 운명을 결정하지 않는다. 전 세계로 진출하여 살 것이기 때문에 그것을 중시한다. 나중에 하고 싶은 일로 가도록 안내한다.

학생들을 야단치거나 무시하지 않는다. 존중과 대화로 풀어간다. 학생 본인의 내재된 힘을 끌어내게 하는 것이지 밖에서 집어넣으려 애쓰지 않는다.

하나하나가 교장 선생님의 내공과 철학이 느껴지는 말씀으로 혁신을 준비하는 교사는 물론 모든 교사들이 새겨야 할 말씀이었다. 이 학교의 기본 모토는 '창의성, 자기 리더십, 협력'이라고 소개하셨다. 거산의 '자율성, 민주성, 공동체성'과 맞닿는 부분이 있다는 생각이 들었다. 눈 내린 벌판 같은 현실 속에서도 앞서 걸어갔던 선배들, 그들의 안목에 고개가 숙여졌다.

교장 선생님의 말씀을 듣고 요리 실습실을 거쳐 음악실로 갔다. 우리 학교 밴드실처럼 드럼이 있고 마이크가 있고, 키보드와 기타를 담당하는 학생이 있었다. 우리가 들어서자 여학생 두 명이 우리나라 광고 음악에서도 들어본 적 있는 노래를 불렀다. 처음에는 긴장에 상기된 듯하더니 미소를 띠며 노래에 몰입하는 둘의 모습이 너무나도 행복해 보였다. 그리 슬픈 노래도 아니었는데 노래를 들으면서 주책맞게도 자꾸 눈물이 나왔다. 노랫소리 뒤로 "왜 거산 중학교는 없어요?" 하는 아이들의 목소리가 들려오는 듯했다. 행복했던 공간을 뒤로하고 중학교라는 낯선 환경 앞에 서야 하는 우리 아이들이 떠올랐기 때문이다. 못난 어른들을 만나 의미 없는 죽은 공부를 하느라 자신의 열정을 키워보지도 못하고 봉인해야 하는 가엾은 아이들. 한없이 한없이 미안하기만 했다. 공부로 다 성공할 것도 아닌데, 청소년문화센터나 대학교 평생교육원의 수업들을 수업 시수로 인정해주면 우리 아이들도 거기서 자신의 끼와 열정을 맘껏 키울 수 있을 텐데… 냉동 창고를 열정의 창고로 만들어주는 스웨덴 어른들과, 열정을 꽃피울 수 있는 공간을 냉동 창고로 만들어버리는 대한민국의 어른들. 아린 가슴을 붙잡고 학교를 나왔다.

전학생의 몸살

아이들과 관계 맺기를 어려워하는 전학 온 지 1년 된 친구. 난 3월 그 친구 학부모와의 상담에서 6학년 졸업 때쯤 만족할 것이니 조바심하지 말고 길게 보시라는 말씀을 드렸다. 하지만 1년을 기다려도 단짝 친구 하나 없는 아이의 모습을 보며 부모는 문제가 있다고 생각을 했다. 아이의 문제 혹은 아이를 봐주지 못한 부모의 문제, 그도 아니면 아이가 속한 학급 아이들의 문제이거나 방관하는 담임의 문제. 학부모는 원인을 찾아 해결하길 바랐다. 하지만 그것은 '탓'처럼 느껴져 불편하였고, '도대체 뭐 하고 있는 거냐?'는 메시지로 느껴지기도 했다. 이제 겨우 두 달이 지났을 뿐인데.

내가 학부모에게 길게 보라 이야기한 것은 '관계'는 시간이 필요하다는 생각에서였다. 기존에 있는 아이들은 유치원까지 포함하여 길게는 5년, 짧게는 2년을 함께하며 모난 것이 부딪혀 깨지고, 포기할 것은 포기하고 인정할 것은 인정하며 맺어진 관계였기 때문이다. 그 시간을 뛰어넘을 단기 속성 코스는 이 세상에 존재할 수 없고, 부딪히고 깨지면서 그 사이가 가까워질 뿐이라고 생각했다. 물론 서로를 선입견에서 보지 않고, 진정한 모습을 볼 수 있도록 하는 활동을 통해 조금이나마 그것을 도와줄 수는 있겠지만 적응을 빠르게 할 수 있는 의도적인 교사의 개입은 불가능하다는 생각이었다.

이렇게 아이들의 관계에 대해 내가 기본적으로 가지고 있는 생각은 어른들의 개입은 최소화되어야 한다는 것이다. 특히 고학년에서는 교사 앞에서만 바뀐 '척' 연기를 하게 만들고, 뒤에서는 전혀 다른 모습을 보이게 만들어 관계를 더 왜곡시킨다. 때로는 교사의 요구에 아이들은 엇나가는 모습으로 반항하며 역시 관계를 왜곡시킨다. 결국 아이들의 관계 앞에 무기력한 존재임을 확인할 뿐이었다. 결국 내가 할 수 있는 것은 개별 상담을 통해 아이들을 움직이려 하였지만 그것도 가시적인 성과를 얻을 수는 없었다. 그리하여 얻은 결론은 '관계'는 시간이 만들어내는 것이므로 단시간에 어찌하기 어렵다는 것, 교사가 할 수 있는 것은 벌어진 후가 아니라 벌어지기 전 앙금을 털어낼 수 있는 자리를 마련하는 것과 자주 어려움을 들어주고 자존감을 잃지 않도록 해주는 것 등이었다.

하지만 전학생의 경우에도 이것이 일반화될 수 있을까? 기존의 관계가 모두 거세되고 새 관계를 맺어야 하는 전학, 그것은 자유의지가 아닌 어른들의 상황에 따른 결정이 대부분이다. 그래서 전학은 나무 옮겨심기에 비유되기도 한다. 나무를 옮기려면 가지를 쳐내고, 뿌리를 잘라내는 것이 전학과 꼭 닮아 있다. 때문에 덜 잘린 어린 나무일수록 몸살이 짧고 많이 잘라낸 큰 나무일수록 몸살이 길다. 심지어 어떤 나무는 그 지역의 흙을 함께 가져와야 잘 살기도 한다. 나무도 이런데 사람은 오죽할까.

영화 〈써니〉의 주인공 '나미'처럼 자연스레 기존 아이들 속에 녹아 드는 것은 여간한 내공 혹은 우연이 아니면 어려운 일이다. 전라도 벌 교 출신 전학생 '나미'는 긴장하면 터져 나오는 사투리 탓에 아이들의 놀림감이 된다. 이때 나타난 춘화, 장미, 진희, 금옥, 복희, 수지는 '나 미'를 도와주고, '나미'는 할머니에게 배운 찰진 벌교 욕으로 이들을 위기 상황에서 벗어나게 하는 활약을 보인다. 이 일로 친구들은 칠공 주 '써니'를 결성하게 되는데 그야말로 우연, 욕이 관계에 일등 공신이 된 셈이다. 아무튼 그렇게 전학생 '나미'는 새로운 학교에서 친구들의 도움을 받으며 적응을 하게 된다.

또 다른 영화 〈인사이드 아웃〉은 감정에 관한 이야기로 알려져 있 지만 감정에 대한 내용을 들어내고 보면 전학생의 적응기라고 할 수 있다. 주인공 라일리는 미네소타에서 샌프란시스코로 이사를 하게 되 면서 학교를 옮기게 된다. 물론 이야기에서는 감정을 다루는 주인공 기쁨이, 슬픔이, 소심이, 버럭이 등이 실수를 하면서 전학 첫날부터 꼬 이기 시작하지만 새로운 집, 낯선 환경, 각자 적응하느라 바쁜 부모 등 아이의 감정을 돌보지 못하는 흔히 일어날 수 있는 상황이 벌어진다. 결국 라일리는 엄마의 신용카드를 꺼내 미네소타행 버스를 타지만 감 정이 다시 작동되면서 집으로 돌아오게 된다. 혼날 줄 알았던 상황에 서 엄마, 아빠의 공감을 받으며 라일리는 점차 새 환경에 적응해가는 것으로 영화는 그려진다.

〈써니〉와 〈인사이드 아웃〉 두 영화 모두 적응을 돕는 것은 가족, 친 구이지 교사의 모습은 없다. 왜일까? 교사의 영향력이 없어서일까, 아니면 그렇게 돕는 교사가 없어서일까? 전학생의 적응 문제로 홍역을 겪은 한 교사는 모든 어른이 나름의 역할을 해야 한다고 이야기한다. 담임교사는 적어도 석 달 동안 주시하면서 상담해야 하고, 기존 학생의 학부모들은 초대를 통해 전학생이 익숙해질 수 있도록 도와야 한다고 말한다. 한 명이 집단의 구성원이 되기 위해서는 그 한 명이 아니라 집단 전체가 다가가야 한다는 이야기다. 그 한 명이 소중한 존재이기 때문에. 그 한 명이 행복해야 그 집단이 행복하고 건강한 집단이기 때문이라는 것이다.

얼핏 생각하면 '최소 개입의 원칙'과 배치되는 것처럼 느껴진다. 모난 부분은 부딪쳐야 깨지고, 깨져야 관계 맺는 것을 교사나 학부모 같은 어른의 개입은 부딪침을 막거나 부자연스럽게 만들어 오히려 관계 맺는 것을 방해하는 결과를 가져오기도 한다. 부딪치고 깨지고 관계 맺는 것은 어른이 할 수 없는 오로지 그 아이만이 할 수 있는 일이다. 그렇게 보면 어른들이 할 수 있는 일은 없는 게 아닌가? 하지만 어른의 역할은 다른 데 있다. 문제를 해결해주는 데 있지 않고, 〈인사이드 아웃〉에서처럼 공감해주고, 기다려주고, 관심 가져주는 것이다. 그것은 부모와 교사는 물론 기존 학생과 학부모도 같이 할 수 있는 일이다.

대개 전학생이 오면 아이들의 관심이 쏠리게 된다. 적극적인 아이들은 그 관심을 적절하게 활용하면서 빠르게 적응해간다. 하지만 소극적인 아이들은 그 관심을 부담스러워하고 혼자 있고 싶어 하면서 도서관으로 도피한다. 적극적인 아이 중에서도 관심의 거품이 꺼진 뒤 도서관을 찾는 친구들도 있다. 도서관에 머무는 기간은 아이마다 차이가 있는데 적응이 빨리 될수록 그 기간이 짧다. 적응이 된 아이는 다른 아이들과 밖으로 뛰어다니느라 언제 도서관에 왔었느냐는 듯 놀기 바쁘다. 그 과정에서 겪어야 할 성장통을 줄여주는 것은 결국 주위 사람들의 공감인 것이다. 작가 안도현은 그의 작품에서 '관계'에 대해 이렇게 말한다.

"… 도토리야. 너는 끝까지 살아남아야 해. 그래야 우리도 다시 태어날 수 있어. 너와 우리가 또다시 만나게 되는 거지. 새로운 관계를 맺는 거야. 그게 우리들의 꿈이야."
"관계? 관계를 맺는다는 게 뭐지?"
"그건 서로 도와주면서 함께 살아간다는 뜻이야."
"내가 어떡하면 너희 낙엽들을 도울 수 있니?"
"네가 살아남아서 갈참나무로 다시 태어나면 돼. 그게 우리를 돕는 일이야."

도토리의 생존을 위해 희생하는 것으로 보기 쉬운 나뭇잎의 모습을 그는 '서로 도와주면서 함께 살아간다'고 이야기한다. 『강아지 똥』에서도 비에 씻겨 민들레에 스며드는 강아지 똥은 노란 민들레꽃으로 피어나면서 '서로 도와주면서 함께 살아간' 것이다. 아이 하나를 소중하게 생각하면서 그가 짧게 몸살을 하고 뿌리내릴 수 있도록 도와주는 것은 그를 위해 나머지가 희생하는 것이 아니라 집단이 그와 관계를 맺는 일이다.

학생 참여 학교 문화 만들기

조경삼

　교직 생활을 하며 그간 거쳐 온 학교들을 떠올려본다. 모두 다섯 개의 학교, 두 학년이 복식 학급을 하는 4학급짜리 작은 시골 학교에서부터 한 학년이 8반씩 전체 40학급이 넘는 큰 학교까지 고루 다녔다. 그 학교 하나하나마다 규모가 다르고, 처한 환경이 다르고, 구성원이 다르다 보니 그 문화는 마땅히 다를 수밖에 없었을 것이다. 한편 모두 같은 초등학교이다 보니 엮어지는 공통적인 문화도 당연히 존재할 것이다. 그러나 시간 탓인지, 관심 탓인지 아니면 또 다른 문제인지 내 기억 속에는 두 개의 학교 문화만이 존재한다. 교장에 따라 바뀌는 교장 중심의 학교 문화와 그렇지 않은 거산초등학교의 학교 문화.

　진보 교육감은 물론 교육부에서도 추구하는 '학교 문화의 혁신'은 바로 여기에서 출발한다. 문화란 동일한 지역에 사는 사람들의 공동체가 하는 일, 행동방식, 사고방식, 감정, 사용하는 도구, 가치, 상징 등의 총체를 의미한다. 이러한 문화의 정의가 어떤 개인의 능력이나 아집에 의해 왜곡되지 않는 것, 즉 제 의미를 찾는 것이 학교 문화의 혁신이다. 하지만 '나를 따르라'에 젖어 고착화된 학교공동체를 '우리 함께 가자'로 바꾼다는 것은 말처럼 쉬운 일이 아니다. 행동방식, 사고방식이란 오랜 시간에 걸쳐 이루어진 것으로 일순간에 바뀌지 않는 데다가 아무도 경험해보지 않은 길을 만들면서 나가야 하는 고통은 만들어진 길만을 걷던 이들에게는 견디기 힘든 일이기 때문이다.

그럼에도 불구하고 제자리로 돌리는 일은 빠를수록 덜 힘이 든다. 실개천은 건너기가 쉽지만 강의 폭이 넓어질수록 건너기는 요원해진다. 단 서둘 필요는 없다. 모순처럼 들릴 수도 있겠으나 '문화'의 특성상 성급함은 또 다른 '나를 따르라'가 될 수 있다. 먼저 실천한 학교들의 기록을 지도 삼아 구성원들의 참여와 소통을 유도해간다면 생각보다 빨리 '모두가 주인 되는 학교 문화'를 만들어갈 수 있을 것이기 때문이다.

학생 참여 학교 문화를 만들기 위해 우선되어야 할 것은 어른들의 문화를 바꾸는 일이다. 많이 변하고는 있다지만 대부분의 학교는 교육 주체의 배치가 민주적인 학교 운영과는 거리가 먼 실정이다. 교장 → 교감 → 교사 → 학생의 배치는 명령과 복종의 배치이다. 이런 배치 속에서 과연 학생 참여가 가능할까? 교장, 교감에게 지시받는 교사는 학생에게도 지시할 수밖에 없다.

거산은 학교장을 정점으로 한 하나의 중심, 일자적 배치를 벗어난 교육 주체의 자유로운 배치를 끊임없이 시도하고 있다. 참석자 모두가 의견을 말하고 설득과 수용의 과정을 거쳐 합의에 이르는 교직원회의의 수평적 합의 구조, 학년별 학부모 대표와 교장, 교감, 교사 전원이 참여하여 학교 운영 전반과 중요 사안을 다루는 교사-학부모 연석회의, 학년별 학급 학부모회를 기반으로 한 학부모 대표자 회의와 학부모 총회, 공식적인 학교 운영의 최고 협의기구인 학교운영위원회 등이 그 예이다. 여기에 두 달에 한 번꼴로 이루어지는 교사-학부모 연수는 이러한 학교 문화를 다지는 역할을 하고 있다. 이러한 토대 위에서 학생 참여 학교 문화가 만들어지는데 크게는 다모임으로 대표되는 학생자치활동 참여와 교육과정 참여로 나누어볼 수 있다.

먼저 '자치'는 글자대로 보면 '스스로 다스린다'는 의미이다. 개인이 자신을 주체적으로 세우는 일부터 사회적이거나 정치적인 운동까지 아주 넓은 폭의 영역을 가진다. 자치에는 '참여'라는 주체적인 행동이 따르고, 주체는 '자유'의 의미를 포함한다. 따라서 학생자치활동은 아이들 스스로의 참여를 통해 민주적으로 의견을 수렴하는 법을 배우고, 학교공동체의 일원으로 더불어 살아가는 법을 배우는 것이다. 앞서 어른들이 만든 학교 문화가 학생들이 민주주의를 배울 수 있는 토대가 되고 학생들의 참여를 가능하게 하는 것이다.

다모임 학습은 학생과 교사, 거산 가족 모두가 이 주일에 한 번씩 모여 함께 공유해야 할 전체의 생활과 규칙을 반성하고 의논하는 활동이다. 권위적인 조회 형태의 훈화와 질서 잡기가 아닌, 생각을 만들어내는 자리, 다정한 이야기를 함께 나누는 자리이다. 다모임 학습을 통하여 거산 가족으로서의 자긍심과 서로에 대한 이해를 높이고, 어린이 자치, 학교 자치의 본보기를 만들어나가며, 우리 학교의 새로운 지향을 담아낼 수 있도록 하고 있다.

다음으로 교육과정 참여는 계획 단계에서 교사 혼자 교육과정을 계획하는 것이 아니라 학생들이 참여하여 함께 만드는 것을 의미한다. '학습자 중심, 학생 중심'이라는 용어는 오래전부터 나왔지만 그들이 배울 교육과정을 계획하는 데 직접 참여하는 것은 쉽지 않은 일이다. 대개는 아이들을 만나기 전 이미 계획을 수립하기도 하고, 오랜 기간 동안 교사의 영역으로 굳어진 탓이기도 하다. 하지만 학습 동기나 효과 면에서 볼 때 계획 단계부터 학습자가 참여하는 것은 큰 의미를 갖는다. 배움중심수업의 한 가지로 활용되고 있는 프로젝트 학습의 경우 주제 설정이나 실행 계획 수립의 단계에서 학습자의 참여가 가능하다.

물론 국가 수준에서 요구하는 성취 기준을 강조하게 되면 그만큼 학생들의 참여 여지는 줄어들게 된다. 그러나 더 큰 수준의 교과 목표나 단원 설정 이유와 연관하여 교육과정을 폭넓게 볼 경우 학생들의 참여 여지가 커지게 된다. 이는 그들이 원하는 것과 가까운 공부를 하게 된다는 것을 의미한다. 결국 교사는 국가 요구와 학생 요구 사이의 적절한 지점을 선택할 수밖에 없는데 변화되는 지형은 후자를 좀 더 강조하는 쪽으로 점차 변하고 있다.

학생 참여 활동은 아이들이 삶의 주인 되는 경험과 연습을 통해 배움을 스스로 만들어가고, 삶을 가꿀 줄 아는 사람으로 성장하도록 하는 데 그 의의가 있다. 이러한 당위에도 불구하고 교사의 인식 차이와 경험 부족은 학생 참여 활동을 어렵게 만드는 중요한 요인이 된다. 먼저 교사와 구성원들이 자율성을 발휘할 수 있는 학교 문화를 만들고, 그 경험을 바탕으로 학생들이 참여할 수 있도록 세심한 디자인이 필요하다. 아울러 너무 높은 기대보다는 '경험의 씨앗'으로 만족할 수 있는 어른의 눈높이와 기다림도 필수적이다. 자율성은 나의 선택이 가능하고, 그것을 실행할 수 있고, 실행에 대한 세심한 피드백을 받을 수 있을 때 길러진다고 한다. 이것을 가능하게 하기 위해 가장 먼저 해야 할 밭 갈기가 바로 학교 문화의 혁신이다.

텃밭 놀이

조경삼

바람은 아직 쌀쌀하지만 볕 좋은 봄날, 학교 옆 밭으로 사람들이 모여든다. 어른들이 많지만 아이들도 함께한다. 돌 몇 개 나르다 굼벵이라도 발견되면 일은 다 뒷전이 돼버리고, 땅에 털썩 주저앉아 노느라 빨랫감만 더하지만 이것이 아이들도 함께하는 '거산 가족 농장'이다. 2012년 홍성에서 농사의 1년 흐름을 한 달에 한 번씩 체험한 '농사학림農事學林' 프로그램이 진행되었다. 여기 참여했던 사람들은 생활 근거지와 가까운 곳으로 흩어져 그곳에서 모임을 꾸려 농사 체험을 이어나가게 된다. 충남 지역에는 함께한 사람이 없었기에 나는 학교에서 학부모, 선생님들과 모임을 꾸리게 되었다. 그것이 4년째 이어지고 있고, 올해는 모두 아홉 가족이 '텃밭 놀이'에 나섰다.

'텃밭 놀이'에서 가장 중요한 일은 바로 작물들이 살 집을 짓는 일이다. 집을 짓는다니 멋져 보이지만 실은 밭에 거름을 뿌리고, 땅을 파 섞으며 흙을 부드럽게 하는 작업이다. 작물들이 뿌리를 잘 내릴 수 있도록 준비하는 일인데, 이는 '텃밭 놀이'라는 이름을 위협(?)할 만큼

고된 작업이기도 하다. 농사짓는 농부들은 기계로 비료를 뿌리고, 트랙터로 밭을 갈고, 관리기로 이랑을 만드는데 그 작업을 오로지 사람의 힘으로만 하는 것이니 농사일을 안 해본 이들에게는 그 얼마나 고될 것인가. 때문에 가족 농장에서 가로 18m×세로 1m의 다섯 평쯤되는 넓이 외에 더 땅을 욕심내는 이는 드물다.

작물들 살 집을 준비하고 나면 1년 설계도를 가족과 함께 상의하여 그린다. 앞에는 아이가 운동장에서 놀다 출출해지면 달려와 따 먹을 딸기와 방울토마토를 심고, 아빠가 좋아하는 고추와 가지 몇 개, 엄마가 좋아하는 상추랑 쌈 채소류도 심고, 그 뒤에 옥수수도 좀 심으면 다섯 평 밭이 채워진다. 옥수수랑 강낭콩을 섞어 심으면 좋다 하니 옥수수 사이사이에 강낭콩을 심어볼까? 토마토 옆에는 바질을 심었다가 스파게티를 해 먹을 때 한 잎 띄우면 좋겠다. 이런저런 이야기 끝에 설계도가 완성되고, 휴대폰으로 사진을 찍어 SNS에 올려 다른 집들과 의견을 나눈다. 처음에는 넝쿨 벋는 호박을 중간중간 심었다가 밭 맨 위 고랑으로 올린 것도 이렇게 의견을 나누면서 바뀌게 되었다.

감자, 완두콩, 당근 등 조금 일찍 심는 것도 있지만 모종으로 심는 고추, 가지, 토마토, 방울토마토, 참외, 호박, 단호박, 상추, 옥수수는 공동 구매하여 5월에 심게 된다. '거산 가족 농장'의 가장 큰 행사로 4월 말이나 5월 초 날을 잡아 함께 심는다. 다른 일을 할 때는 물이나 아빠들끼리 막걸리 마시는 게 전부지만 이날은 30인용 전기밥솥으로 한 솥밥을 지어 온 가족이 학교 주차장에 판을 벌인다. 땀 흘린 후 찾아오는 허기와 집집마다 준비해 온 반찬 한 가지씩이 모여 그야말로 성찬이 된다.

날이 더워지고 5월에 심은 작물들이 뿌리를 잡아갈 무렵 슬슬 풀과의 전쟁이 시작된다. 전쟁에 대비하여 고랑과 밭 곳곳에 검정 부직포로 도배를 하건만, 1주일에 한 번 올까 말까 한 출석으로는 풀들을 이기기가 힘들다. 검정 부직포마저 없었다면 아마도 정글이 되었을 테고, 정글을 헤치고 열매를 수확하기란 쉽지 않았을 것이다. 그나마 여름방학 전에는 좀 나은데 방학 동안 발길이 뚝 끊기고 나면 그야말로 텃밭은 정글이 된다. 결국 또 가족 소집령이 내려지고 날을 잡아 몇 번 풀을 매고서야 동네 어른들께 꾸중 듣지 않을 만큼 밭 꼴을 갖추게 된다.

8월 말, 풀의 기세는 한풀 꺾이고 김장 무와 배추를 심는 가을 농사가 시작된다. 첫해 김장 농사는 성공이었는데, 작년과 재작년 배추 농사는 흉작이었다. 벌레를 막기 위해 무, 배추를 심고 한랭사를 씌웠는데, 그것만 믿고 있다가 진딧물 공격을 뒤늦게 알게 된 것이다. 자리공과 쑥으로 유기 농약을 만들어 뿌려보지만 화학 농약만큼의 즉효는 볼 수 없어 절반쯤 거두는 것에 만족해야 했다. 연작 피해[36]도 있는 것 같아 올해는 텃밭 설계 때 김장 농사도 염두에 두고, 봄에 콩 등을 심어 지력을 올렸다가 그 자리에 배추를 심을 생각이다. 맘 같아선 학교에서 함께 김장을 하는 것도 좋겠다는 생각이지만 본가에 내려가서 하는 경우도 많아 실현되지 못하고 있다.

김장할 무, 배추를 거둬들이고, 된서리로 온 세상이 하얗게 될 즈음 텃밭은 하얀 이불과 검정 이불을 덮는다. 하얀 이불은 양파와 마늘 심

---

36. 땅의 지력을 높이지 않고 같은 장소에 같은 작물을 계속 심는 경우에 입는 피해.

은 자리 위에 보온을 위해 덮는 하얀 부직포를 말한다. 왕겨나 비닐을 덮기도 하는데 우리는 하얀 부직포를 덮는다. 그리고 검정 이불은 여름부터 고랑에서 풀을 막아주었던 검정 부직포를 뒤집어 역할을 다한 텃밭 이랑에 덮어주는 것이다. 이렇게 부직포를 덮어놓으면 땅이 눈과 공기에 노출되어 딱딱해지는 것을 막아주는 효과가 있다. 한 해의 놀이가 다 끝나면 텃밭은 하얀 이불과 검정 이불을 덮고 겨울잠에 빠져들게 된다.

이렇게 가족 농장에서 벌어지는 한 해의 일들을 '농사農事'라 하지 않고 굳이 '텃밭 놀이'라 하는 데는 몇 가지 이유가 있다. 먼저 농사짓는 분들에 대한 예의다. 겨우 다섯 평을 지으며 500평, 5000평을 짓는 농부들과 차마 동급에 설 수 없다는 생각에서이다. 그런 생각은 처음 참여한 가족들이 "농작물이 우리 입에 들어오기까지의 과정이 이렇게 힘든지 처음 알았다"라고 말하는 데서 기인한다. 그렇게 땀의 가치를 실감하게 되는 것이다. 또한 그렇게 고생해서 얻은 수확물을 돈으로 환산했을 때 얼마 되지 않음을 보며 한 번 더 농부들의 어려움을 실감한다. 그래서 어떤 가족은 지역 농민들이 만든 협동조합에 가입하여 꾸러미 받는 일로 도움을 주고받는 것을 실천한다.

또 하나의 이유는 함께하는 가족들이 '농사農事', 즉 일事로 느끼지 않았으면 하는 바람 때문이다. 이미 고단한 일事인데 말장난이 아닌가 싶기도 하지만 해도 그만, 안 해도 그만인 우리 같은 사람들에게 일은 계속하고 싶은 매력을 앗아가버린다. 하지만 '놀이'는 계속해도 더 하고 싶게 만든다. 또 일은 성과를 요구하는데 텃밭에서 성과란 생산량을 말하고, 생산량을 늘리기 위해서는 화학 비료와 농약을 선택하게 만든다. 이는 농사를 업으로 하는 많은 농부들이 선택한 길로 땅을 기르는 게 아니라 죽이는 일이기도 하다. 우리가 하는 놀이는 이런 것들과는 거리가 멀었으면 하는 바람 때문이다. 그리고 그 일을 아이들과 함께 한다는 데 큰 의미가 있다.

경제성, 생산성과는 거리가 먼 우공들의 '텃밭 놀이'가 또 시작되었다. 일이 있을 때는 미리 농기구를 챙겨야 하고, 모종을 주문받아 모종 시장에 가서 사와야 하는 수고로움이 있고, 풀이 무성할 때는 홀로 예초기를 돌려가며 땀 흘려야 할지 모른다. 가족 농장이 아니라 엄마, 아빠만의 농장이 되어가는 모습에 속상해할지도 모른다. 하지만 그래도 이 일을 그만두지 못하는 것은 이것이 재미있고 의미 있는 '놀이'이기 때문이다. 나를 살리고, 우리를 살리고, 땅을 살리는 그래서 우리 아이들을 살리는 놀이이기 때문이다. 산을 옮기는 것은 계산 빠른 잘난 이들이 아니라 우공들의 몫이다. 이 놀이 또한 그 산을 옮기는 한 줌의 노력이 될 것을 믿는다.

삶의 행복을 꿈꾸는 교육은
어디에서 오는가?

미래 100년을 향한 새로운 교육

▶ **교육혁명을 앞당기는 배움책 이야기**
혁신교육의 철학과 잉걸진 미래를 만나다!

핀란드 교육혁명
한국교육연구네트워크 총서 01 | 320쪽 | 값 15,000원

일제고사를 넘어서
한국교육연구네트워크 총서 02 | 284쪽 | 값 13,000원

새로운 사회를 여는 교육혁명
한국교육연구네트워크 총서 03 | 380쪽 | 값 17,000원

교장제도 혁명
한국교육연구네트워크 총서 04 | 268쪽 | 값 14,000원

새로운 사회를 여는 교육자치 혁명
한국교육연구네트워크 총서 05 | 312쪽 | 값 15,000원

혁신학교에 대한 교육학적 성찰
한국교육연구네트워크 총서 06 | 308쪽 | 값 15,000원

혁신학교
성열관·이순철 지음 | 224쪽 | 값 12,000원

행복한 혁신학교 만들기
초등교육과정연구모임 지음 | 264쪽 | 값 13,000원

서울형 혁신학교 이야기
이부영 지음 | 320쪽 | 값 15,000원

혁신교육, 철학을 만나다
브렌트 데이비스·데니스 수마라 지음
현인철·서용선 옮김 | 304쪽 | 값 15,000원

혁신교육 존 듀이에게 묻다
서용선 지음 | 292쪽 | 값 14,000원

다시 읽는 조선 교육사
이만규 지음 | 750쪽 | 값 33,000원

프레이리와 교육
한국교육연구네트워크 번역 총서 01
존 엘리아스 지음 | 한국교육연구네트워크 옮김
276쪽 | 값 14,000원

교육은 사회를 바꿀 수 있을까?
한국교육연구네트워크 번역 총서 02
마이클 애플 지음 | 강희룡·김선우·박원순·이형빈 옮김
352쪽 | 값 16,000원

비판적 페다고지는
세상을 변화시킬 수 있는가?
한국교육연구네트워크 번역 총서 03
Seewha Cho 지음 | 심성보·조시화 옮김 | 280쪽 | 값 14,000원

마이클 애플의 민주학교
한국교육연구네트워크 번역 총서 04
마이클 애플·제임스 빈 엮음 | 강희룡 옮김 | 276쪽 | 값 14,000원

미래교육의 열쇠, 창의적 문화교육
심광현·노명우·강정석 지음 | 368쪽 | 값 16,000원

대한민국 교사, 어떻게 가르칠 것인가?
윤성관 지음 | 320쪽 | 값 15,000원

아이들을 어떻게 가르칠 것인가
사토 마나부 지음 | 박찬영 옮김 | 232쪽 | 값 13,000원

아이들의 배움은 어떻게 깊어지는가
이시이 준지 지음 | 방지현·이창희 옮김 | 200쪽 | 값 11,000원

모두를 위한 국제이해교육
한국국제이해교육학회 지음 | 364쪽 | 값 16,000원
2015 세종도서 학술부문

경쟁을 넘어 발달 교육으로
현광일 지음 | 288쪽 | 값 14,000원

독일 교육, 왜 강한가?
박성희 지음 | 324쪽 | 값 15,000원

대한민국 교육혁명
교육혁명공동행동 연구위원회 지음 | 224쪽 | 값 12,000원

▶ 비고츠키 선집 시리즈
발달과 협력의 교육학 어떻게 읽을 것인가?

생각과 말
레프 세묘노비치 비고츠키 지음
배희철·김용호·D. 켈로그 옮김 | 690쪽 | 값 33,000원

성장과 분화
L.S. 비고츠키 지음 | 비고츠키 연구회 옮김
308쪽 | 값 15,000원

도구와 기호
비고츠키·루리야 지음 | 비고츠키 연구회 옮김
336쪽 | 값 16,000원

관계의 교육학, 비고츠키
진보교육연구소 비고츠키교육학실천연구모임 지음
300쪽 | 값 15,000원

어린이 자기행동숙달의 역사와 발달 I
L.S. 비고츠키 지음 | 비고츠키 연구회 옮김
564쪽 | 값 28,000원

비고츠키 생각과 말 쉽게 읽기
진보교육연구소 비고츠키교육학실천연구모임 지음
316쪽 | 값 15,000원

어린이 자기행동숙달의 역사와 발달 II
L.S. 비고츠키 지음 | 비고츠키 연구회 옮김
552쪽 | 값 28,000원

비고츠키와 인지 발달의 비밀
A.R. 루리야 지음 | 배희철 옮김 | 280쪽 | 값 15,000원

어린이의 상상과 창조
L.S. 비고츠키 지음 | 비고츠키 연구회 옮김
280쪽 | 값 15,000원

수업과 수업 사이
비고츠키 연구회 지음 | 196쪽 | 값 12,000원

연령과 위기
L.S. 비고츠키 지음 | 비고츠키연구회 옮김
336쪽 | 값 17,000원

▶ 평화샘 프로젝트 매뉴얼 시리즈
학교 폭력에 대한 근본적인 예방과 대책을 찾는다

학교 폭력 어떻게 만들어지는가
문재현 외 지음 | 300쪽 | 값 14,000원

아이들을 살리는 동네
문재현·신동명·김수동 지음 | 204쪽 | 값 10,000원

학교 폭력, 멈춰!
문재현 외 지음 | 348쪽 | 값 15,000원

평화! 행복한 학교의 시작
문재현 외 지음 | 252쪽 | 값 12,000원

왕따, 이렇게 해결할 수 있다
문재현 외 지음 | 236쪽 | 값 12,000원

마을에 배움의 길이 있다
문재현 지음 | 208쪽 | 값 10,000원

젊은 부모를 위한 백만 년의 육아 슬기
문재현 지음 | 248쪽 | 값 13,000원

▶ 교과서 밖에서 만나는 역사 교실
상식이 통하는 살아 있는 역사를 만나다

전봉준과 동학농민혁명
조광환 지음 | 336쪽 | 값 15,000원

교과서 밖에서 배우는 역사 공부
정은교 지음 | 292쪽 | 값 14,000원

남도의 기억을 걷다
노성태 지음 | 344쪽 | 값 14,000원

팔만대장경도 모르면 빨래판이다
전병철 지음 | 360쪽 | 값 16,000원

응답하라 한국사 1·2
김은석 지음 | 356쪽·368쪽 | 각 권 값 15,000원

빨래판도 잘 보면 팔만대장경이다
전병철 지음 | 360쪽 | 값 16,000원

즐거운 국사수업 32강
김남선 지음 | 280쪽 | 값 11,000원

영화는 역사다
강성률 지음 | 288쪽 | 값 13,000원

즐거운 세계사 수업
김은석 지음 | 328쪽 | 값 13,000원

친일 영화의 해부학
강성률 지음 | 264쪽 | 값 15,000원

강화도의 기억을 걷다
최보길 지음 | 276쪽 | 값 14,000원

한국 고대사의 비밀
김은석 지음 | 304쪽 | 값 13,000원

광주의 기억을 걷다
노성태 지음 | 348쪽 | 값 15,000원

조선족 근현대 교육사
정미량 지음 | 320쪽 | 값 15,000원

**선생님도 궁금해하는
한국사의 비밀 20가지**
김은석 지음 | 312쪽 | 값 15,000원

다시 읽는 조선근대교육의 사상과 운동
윤건차 지음 | 이명실·심성보 옮김 | 516쪽 | 값 25,000원

▶ 창의적인 협력수업을 지향하는 삶이 있는 국어 교실
우리말 글을 배우며 세상을 배운다

중학교 국어 수업 어떻게 할 것인가?
김미경 지음 | 340쪽 | 값 15,000원

이야기 꽃 1
박용성 엮어 지음 | 276쪽 | 값 9,800원

토론의 숲에서 나를 만나다
명혜정 엮음 | 312쪽 | 값 15,000원

이야기 꽃 2
박용성 엮어 지음 | 294쪽 | 값 13,000원

토닥토닥 토론해요
명혜정·이명선·조선미 엮음 | 288쪽 | 값 15,000원

인문학의 숲을 거니는 토론 수업
순천국어교사모임 엮음 | 308쪽 | 값 15,000원

▶ 4·16, 질문이 있는 교실 마주이야기
통합수업으로 혁신교육과정을 재구성하다!

통하는 공부
김태호·김형우·이경석·심우근·허진만 지음
324쪽 | 값 15,000원

내일 수업 어떻게 하지?
아이함께 지음 | 300쪽 | 값 15,000원
2015 세종도서 교양부문

인간 회복의 교육
성래운 지음 | 260쪽 | 값 13,000원

교과서 너머 교육과정 마주하기
이윤미 외 지음 | 368쪽 | 값 17,000원

수업 고수들 수업·교육과정·평가를 말하다
박현숙 외 지음 | 368쪽 | 값 17,000원

도덕 수업, 책으로 묻고 윤리로 답하다
울산도덕교사모임 지음 | 320쪽 | 값 15,000원

체육 교사, 수업을 말하다
전용진 지음 | 304쪽 | 값 15,000원

교실을 위한 프레이리
아이러 쇼어 엮음 | 사람대사람 옮김 | 412쪽 | 값 18,000원

걸림돌
키르스텐 세룹-빌펠트 지음 | 문봉애 옮김
248쪽 | 값 13,000원

마음의 힘을 기르는 감성수업
조선미 외 지음 | 300쪽 | 값 15,000원

작은 학교 아이들
지경준 엮음 | 376쪽 | 값 17,000원

감성 지휘자, 우리 선생님
박종국 지음 | 308쪽 | 값 15,000원

대한민국 입시혁명
참교육연구소 입시연구팀 지음 | 220쪽 | 값 12,000원

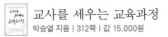
교사를 세우는 교육과정
박승열 지음 | 312쪽 | 값 15,000원

주제통합수업, 아이들을 수업의 주인공으로!
이윤미 외 지음 | 392쪽 | 값 17,000원

수업과 교육의 지평을 확장하는 수업 비평
윤양수 지음 | 316쪽 | 값 15,000원
2014 문화체육관광부 우수교양도서

교사, 선생이 되다
김태은 외 지음 | 260쪽 | 값 13,000원

교사의 전문성, 어떻게 만들어지나
국제교원노조연맹 보고서 | 김석규 옮김 392쪽 | 값 17,000원

수업의 정치
윤양수·원종희·장군 지음 | 280쪽 | 값 14,000원

학교협동조합,
현장체험학습과 마을교육공동체를 잇다
주수원 외 지음 | 296쪽 | 값 15,000원

거꾸로교실,
잠자는 아이들을 깨우는 수업의 비밀
이민경 지음 | 280쪽 | 값 14,000원

교사는 무엇으로 사는가
정은균 지음 | 292쪽 | 값 15,000원

마을교육공동체란 무엇인가?
서용선 외 지음 | 360쪽 | 값 17,000원

21세기 교육과 민주주의
한국교육연구네트워크 번역 총서 05
넬 나딩스 지음 | 심성보 옮김 | 392쪽 | 값 18,000원
2016 세종도서 학술부문

교사, 학교를 바꾸다
정진화 지음 | 372쪽 | 값 17,000원

함께 배움
학생 주도 배움 중심 수업 이렇게 한다
니시카와 준 지음 | 백경석 옮김 | 280쪽 | 값 15,000원

공교육은 왜?
홍섭근 지음 | 352쪽 | 값 16,000원

자기혁신과 공동의 성장을 위한
교사들의 필리버스터
윤양수·원종희·장군·조경삼 지음 | 280쪽 | 값 14,000원

▶ 남북이 하나 되는 두물머리 평화교육
분단 극복을 위한 치열한 배움과 실천을 만나다

10년 후 통일
정동영·지승호 지음 | 328쪽 | 값 15,000원

선생님, 통일이 뭐예요?
정경호 지음 | 252쪽 | 값 13,000원

분단시대의 통일교육
성래운 지음 | 428쪽 | 값 18,000원

김창환 교수의 DMZ 지리 이야기
김창환 지음 | 264쪽 | 값 15,000원

▶ 출간 예정

근간 **음악과 함께 떠나는 세계의 혁명 이야기**
조광환 지음

근간 **대한민국 교육감 이야기**
최창의 엮음

근간 **존 듀이와 교육**
한국교육연구네트워크번역총서 06 | 짐 개리슨 외 지음

근간 **미국의 진보주의 교육 운동사**
윌리엄 헤이스 지음 | 심성보 외 옮김

근간 **민주시민을 위한 역사교육**
황현정 지음

근간 **한글혁명**
김슬옹 지음

근간 **경기의 기억을 걷다**
경기남부역사교사모임 지음

근간 **왜 학교인가**
마스켈라인 J. & 시몬 M. 지음 | 윤선인 옮김

근간 **함께 만들어가는 강명초 이야기**
이부영 외 지음

근간 **핀란드 교육의 기적은 어떻게 만들어지나**
Hannele Niemi 외 지음 | 장수명 외 옮김

근간 **고쳐 쓴 갈래별 글쓰기 1**
(시·소설·수필·희곡 쓰기 문예 편)
박안수 지음(개정 증보판)

근간 **역사 교사로 산다는 것은**
신용균 지음

근간 **민주주의와 교육**
Pilar Ocadiz, Pia Wong, Carlos Torres 지음 | 유성상 옮김

근간 **고쳐 쓴 갈래별 글쓰기 2**
(논술·논설문·자기소개서·자서전·독서비평·
설명문·보고서 쓰기 등 실용 고교용)
박안수 지음(개정 증보판)

근간 **어린이와 시 읽기**
오인태 지음

참된 삶과 교육에 관한
생각 줍기